KB271435

나쁜 대학

CRAZY U: One Dad's Crash Course in Getting His Kid Into College
by Andrew Ferguson

나쁜 대학

앤드루 퍼거슨 지음 · 공진호 옮김

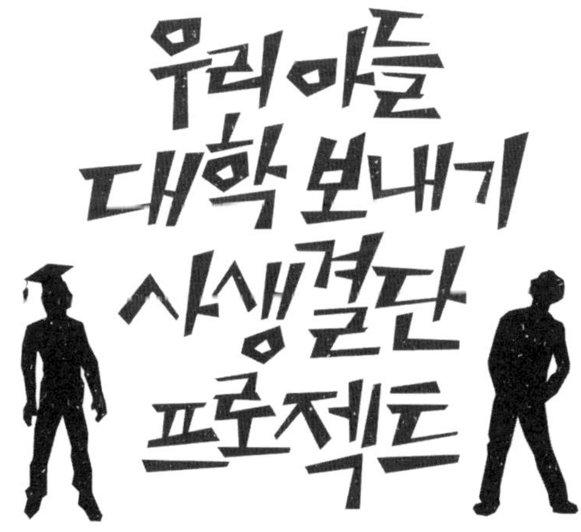

윌북

나쁜 대학, 그래도 가야만 하는
우리 아이들의 행복을 지키는 방법

제가 『나쁜 대학』의 저자로서 누린 가장 큰 영광은 미국 전역의 학부모들에게 압도적이라 할 만큼 감사의 인사를 받았다는 겁니다. 그들은 자녀들이 대학에 진학할 때가 되자 사방에서 가해지는 압력으로 거의 제정신이 아니었습니다. 대학의 입학처장, 고등학교의 학생주임, 대입 전문 카운슬러, 고등교육의 광란을 이용해 머고사는 방대한 영리직 합동 기업체들에게 받는 압력 말입니다. 이들이 주입하는 메시지는 항상 똑같습니다.

"자녀를 명문 대학에 보내지 않으면 당신은 부모로서 실패하는 겁니다!" 라는 것입니다.

『나쁜 대학』의 메시지는 그것과 다르며, 보다 현실에 가깝다고 생각됩니다. 신경이 예민한 사람에게 느긋하게 마음먹으라고 하면 그 사람의 신경이 더 예민해질 수 있습니다. 하지만 대학 진학에 대해 생각할 때 좀 더 느긋하게 마음을 먹고 흥분을 가라앉히려는 노력은 부모와 자녀 모두에게 유익할 게 분명합니다.

저는 이 말이 미국뿐 아니라 한국에도 적용된다고 생각합니다. 우리 아이들은 어느 학교엔가는 들어갈 것입니다. 통계에 따르면 아이들은 어떤 학교든 일단 들어가기만 하면 만족스러워한다고 합니다. 그렇게 계속해서 행복하고 충만한 삶을 산다면 어떤 학교를 선택했든 그것은 삶에 별로 큰 영향을 끼치지 못할 것입니다.

긴장을 푸는 데는 활짝 웃는 것만 한 것이 없습니다. 저는 여러분이 이 책 속에서 그런 순간들을 발견하셨으면 합니다. 『나쁜 대학』을 읽고 긴장과 압박감에서 벗어나 상쾌한 기분과 기운을 얻어서 좀 더 행복해질 수 있기를 또한 희망합니다.

앤드루 퍼거슨

| 차례 |

한국의 독자들에게 5

미국에서 대학 입학 허가의 과정은 걷잡을 수 없이 확대되는 거창한 문제입니다. 하지만 이 책은 그렇지 않습니다. 읽으면서 아시게 되겠지만 그렇게 걷잡을 수 없이 확대되는 거창한 책이 아니라는 겁니다. 그저 한 부모의 시선으로 본 것을 기록한 책이고, 한 아버지가 처음부터 끝까지 혈육이라는 프리즘을 통해서 본 대입 과정의 기록입니다. (잘 살피며 읽으세요. 여기저기 은유적 표현이 흩어져 있으니까요.) 거창한 문제라는 것이 모두 그렇듯 대입 과정도 자게 시작해서 점점 커집니다. 내입이 제기하는 큰 쟁점들, 대입에 수반되고 상충하는 이해관계와 대규모 교육기관들, 이런 것들이 대개는 가족 단위로 살아가는 평범한 사람들에게 현실로 다가오게 됩니다. 우리 가족에게도 대입 문제는 그렇게 시작되었습니다. 찔끔찔끔 물이 새듯 말입니다. 그래서 저도 처음에는 아무것도 눈치채지 못했습니다.

"누구 엘론 대학 가나?"

어느 날 배달된 우편물 속에 끼어 있던 브로슈어를 만지작거리며 제가 물었습니다. 아무런 대답이 없었습니다. 가족 중 누구도 엘론 대학이라는 학교를 들어본 것 같지 않았고, 관심도 보이지 않았습니다.

"옥시덴털 대학?"

다음 날 배달된 우편물에 섞여 또 다른 브로슈어가 왔을 때 저는 큰 소리로 말했습니다. (이 브로슈어가 대입 세계에서는 뷰북viewbook이라고 불린다는 것을 나중에 알았습니다.)

"제정신인 사람이 등록금만 터무니없이 비싼 옥시덴털 대학 같은 돈덫에 자진해서 걸릴 리가 있나?"

곧 아시겠지만 그것은 냉소적인 질문이었으며 제게 돌아오는 대답은 또다시 침묵이었습니다. 사흘째 되던 날은 두툼한 봉투 2개와 뷰북을 또 1권 받았습니다. 모두 제가 들어보지도 못한 학교들이었습니다. 그러더니 그다음 날에는 4개를 받았습니다. 이렇게 계속되어 한 달 동안 모두 100개도 넘는 봉투와 뷰북이 우체통을 채웠습니다. 그늘나무들과 종탑이 있는 붉은 벽돌 건물들을 배경으로 한 양지바른 언덕의 명랑하고 느긋해 보이는 학부생들이 총천연색 사진들로 빛났습니다. 뷰북들은 고무나무 잎처럼 두껍고 관능적인 종이로 만들어져 있었습니다. 그것들을 읽어야 할지 기린처럼 입에 대고 후루룩거려야 할지 모를 정도였습니다. 그 우편물들은 모두 내일모레면 열일곱 살인 우리 아들이 수신인으로 되어 있었습니다. 그 아이의 이름이 어찌어찌해서 고등학교 2학년 우편물 수신자 명단에 올랐던 것입니다.

우리 아들은 유혹당하고 있었습니다. 그것은 배에서 내린 선원이 받는 것 같은 노골적이고 수치를 모르는 호객 행위와 같았습니다.

이것은 무언가 새로운 것, 예기치 않은 것이었습니다. 그로부터 몇 달 동안 저는 과거 한때 비교적 짧고 간단했던 과정이었던 것이, 이제는 대개 사춘기 전에 시작되어 여러 해에 걸쳐 진행되는 통과 의례로 진화했음을 목도하게 되었습니다. 예전에는 중상류층의 자녀들이 적당한 대학교를 찾아 원서를 내고 입학 허가를 받아서 희희낙락 집을 떠나면 그것으로 됐거든요. 그리고 이따금 명절을 쇠거나 돈을 빌리기 위해 집을 찾았고요.

여하튼 모두가 그런 건 아니더라도 대학 진학 의례가 그렇게 일찍 시작되는 가정이 있습니다. 이것을 처음부터 기억해둘 필요가 있습니다. 미국의 고등학생들은 대부분 대학교에 진학합니다. 그 수는 대략 졸업생의 70퍼센트이며 이들 중 80퍼센트는 이 책에서 보게 될 어려움이 없는 학교에 다닙니다. 대부분은 대학 입학 담당자들이 일컫는 "선별적이지 않은nonselective" 대학에 진학합니다. 그들 중 많은 수가 2년제 학교에서 시작하고요. 미국에서는 고등교육을 받고자 하면 누구에게나 자리가 있습니다. 학비도 대다수 학생의 경우에는 엄두를 못 낼 정도로 비싸지 않습니다. 미국인 50퍼센트 이상의 연간 대학 교육 지출액은 1만 달러 미만입니다. 이 중 상당액은 대개 학자금 융자와 보조금으로 충당할 수 있습니다. 고등교육에 관한 한 많은 고졸자들에게 절실한 문제는 그 혜택을 받기 위해 직장 생활에서 시간을 내는 것입니다.

제 생각에는 모든 미국인들은 미국인이라는 이유 하나만으로 평생 로토 당첨자입니다. 역사상 가장 번영하고 가장 계급에 얽매이지 않는 나라의 국민이기에 그렇습니다. 그런데 이 책에서 언급되는 사람들은 저희 가족까지 포함해서 대다수의 미국인들보다 더 운이 좋은 편입니다. 제 어린 시절은 행복했습니다. 우리 아이들은 건강하며 저를 미워하지 않습니다. 어쨌든 말로는 그렇다고들 합니다. 제 아내에게는 수많은 장점이 있는데 그중에서 관용과 인내, 싹싹한 성격을 으뜸으로 꼽을 수 있지요. 우리 집은 갑자기 가치가 높아진, 도심에서 가까운 교외의 꽤 안전한 동네에 있습니다. 많은 미국인들이 실직자 신세를 면치 못하고 있는 이 순간, 제게는 일자리가 있습니다. 부자라고 하기에는 어림도 없지만, 전문가가 아닌 제 어림으로는, 우리 부부가 벌어오는 돈으로 우리는 상위 중류층의 아랫부분을 5등분했을 때 그 바닥 부분에 편입됩니다. 결과적으로 우리 아이들이 미래를 위해 내릴 수 있는 선택의 범위는 넓다는 것입니다.

다시 말해서 저는 불평할 아무런 이유가 없습니다. 까다로운 기준으로 입학을 허용하는 "선별적인selective" 대학에 아들을 집어넣으려는 과정에서 비롯된 제 불만과 넋두리, 실수와 불운은, 운이 좋았던 한 사내의 배부른 비명인 것입니다. 독자 여러분께서는 이 책을 읽으며, 언제나 그렇듯 넓은 마음으로 그 점을 헤아려주시기 바랍니다. 하버드 경영대학원 시절의 이야기를 다룬 『Ahead of the Curve 시대에 앞서』라는 훌륭한 책에서 저자 필립 델브스 브로튼도 같은 문제에 직면했습니다. 즉, 거시적인 상황을 보면 그 자체가 믿기지 않는 행운의 결과물인 개인적 불운의 연대기를 어떻게 기록하느냐 하는 문제입니다. 이 경우 그것은 운이 좋은 사람만 겪게 되는 불운이니까요. 영화배우 조지 클루니가 코모 호수의 방이 30개인 별장에 살면서 여성 속옷 모델인 애인이 부엌 수도꼭지를 망가뜨렸다고 울음을 터뜨리는 장면을 상상해보십시오. 그러면 누군가 "운 좋은 녀석, 정말이지 그만 징징거리고 그깟 일은 잊어버리라고 해"라고 한다 해도 뭐라 할 사람은 없을 것입니다.

고등교육과 관련해서 제 행운은 일찍 나타났습니다. 저는 '대변혁'이 전개되던 시기에 대학생이었거든요. 좀 더 광범위한 이 역사에 관해서는 나중에 쓰겠습니다만, 여기서 간략하게 제가 그 대변혁에 휩쓸린 사연을 밝히고 지나가겠습니다.

제 부모님은 모두 양쪽 집안에서 첫 번째 대학 졸업자였으며, 저와 제 형제들은 대학에 가는 것을 당연한 일로 생각했습니다. 시카고 주민만이 할 수 있는 방식으로 시카고를 경멸할 줄 아는 저는 미국이라는 땅덩어리 안에서 벗어나지 않으면서 미시건 호에서 가급적 멀리 가고 싶었습니다. 그래서 지도를 살펴보았죠.

캘리포니아!

부모님은 제 결정에 협조적이었습니다. 제가 정하는 대학이 인가된 학교이고, 학비가 감당할 수준이라면 말입니다. 아들 둘을 해치워 성인들의 세계로 내보낸 부모님은 제게 슬며시 너도 슬슬 움직이는 게 좋지 않겠냐는 눈치를 주고 있던 참이었습니다. 그래서 저는 동네 도서관에 비치된 대학 안내서의 도움을 받아서 캘리포니아에 있는 학교 세 군데, 동부의 한 군데, 그리고 만일의 경우에 대비해 안전하게 일리노이의 주립대학에도 원서를 보냈습니다. 그때만 해도 〈US 뉴스 앤 월드 리포트 U.S. World & World Report〉의 대학 순위나 육중한 『피스크 가이드 Fiske Guide』, 인터넷, 대학, 학교 탐방, 광고 우편물을 통한 그 어떤 호객 행위도 없었습니다. 캘리포니아 세 곳 외의 대학 중 제가 가고 싶어 한 대학은 앞으로 이 책에서 그 위치가 두드러집니다. 그 학교를 '큰 주립대학'이라고 부르기로 하겠습니다. 당시 몇 년 전에 가족 여행으로 동부 지역에 가서 그 대학을 본 적이 있습니다. 그때 저는 고등교육의 전원적인 생활, 학생들이 앉아 꾸벅꾸벅 졸고 있는 햇빛 찬란한 잔디, 벽돌 건물이 있는 교정, 자전거를 타고 포물선을 그리며 광장을 지나가는 청바지 차림의 여학생들, 사춘기를 지나 어른이 되는 문턱에 서 있는 시기의 도취적 분위기를 처음 목격한 것이죠. 저는 그때 받은 인상에서 헤어나지 못했습니다. 그런데 제가 반한 것과는 달리 그 학교는 제게 반하지 않았습니다. 저는 발신인에 입학처장의 주소가 적힌 얇은 편지봉투가 배달된 그날을 어둡고 추웠던 날로 기억합니다.

결국 저는 앞서 언급한 로스앤젤리스의 옥시덴털 대학교에 가게 되었습니다. 그로부터 4년은 미국이 1970년대의 어려움을 넘고 있던 시기였습니다. 그전 10년간 일어났던 변혁의 결과들이 실생활에서 인준되던 때이기도 했고요. 반란군들이 성벽을 돌파한 뒤 지휘관들의 막사를 차지했습니다. 1968년의 반역자들이 1975년에는 종신직 심사 대상이 되는 조교수들이 되었습니다. (그리고 1990년에는 학과장들이 되었습니다.) 핵심 교과과정이 폐기되고 학내 질서 규칙이 폐지되는가 하면 통행금지 시간이 없어졌습니다. 여학교들은 남학생들에게 문을 열었으며 남학교들은 물론 말할 것도 없이 여학생들을 환영했습니다. 남녀공학인 학교들은 이미 남녀 구별 금지를 가속화하고 있었습니다. 교무처는 학생회를 구성하고 그들에게 불과 5년 전만 해도 생각할 수 없었던 행정 권한을 부여해주었습니다. 우리가 지금은 당연한 것으로 여기는 관행들, 즉 교수에 대한 강의 평가 제도, 종신직 심사 위원회에 학생을 위원으로 포함시키는 제도 등이 도입되었으며, 이것들은 곧 표준이 되었습니다.

이러한 개혁을 교육의 민주주의로 나아가는 중요한 진보로 보는 사람들이 있었는가 하면 좀 더 분별력이 있어야 했던 어른들의 책임 전가 행위로 보는 사람들도 있었습니다. 그때 저는 이 두 입장 중 전자가 허용하는 방종을 즐기면서도 시비곡직 면에서는 후자가 맞지 않은가 생각했습니다.

그로부터 대학 생활은 많은 면에서 변했습니다. 사람들이 말하는 것을 들어보면 요즘 학생들은 과거 우리보다 더 직업 중심적이고 태도는 더 온순하며 정치의식은 뜨겁지 않습니다. 그렇지만 음악은 요즘 음악이 더 낫습니다(K. C. 앤 더 선샤인 밴드와는 다릅니다). 마약 사용은 감소되었고, 문란한 성 문화는 성적 행동에 적용되는 공식 규정들과 의료 종사자들의 임상 관리에 의해 포위되어 있습니다. 그래도 1970년대에 학교들이 취한 일반적인 형태는 완고하게 남아 있어서 저 같은 구닥다리의 경험도 아직은 시대에 무관하지 않습니다. 그것은 제가 그 당시 생겨나고 있던 새로운 학제를 최대한 이용했기 때문입니다. 핵심 교과과정이 없어진 것인데요, 그래서 저는 '1970년대 아프리카 문학', '영화 속의 여성', '남성의 몸 남성 자신' 등과 같은 과목들을 주로 들었습니다. 간혹 옛 학제에서 살아남아 근근이 명을 유지하는 과목들을 택하기도 했고요. 이 과목들은 천문학, 셰익스피어, 미국 문학 및 기타 교양과정의 개설 과목들이었으며, 이제 이런 교양과정은 많은 학교들의 경우 멸종 위기에 처해 있습니다.

그런데 저는 제 기운의 대부분을 좀 더 세속적인 활동에 쏟았습니다. 로스앤젤레스라는 대도시를 여기저기 들쑤시며 돌아다녔고, 로큰롤 밴드에 들어갔고, 선불교 사원에 뻔질나게 드나들었고, 무수히 많은 콘서트를 보았고, 이루어지지 못할 운명의 사랑 때문에 정신을 못 차렸으며 그밖에도 전통적인 교과과정과는 아무런 상관이 없는 다른 많은 형태의 재미를 추구했습니다. 그런데 정말 중요한 것은, 제가 학생 흉내를 내지 않았더라면 그 모든 것들을 훨씬 적은 돈으로 추구할 수 있었을 거라는 점입니다.

고등교육이라는 특권에 대한 그런 태평스럽고 산발적인 접근 태도는 제 세대의 가난하지 않은 많은 학생들이 공유한 태도였고, 우리는 졸업반이 되어서야 현실과 맞닥뜨렸습니다. 우리가 열심히 맥주를 마시고 여자들 꽁무니를 쫓아다니며 학생으로서의 본분을 다하는 동안 경제가 전반적으로 이상하게 돌아가고 있었습니다. 저와 제 동기 동창들은 졸업과 함께 리처드 닉슨, 제럴드 포드, 지미 카터가 마구 다룬 끝에 충격을 받아 탈진해 맥이 빠져버린 노동시장으로 진출하게 되었습니다. 그 전까지만 해도 〈LA 타임스〉는 물리적 크기 면에서 거대한 신문사였습니다. 광고로 신문 부피가 두둑했지요. 그런데 1970년대 말쯤 구인 광고가 없어 부피가 얄팍하게 줄어들었습니다. 해가 밝게 비치는 아침, 매일 재학생 주택의 현관 계단에 배달되는 신문이 가볍게 탈싹 떨어지는 소리가 났습니다. 그러면 룸메이트나 제가 나가 그것을 가지고 들어왔지요. 아침 식탁에 놓인 찌그러진 폴스타프 맥주 캔들을 옆으로 밀고는 그 자리에 신문을 놓고, 밀려오는 두려움과 싸우며 구인 광고란을 펼치곤 했습니다.

때는 봄이었습니다. 곧 사회에 진출할 졸업반이었지만 우리 중 누구에게도 구직의 전망이 없었습니다. 구인 광고들을 훑어볼 때 우리가 느낀 두려움은 양면적이었습니다. 한 면은 생계 수단을 찾지 못하리라는 것이었고, 다른 한 면은 일자리를 갖게 될지 모른다는 것이었습니다.

결과적으로는 전자만이 현실적인 두려움이었던 것으로 드러났습니다. 우리는 인문 교양과정 중에서도 가장 인문 교양적인 과목을 전공했는데, 음악을 전공한 친구, 미술사를 전공한 친구, 시각예술(영화를 허황되게 일컫는 말)을 전공한 친구, 종교철학이라고 불리는 무언가를 전공한 친구 등이 있었습니다. 아침마다 보았지만 〈LA 타임스〉의 구인 광고란에는 격당힌 광고가 난 1개노 없었습니다. 극미하게나마 조건에 맞는 광고가 있다면 다음과 같은 내용이었을 겁니다.

철학 전문가. 안셀무스의 존재론적 증명의 인식론적 영향과 하울링 울프의 가사에 대한 전문 지식 소유자 선호. 근무 시간 오후 1시~5시. 후한 연봉과 수당. 신원 증빙서류 불필요. 경험 불필요. 풀장 이용 특전. 고용주가 학자금 융자를 모두 상환해줌. 마리화나용 물담뱃대는 각자 지참. 지원자는 구두 신을 필요 없음.

이와 같은 광고가 보이지 않자 우리는 지푸라기를 잡는 심정이 되었습니다. 어떤 때는 너무 절박해진 나머지 티셔츠에 반바지를 말끔히 차려입고는 학교의 직업 알선 상담원을 찾아가기도 했습니다. 제 기억에 그 상담원은 쾌활한 여자였는데, 그녀가 1978년도 문리대의 직업 상담원이라는 점을 감안하면 이해하고도 남을 일이었습니다. 아무런 하는 일 없이 꼬박꼬박 나오는 봉급을 받고 있었을 테니까요. 세 번째던가 네 번째 찾아갔을 때 그녀는 지금은 유행하지 않는 '직업 적성 테스트'라는 종합 테스트를 해줄 만큼 열의를 보였습니다.

칸막이가 쳐진 작은 곳에서 혼자 2시간 동안 타자기를 치고, 철자를 맞추고, 단어들을 알파벳 순서대로 배치했으며, 도표와 그래프를 분석했습니다. 테스트를 마치자 그녀가 저를 사무실로 불렀습니다. 요즘에야 비슷한 상황이라면 직업 상담원이 좀 더 긍정적이고 스트레스가 안 되는 방식으로 접근할 것입니다. 그래서 학생에게 "직업교육을 받을 바탕이 되어 있다"든가 "학생이 가지고 있는 기술들을 훌륭하게 다른 데로 옮겨 사용할 수 있다"라는 말을 해주었을 겁니다.

하지만 1970년대에 그렇게 동정적인 기분인 사람은 없었습니다. 제 상담원은 테스트 결과를 훑어보며 말했습니다.

"학생에게는 시장성이 있는 기술이 전혀 없다는 것을 아셔야 해요."

그래서 저는 저널리스트가 되었습니다.

또 행운에 대해 말하고자 합니다. 제 자신의 경험을 언급하는 이유는 최근 아들을 대학에 밀어넣으려고 하는 과정에서 제가 마주친 큰 혼란을 아주 잘 요약해주기 때문입니다. 우리는 고등교육에, 그것을 팔고 사는 데에 막대한 돈과 힘을 퍼붓지만 무엇을 위해 그러는지 잘 모르고 있는 듯합니다.

일반화하기를 싫어하지만 (사실은 좋아합니다만) 저는 미국인들이 실용적인 국민으로서 어떤 것을 획득해서 그것으로 다른 무언가를 얻는 일에 열광한다고 생각합니다. 직장, 기술, 웬디스 쿠폰을 가지고 봉급, 치즈버거를 얻는 것 말입니다. 무엇을 추구하든 그것으로 보상을 받고자 합니다. 일반적으로 미국인은 말로 나타낼 수 없는 것에는 별로 열의를 보이지 않습니다. 19세기 에세이스트인 매슈 아널드는 대학을 가면 무엇을 해야 하는지 설명하며 멋진 말을 생각해냈습니다. "이성이 명하는 것을 사랑하고, 이성의 권위에 복종하는 법"을 배워야 한다는 것입니다. 그는 또 "인류가 생각하고 말한 최선의 것"이라는 말을 했는데, 이것은 인문 교양과정이 가르치려는 것이었습니다.

어쨌든 그건 그의 생각이었습니다. 둘 다 고등교육에 대한 미국인들의 기대에는 적용되지 않는, 듣기만 좋은 말들입니다. 우리는 수단과 목적이 내재적인 혼동을 겪고 있습니다. 대학(수단)에서 대학이 설립된 취지와는 다른 결과(목적)를 요구합니다. 풍부한 여가 시간, 상대적으로 적은 양의 공부, 대개 숲이 우거진 환경, 다방면에 걸친 강의 방법, 방대하고 포괄적인 도서관 등 대학교는 사색과 꾸준한 정신적 양육을 위해 설계되었습니다. 대부분의 미국인들이 원하는 바에 맞춰 설계된 것이 아닙니다. 그들은 자녀들이 좋은 직장을 갖도록 준비시키고 싶어 합니다. 우리가 추구하는 목적이 시장성 있는 기술의 습득이라면 4년제 인문 교양과정보다 훨씬 더 빠른 길이 있습니다.

그 대신 이제 우리에게 남겨진 것은 이도 저도 아닌 존재입니다. 대학은 생산적 취직 준비 과정도, 아낌없이 목가적인 곳도 아닙니다. 양쪽의 요소를 겸하기는 합니다. 부분적으로는 수습 기간이기도 하고, 얼마간은 고상한 것들에 몰입하는 측면도 있습니다. 또한 이 대학 생활에는 어느 정도 여름 캠프 같은 면도 있고, 집단요법에 참여하는가 하면 술을 싸게 구입하러 멀리 다녀오는 일도 포함됩니다.

제가 너무 앞서가고 있습니다. 어쩌면 우리 아이들에게 대학 교육을 왜 시켜야 하는지 잘 몰라서 더욱 그것을 원하는지도 모릅니다. 하지만 제 걱정의 원천은 좀 더 직접적입니다. 제가 간혹 돈 문제를 언급하는 것 같다는 생각이 드는 독자분이 있을 것입니다. 그것은 제가 상당히 신경 쓰는 부분이었습니다. 저희와 같은 상황에 처한 부모들 대부분이 그 문제에 신경을 씁니다. 학비가 계속 올라가거든요. 또 하나 걱정의 원천은 '슈퍼키드'라는 어렴풋하지만 위협적인 존재였습니다. 이 슈퍼키드에 대한 글이 계속 눈에 띄었습니다. 신문이나 잡지에 실리는 대입의 광기에 관한 수많은 기사에서 슈퍼키드는 주인공 역할을 했습니다. 전형적인 슈퍼키드는 SAT에서 2,400점 만점을 올리고 학교 성적은 평점 4.3을 받습니다. 미식축구팀이나 배구팀 주장으로 두드러지는 활약을 하며 여름방학 때는 온두라스에 가서 장애자가 다닐 경사로를 만들어주고 주말이면 동네 근처 병원 연구소에서 암 치료에 일조합니다. 누구는 슈퍼키드를 낳아 기르고, 누구는 사방으로 슈퍼키드들에게 둘러싸인 느낌만 듭니다. 그리고 '보통키드'인 자식을 좋은 학교에 보내려면 어떻게 해야 할지 걱정을 할 뿐입니다.

게다가 저는 2009년이 역사적인 해가 될 것을 일찍부터 눈치챘습니다. 그 어느 때보다 더 많은, 모두 3백만 명이나 되는 미국 학생들이 대입 원서를 내리라는 사실을 알고 있었거든요. 아무도 그렇게 경쟁적인 대입 시장을 본 적이 없었을 뿐더러 앞으로도 다시는 없을 것입니다. 2010년에는 그 숫자가 약간 감소했습니다. 그 후로 더 감소할 것이며, 그러다가 10년이 지나면서 안정적인 수준이 될 것입니다. 그래도 여전히 이전 세대들이 법석을 떨게 할 만큼 높은 수준이겠지만 말입니다. 이것이 확실하다면 우리의 자식들도 아직 태어나지 않은 그들의 자식들을 위하여 대학에 관해 고민할 기회를 가지게 될 것입니다.

이 책을 꾸린 방식에 관해 몇 가지 알려드립니다. 이 책은 시간순으로 짜여 있습니다. 제 아들이 고등학교 2학년이 되자 들이닥친 광기의 시간부터 시작해 그로부터 18개월 뒤, 대학에 등록하는 것으로 끝납니다. (스포일러 경고: 그 아이가 대학에 들어갔습니다!) 이야기를 해나가며 조리 있게 서술하기 위하여, 또 이야기하기 쉽게 하기 위하여, 몇 군데는 압축하고 몇 군데는 단축했습니다. 인용되는 대학은 모두 실재하지만 한 학교만은 앞서 언급한 '큰 주립대학' 또는 'BSU_{Big State University}'라고 부르고 (왜 그렇게 부르는지는 앞으로 이야기하면서 분명해졌으면 합니다) 그 학교가 위치하는 작은 도시는 칼리지타운_{Collegetown}이라 부르겠습니다. 제 친구 2명의 경우에는 가명을 쓰고 나머지는 정체불명으로 했습니다. 그들과는 대부분 오래전에 친구가 되었는데, 그때 훗날 우리의 사적인 대화를 독자에게 널리 알려도 소송하지 않겠다는 면제 증서를 만들어 서명하게 했어야 한다는 걸 깜박한 것이죠.

이 책에는 실로 지극히 사적인 부분들이 있습니다. 불가피했습니다. 이 책의 주제를 통하여 우리의 가장 깊은 열망과 허영, 사회적 야망, 자기가 속한 사회 계급에 대한 불안감, 그리고 매우 깊이 들어갈 때는 우리 아이들을 향한 사랑과 희망 등이 민주주의의 거대 담론들, 평등과 공정, 기회, 사회적 선, 심지어는 행복의 본질과 뒤얽힙니다. 이 책이 양극 사이에서, 즉 가슴 또는 감정과 관련된 문제들, 그리고 문화, 정치와 관련해서 부쩍 빈번하게 회자되는 큰 문제들, 이 두 종류의 문제들 사이에서 마구 좌충우돌하는 것처럼 보인다면, 글쎄요, 그것도 이 책을 쓸 가치가 있을 것 같았던 한 이유입니다.

대입의 열기가 금방 가라앉지는 않을 것입니다. 너무 많은 사람의 이권이, 너무 많은 기관과 사업체의 이권이 맞물려 있어 그들이 그것을 지속시키고자 할 것이기 때문입니다. 이것은 제가 발견한 많은 사실 중 하나입니다. 제가 보기에 특별난 것은 아니지만 저는 저녁 회식이나 칵테일파티, 학교의 운동경기, 직장 등과 같이 고등학생 자녀를 둔 사람들이 모이는 곳이면 어디에서든지 그러한 작은 사실들을 언급하는 습관이 생겼습니다. 우리 부부와 마찬가지로 인적미답의 길을 눈앞에 두고 있는 그들은 겨울이 오기 전에 작고 포근하지만 걱정이 있는 둥우리에 도토리를 쌓아놓으려고 동분서주하는 다람쥐처럼 유용한 정보들을 그러모았습니다.

저는 강박관념에 사로잡힌 사람 내지는 그보다는 덜 그럴싸한 전문가라는 평판을 얻기 시작했습니다. 자녀가 없는 친구들까지도 저와 얘기할 때 대입 문제를 화제로 꺼냈습니다. 자기들이 말해줄 정보에 제가 흥미를 느낄 것이라고 추측하기에 그러는 것이었죠. 그들의 추측은 항상 맞았습니다. 뉴욕에서 편집자로 일하는 제 친구가 어느 날 불쑥 전화한 것도 그런 맥락이었습니다. 어떤 잡지에서 한 여자에 관한 기사를 봤는데, 대입과 관련된 모든 걱정을 맡아서 수선 떨지 않고 해결해주는 그 여자에게 도움을 받을 수 있을 것이라는 내용이었습니다. 제가 듣자 하니 그 여자는 옛날 스코틀랜드에 있던 죄식자罪食者°의 여피판 같았습니다.

° 죽어가는 사람 옆에 차려놓은 빵과 술을 다른 사람이 먹으면 그 사람이 '죄를 먹음(罪食)'으로써 죽어가는 사람의 죄를 대신 진다고 여기는 풍습. 즉, 죽어가는 사람의 죄가 그것을 먹은 사람에게 전가되어 죽어가는 사람은 죽어서 죄의 사함을 받게 된다는 것. 대개 거지들이 죄식자 노릇을 했다. 20세기 초까지만 해도 영국이나 스코틀랜드 일부 지역에서 행해졌다.

"하지만 돈이 들 거야."

그 친구가 말했습니다.

"아주 많이."

4만 달러. 미국에서 가장 이름 있는 대입 전문 독립 카운슬러인 캐서린 코헨에게 의뢰를 하려면 그만한 돈이 듭니다. 아이비리그 대학을 향한 황홀한 꿈을 꾸기 시작해서 입학하는 날까지의 조언과 지도를 포함하는 풀서비스 '플래티넘 패키지'에 드는 돈이 그렇습니다. 편집자인 제 친구가 어떤 여성 잡지에서 그 여자에 관한 소개를 읽었던 것입니다. 그 기사는 (연구 조사 결과) 사립 단과대학이나 종합대학에 입학하는 학생 4명 중 1명은 원서를 내기 전에 사설 카운슬러를 쓴다고 지적했습니다. 오늘날 사설 카운슬링은 큰 장사입니다. 대입 열병 때문에 생겨난 성한 물집과도 같습니다. 거의 모든 고등학교에서 고등학교 2학년생들의 대입 준비를 돕는 대입 카운슬러를 고용합니다. 학생 수가 많은 공립고등학교의 경우, 상주하는 2학년생 대 카운슬러의 비율은 500 대 1 정도이며 그보다 비율이 더 높을 수도 있습니다. 사설 카운슬러를 고용하는 것은, 이 교통 체증을 우회하여 급우, 친구, 이웃, 교회 친구, 직장 동료, 또는 그게 누구든 우리의 앞을 가로막고 있는 사람들을 제치고 앞서가는 한 방법입니다.

코헨은 여러 측면에서 누구보다 돋보였습니다. 그중 하나는 성공적인 사례들의 규모 그 자체였고 다른 하나는 수수료의 규모였습니다. 그녀는 무에서 시작해 미국 전역과 유럽, 아시아, 남미에 걸쳐 엄청난 고객 기반을 구축했습니다. 미드타운 맨해튼의 카네기 홀에서 한 블록 떨어진 부티 나는 위치에 사무실을 차렸지요. 수수료로 말하자면 대입의 광기 속에서 닳고 닳은 베테랑마저 숨이 턱 막힐 정도로 높았습니다.

문제는 제게 그게 없었다는 것입니다. 그러니까, 수수료가 없었어요. 광기만 있었죠. 이것을 시작으로 날이 더해갈수록 첨예하게 재정 부족을 실감하게 되었습니다. 결국 저는 그녀의 조수 중 1명과 연락이 닿았습니다. 로드라는 이름의 젊은이는 전화상으로 상냥하게 느껴졌습니다. 우리 가족이 대입의 시련을 겪기 시작했지만 제가 그들의 잠재 고객이 아님을 곧바로 밝혔습니다. 제가 그들에게 관심을 갖는 것은 개인적인 것이라기보다 보도 때문이라고 했습니다. 그런데 그것은 제가 4만 달러를 지불할 수는 없어도 그나 그의 고용주가 가려져 있는 비밀을(원서의 사진에 행운의 표시를 하면 다트머스 대학교로부터 조기 입학 통지를 받을 수 있다든지) 말해주기만 한다면 그것을 제 아들을 위해 기꺼이 활용하겠다는 말이나 마찬가지였지요.

로드는 고용주가 다음 주에 코네티컷에서 말 그대로 일단의 '고액 순자산 보유자'를 대상으로 강연을 하기로 되어 있는데 거기에 와서 그녀를 봐도 좋다고 했습니다. (고액 순자산 보유자라는 말은 부자들이 만들어낸―아니 그보다는 부자에게 고용된 작은 부자들이 만들어낸― 완곡 표현으로, 이 말을 듣는 사람으로 하여금 부자들이 실제로 얼마나 큰 부자인지 상기시키지 않으면서 그들이 부자임을 나타내는 말입니다.) 그들은 맨해튼 이북의 페어필드 카운티에 위치한 어떤 다국적 투자은행의 본사 건물에서 주중 저녁에 모이기로 되어 있었습니다. 저는 그곳에 가겠노라고 말했습니다.

기차에서 4시간이나 보내야 했으므로 시간을 때우기 위해 코헨의 『The Truth About Getting In합격의 진실』이라는 책을 샀습니다. 표지에 나온 그녀의 사진은 꽤 화려해 보였습니다. 돈을 들인 머리를 뒤로 빗어 넘기고 다이아몬드 귀고리로 악센트를 준 사진이었죠. 크림색 스웨터는 가슴이 깊게 파져 있었지만 정숙한 느낌을 주었습니다. 하지만 눈은 냉정한 결단력이 있는 시선으로 고정되어 있었고 팔짱을 낀 팔은 현실적이라는 신호를 보냈습니다. 그 사진이 말해주는 것은 '예쁘다, 몸이 아담하다, 여성스럽다, 고압적이다'라는 것이었습니다.

그 책의 어조 역시 표지와 같았습니다. 친근하지만 엄하고 위압적이었지요. 그런데 내용은 엇갈리는 메시지가 뒤범벅되어 있었습니다. 첫 페이지에는 오늘날의 비등하는 대입 경쟁을 요약해놓았습니다. 그 원인은 완고한 인구 통계학적 사실에 있다고 하더군요. 지원자의 수는 늘어나지만 좋은 자리의 수는 한정되어 있다는 것이죠. 거기에 자녀의 성공을 원하는 부모의 불굴의 욕망을 첨가하면 무수한 자녀들의 고등학교 생활을 해병대 신병 훈련소처럼 만드는 데 필요한 모든 것이 갖춰지는 것입니다. 집요한 '결핍감'과 '성취 압력'에 대해서도 이야기했습니다. 순진한 고등학생들은 인생에서 가장 스트레스가 심한 시기에 직면한다는 것이었습니다. 또한 부모들은 전례 없는 재정적 요구를 감수해야 하고, 이로 인한 빈 둥지 쇼크를 겪을 상황에 처했다고 했습니다.

그녀는 이렇게 썼습니다.

"그게 사실이 아니라고 말하고 싶지만, 떠들썩한 그 모든 보도는 사실입니다. 사정은 그들이 말하는 것처럼 좋지 않습니다. 아마 더욱 심각할 것입니다. 그래서 어떻게 해야 하냐고요?"

그녀는 계속해서 말했습니다.

"일단 먼저, 느긋한 마음을 가지세요."

느긋한 마음이라고? 세 페이지를 읽었을 뿐인데도 벌써 손에 땀이 났습니다. 우리 가족은 희미하게나마 그녀가 설명하는 세계를 흘끔 들여다보기 시작했습니다. 저는 계속 읽어나가면서 그녀의 기교에 감탄하지 않을 수 없었습니다. 그녀는 독자의 걱정을 아주 딱 알맞은 수준에서, 즉 지속적으로 뭉근히 끓게 하고 있었습니다. 책장을 계속 넘기도록 겁을 주었지만 도중에 희망을 버리지 않도록, 또 도중에 책을 집어던지지 않도록 안심도 시켜주었습니다. 독자를 계속 이쪽저쪽 지그재그로 이끌어갔습니다. "현재 미국을 사로잡고 있는 '엘리트' 대학 열광"을 한탄할 때, 저는 '나도 그런데!'라고 생각하게 되고, 그녀는 어느새 그 열광을 부추기는 것이었습니다. 그 모든 과정은 마라톤과 같다고 지적하며, 다년간에 걸친 양성이 필요하므로 조기에 시작해서 페이스를 늦추지 말아야 한다는 것이었습니다. 아이고, 우리 집은 이제야 시작했는데! 그렇다면 우리는 너무 늦었다는 말인가! 그러면 그녀는 아뇨, 하고 독자인 제 머리를 톡톡 두드리듯 위로했습니다. 시작하기에 너무 늦었다거나 너무 이른 시기는 없다고도 했습니다.

"지금 당장이라도 당신은 당신의 자녀와 함께 진학할 학교를 선택할 때 고려해야 할 수많은 요인들의 목록을 만들어야 합니다."

수많은 요인들?

고등학교는 "벅찬 일을 해낼 수 있는지 보는 곳이 아니다"라고 하더니 곧이어 그 벅찬 일의 목록을 보여주더군요. 예정대로 진행되고 있는지 확인해볼 수 있는 체크리스트와 일정표가 포함되어 있었습니다. 그것이 암시하는 바는, 무엇을 하고 있든, 우리는 이미 뒤처지고 있다는 것이었습니다. 하지만 그녀는 이런 말을 덧붙였습니다.

"걱정하지 마세요. 지금 당장 시작하세요. 그러면 이미 목적지에 도달한 것입니다."

그런데 "지금 당장"이란 말은 무엇을 의미할까? 도대체 언제가 시작하기에 좋은 시간일까? 그것은 까다로운 문제였습니다. 어느 날 연방 교육성의 웹사이트를 뒤지다가 부모와 자녀를 위한 '대입 준비 체크리스트'를 발견했습니다. 새로 알게 된 놀라운 사실 중 하나는 우리 아들이 (부모와 함께) 고등학교 1학년이 되기도 전부터 '개인 포트폴리오'를 만들기 시작했어야 했다는 것이었습니다. 포트폴리오에 포함되는 것으로는, 운동선수일 경우에는 경기 동영상, 연기나 음악을 할 경우에는 공연 동영상, 그리고 그밖에 신문 기사 스크랩, 통계표, 상장, 미술 작품, 학교신문, 사진 등이 있었습니다.

캐서린 코헨의 목록은 더 많은 것을 요구했습니다. 대학교에 진학할 학생이라면 택해야 할 과목들을 중학교 2학년(8학년)까지 거슬러 올라가 보여주는 대입 계획표를 제시했습니다. 고등학교 1학년생(10학년)이 매달 무엇을 해야 하는지 보여주는 상세한 월별 일정 계획표도 제공했습니다. 2학년생(11학년)을 위한 계획표, 3학년생(12학년)을 위한 계획표도 보여주었습니다. 제 아들은 고등학교 2학년이었죠. 고등학교 1학년생(10학년)에게 권하는 많은 단계들 중에는 전국 대학 진학 설명회에 가기, 대학교들에 대해 조사하기, 인근에서 자원봉사 일 찾기, 정기적으로 학생 이력서에 새로운 사실 기입하기, 모의 예비대입수능시험PSAT 치르기, 앞으로 추천장을 써줄 선생님들을 찾아 그들에게 알랑거리기 등 등 많은 사항들이 있었습니다. 이 중에서 제 아들이 한 것은 정확히 단 한 가지, 꼭 하나뿐이었습니다.

저는 책에서 눈을 떼고 엠드랙 철도의 사업 용지에 줄지어 자라는 잡초와 잡목들이 휙휙 지나가는 것을 물끄러미 바라보았습니다. 제 아들은 최소한 PSAT는 봤습니다. 공교롭게도 제가 코헨과 만나는 바로 그 날이 시험 결과가 나오는 날이었죠. PSAT가 중요하다는 것, 저도 그건 알고 있었습니다. 그 점수로 결정되는 것은……. 그런데 생각해보니 그 점수로 무엇이 결정되는지 확실치 않더군요. 대단한 건 아니겠지 했습니다. PSAT에서 상위권에 드는 학생들은 전국 우수 학생 장학금을 받을 수 있었습니다. 가장 좋은 학교들은 이 학생들을 가장 좋은 지원자로 점찍고 이메일과 관능적인 브로슈어 등을 통해 관심을 아끼지 않았죠. 반면에 낮은 점수의 결과는 되돌릴 수 없었습니다. 실제 SAT를 잘 봐서 만회할 수는 있지만 PSAT 점수는 최초의 구체적인 숫자이며, 장거리 행군의 (최소한 우리 가족에게는) 첫 이정표였던 것입니다. 그래서 저는 별로 의식하지 않다가 어느새 우리 아들의 점수가 어떻게 나왔을지 크게 걱정하기에 이르렀습니다. 『합격의 진실』이 아주 훌륭하게 증폭시켜준 걱정이었습니다. 저는 흔들리는 기차 안에서 평소대로 민첩하게 우리 아들에게 문자를 보냈습니다.

점수는 아직 안 나왔니?

그리고 OK 버튼을 눌렀습니다. (저는 글자가 틀려도 어떻게 고치는지 몰라 그냥 두거든요.) 날이 어두워지고 기차가 코네티컷에 진입했을 때까지도 아들로부터는 아무런 응답이 없었습니다.

코헨의 조수 로드가 기차역 플랫폼에서 저를 기다리고 있었습니다. 앞단추가 3개인 양복과 선명한 빨간색 넥타이로 말쑥하게 차려 입은 그는 매우 친절했습니다. '코헨 박사님'의 안부를 묻자 손사래를 쳤습니다.

"캣입니다. 모두 그렇게 불러요. 일단 만나보시면 코헨 박사님라고 부를 생각이 나지 않으실 겁니다. 그냥 캣이에요."

캣은 로드를 컬럼비아 대학교에서 데려왔습니다. 그는 그곳 입학처에서 근무했습니다. 캣의 직원들은 대부분 그와 비슷한 일류 대학의 입학처에 있다가 고용되었습니다. 그가 덧붙였습니다.

"캣은 참신함을 유지하기 위해 젊은 사람들을 써요. 하지만 그 세계의 실무 경험이 있어야 하죠."

캣 자신을 포함해서 그녀가 고용하고 있는 카운슬러들은 한때 내부자였던 터라 이 신비한 과정에 정통하다고 여겨졌습니다. 그것이 바로 캣이 파는 것이었죠. 그것은 애초에 그 절차 자체를 신비롭게 만드는 것을 도운 전문가만이 줄 수 있는 전문 지식입니다. 저는 다년간 의회에 관한 기사를 써봐서 그런 접근 방법을 알고 있었습니다. 의회에서는 그것을 회전문revolving door°이라고 부르죠. 젊은 보좌관들이 거대 기업들에게 정교하고 혼동되는 법률적 부담을 주는 법안을 마련하면, 기업들은 그 법에서 빠져나갈 구멍을 찾기 위해 법안 제정을 거든 보좌관들을

° 주요 관직에 있던 사람을 사기업에서, 사기업에 있던 사람은 관직에서 고용하는 것.

고용해야만 하는 것입니다.

저는 로드를 따라 은행 로비의 보안 창구를 통과했습니다. 폐점 시간이 지나 거의 텅 비어 있었습니다. 엘리베이터를 타고 꼭대기 층에서 내리니 곧바로 베르사유 궁전 같은 회의실이더군요. 이층 높이의 유리창 밖은 어두웠지만 불빛이 반짝이는 코네티컷 교외가 내려다보였습니다. 유리창을 둘러싼 벽에는 마이클 마주어의 그림들이 걸려 있었는데, 각 그림은 테니스 코트를 일으켜 세운 것 같은 큰 면적을 덮고 있었습니다. 바닥의 카펫은 그 위에서 깡충깡충 뛰어오를 수 있을 정도로 두터웠습니다. 돈 냄새가 물씬 났습니다. 물론 초청받은 사람에 한정된, 부유한 부모들의 모임도 그랬죠. 대다수는 그리니치 스타일의 평상복 차림인 여자들이었는데, 이것은 그들이 페어필드 카운티의 주부요 엄마임을 말해줍니다. 그들이 평범한 주부이자 엄마인 여자들과 구별되는 점은 엄마 같아 보이지는 않는다는 것입니다. 하여간 대학에 진학할 자녀가 있는 엄마들 같아 보이지는 않았습니다. 몸에 딱 달라붙는 디자이너 청바지에 뒤축에 스파이크가 박힌 복잡한 모양의 신빌 차림이었습니다. 대부분 금발이었죠. 두드러진 광대뼈와 턱의 윤곽은, 카라라 대리석이 연중 선탠을 한 백인의 피부색이라면 그 대리석 조각인가 싶었을 것입니다.

은행 여직원이 사람들에게 자리에 앉으라고 말했습니다. 가운데 통로 양쪽으로 의자가 30~40개 놓여 있었습니다. 그래서 사람들은 그 여자가 겹줄 수 있도록 자리에 앉았습니다.

"여러분에게 자녀가 3명 있다고 합시다."

은행 여직원이 말했습니다. 저는 주위를 한 번 둘러보았습니다. 그

가운데 자식을 둘 이상 낳은 여자가 있을 가능성은 매우 희박했습니다. 자녀 둘은 미국의 상위 중산층의 표준이지요. 하지만 그 말에 안색이 창백해진 사람은 없었습니다.

"그리고 그 세 아이가 초등학교, 유치원, 유치원 준비반에 있다고 합시다. 여러분은 그 아이들을 여기 코네티컷 집에서 가까운 대학에 보냈으면 합니다. 그래서 1명은 예일 대학에 가고, 1명은 유콘에, 1명은 페어필드 대학에 간다고 하죠. 그게 지금으로부터 15년 후일 텐데, 그때가 되면 등록금이 얼마나 될까요? 말해보실 분 없습니까?"

몇 사람이 대답을 시도했습니다. 예상보다 많은 액수로 충격을 줄게 빤한 질문에 대답할 때 그러듯 숫자를 부풀린 대답들이었죠.

"50만 달러요?"

한 여자가 큰 소리로 말했습니다.

"아뇨."

"60만?"

"틀렸어요."

"75만?"

은행 여직원은 의기양양하게 말했습니다.

"95만 달러입니다. 최소한이죠. 더 많을 수도 있습니다."

아무도 일곱 자리에 가까운 숫자는 생각하지 못했던 게 분명했습니다. 아이 셋을 대학에 보내는 데 1백만 달러가 든다고? 우리는 집중해서 들었습니다. 나중에 보니 그녀는 투자자문이었으며, 그 높은 숫자는 대입이라는 도전에 맞서도록 우리의 등을 떠밀기 위해 의도된 것이었습니다. 가령 자기네 은행에 따로 더 돈을 투자해서 맞서라는 것이지요. 하지만 그 작전은 전혀 필요하지 않았습니다. 그곳에 있는 사람들은 모두 부모의 야심을 드러내는 그 야생적인 표정을 하고 정신을 바짝 차리고 있었으니까요. 캣이 소개되자 그들은 대포를 조준하는 것 같은 눈길로 그녀를 바라보았습니다.

그녀는 체구가 작았습니다. 그러나 책 표지 사진에서 보인 매력은 포토샵으로 만진 게 아니더군요. 검은색 옷차림이었는데, 나팔바지에 칼라까지 단추로 채운 몸에 딱 붙는 셔츠를 입고 진주 목걸이를 했습니다. 여자들의 관심은 끌지 몰라도 남자들에게는 위협적인 뾰족한 코의 하이힐을 신고 있었습니다. 긴 손톱에 매니큐어를 칠한 손으로 옷깃에 마이크를 달고는 가운데 통로로 천천히 입장했습니다.

그녀는 원투 펀치에서 두 번째 주먹을 휘둘렀습니다. 투자자문 역이 대학 등록금을 어떻게 낼 것인가 생각하게 만들었다면, 캣은 그 돈을 댈 수 있다고 해도 우리 아이들이 어떻게 대학에 들어갈 것인지 생각하게 만든 것이죠.

"여러분 중에서 자기 아이가 선별적 대학에 들어가기를 원하는 분은 손들어보세요."

그녀는 무수히 쳐든 손들을 쓱 둘러보았습니다.

"모두군요."

그런데 여러분이 생각하는 선별적 대학은 어떤 학교인가요? 하버드는 합격률이 10퍼센트 훨씬 미만임에도 미국에서 가장 입학하기 치열한 대학은 아닙니다. 역시 10퍼센트 미만의 합격률을 보이는 예일 대학도 아닙니다.

"미국에서 가장 까다로운 대학은 줄리아드와 커티스 대학입니다."

그녀는 두 음악학교를 가리켜 말했습니다. 그러고는 숫자가 적힌 종이를 흔들어 보였습니다.

"하지만 여기 보세요. 플레이글러 대학 합격률은 26퍼센트고, 뉴욕 시립대학은 20퍼센트, 하와이 브리검 영 대학은 19퍼센트입니다. 미주리의 오자크스 대학은 12퍼센트고요."

그녀는 잠시 사람들이 그 숫자들을 생각할 시간을 주었습니다. 이스트코스트° 엄마들의 전율이 느껴지는 듯했습니다. 우리 아이가 오자크스 대학도 못 들어갈 것이라고? 이 무슨……. 그런데 잠깐, 플레이글러 대학은 어디 있지?

캣은 우리에게 입학 사정관처럼 생각할 줄 알기를 바란다고 했습니다. 선별적 학교들의 입학 사정 위원회는 그들의 선발 방법을 '전체론적'이라고 부르는데, 이것은 SAT 점수, 내신 평점과 같은 확실한 자료에다가 많은 무형의 요인들을 보태 가늠하여 합격자를 결정한다는 것을 의미합니다. '전체론적'이라는 말은 입학 조건이 비교적 덜 까다로운 선별적 대학인 주립대학이나 커뮤니티대학이 전적으로 숫자에 의거해 전형하는 방식—지원자의 점수나 평점이 입학 사정 위원회가 명시한 수준만 넘으면 자동적으로 합격되는 방식—과 차별화하기 위한 것입니다. 이 '전체론적'이라는 용어는 뉴에이지 요가 수행자, 게슈탈트 심리요법 치료사, 한방 치약 제조업자들에게서 차용한 것으로서, 이 말이 갖는 위세는 일반인들이 보기에 그게 무엇인지 딱히 모른다는 데 달려

° 북으로는 보스턴에서 남으로는 워싱턴 D.C.에 이르는 대서양 연안 지방. 특히 도시를 잇는 회랑 지대를 가리킨다.

있습니다. '전체론적'의 좀 더 실제적이고 정확한 뜻은 '완전히 주관적'에 가까울 겁니다.

캣이 대학 지원자 4명의 이력서를 요약한 복사지를 돌렸습니다. 거기에는 내신 성적, SAT 점수, 과외활동, 추천서, 여름방학 활동 등이 적혀 있었습니다. 지원자들의 이름은 익명이었지만 이력서 자체는 진짜였습니다.

"여러분은 이제 브라운 대학의 입학처장 짐 밀러 씨가 되는 겁니다." 그녀가 말했습니다. 아, 브라운—. 그 대학 이름이 언급되자 제 앞줄에 앉은 두 사람이 서로 눈을 마주치며 말했습니다. 작고, 오래되고, 뉴잉글랜드풍의, 담쟁이덩굴로 덮인 브라운 대학은 많은 부모들을 꼼짝 못하게 합니다. 캣 본인이 그 학교 입학처에서 일한 바 있더군요. 그녀는 전형적인 입학 사정관이 원서 하나를 읽는 데 들이는 시간은 평균 5분이라고 하며 우리들에게 원서 10개를 검토해보라고 말했습니다. 그런 다음 누구를 로드아일랜드의 프로비던스에 위치한 그 작은 고등교육의 천국에 입학시킬 것인지 선택하게 하는 것이었습니다.

저도 이력서들을 들춰보았습니다. 조, 레지, 킴, 테레사 등 모두 슈퍼키드였습니다. 그럼 그렇지. 또 슈퍼키드였어요. 그 아이들에게 망토를 둘리고 타이츠를 신기면 만화 주인공이 될 수도 있을 것입니다. 조는 SAT에서 800점 만점을 받았고 미국 원주민 학교를 위한 모금도 했습니다. 레지는 AP 수업Advanced Placement class°을 여섯 과목이나 들었고 내신 평점이 4.0이었습니다. 킴은 바이올린을 연주하는 학생인데 출신 지

° 미국 고등학교에서 대학 학점을 인정받을 수 있는 프로그램.

역의 심포니 오케스트라와 협연한 것을 녹화한 테이프도 가지고 있었습니다. 테레사는 혼자의 힘으로 인근의 히스패닉 초등학교가 유지될 수 있도록 활동하면서도 SAT에서 우수한 점수를 받았습니다. 이 학생들은 어디서 났지? 저는 머릿속으로 부당하게 제 아들이 이력서를 들춰보았습니다. 머릿속으로 그럴 수밖에 없었던 것은 제 아들의 이력서는 없었기 때문입니다. 우리 가족 중 누구도 그런 것을 준비할 생각을 못했거든요.

10분 뒤에 우리는 투표를 했습니다. 테레사가 승리해서 천국에 입학할 허락을 받았습니다. 하지만 캣은 우리의 선호도는 그 연습의 요지가 아니라고 잘라 말했습니다. 브라운 대학의 합격률은 14퍼센트라며, 브라운과 같은 대학은 우수한 학생들의 원서를 몇 천 개씩 받는다는 것입니다. 가장 중요한 사항들을 고려해볼 때 서류상으로는 원서들 간에 차이가 없다고 했습니다.

"미국에는 고등학교가 3만 6,000개 있습니다. 매년 적어도 3만 6,000명의 수석 졸업생이 나온다는 얘기입니다. 그들이 모두 브라운 대학에 갈 수는 없겠죠. 불합격 원서 더미만 가지고 골라도 합격한 클래스와 같은 클래스를 2개는 더 만들 수 있을 것입니다."

따라서 일류 선별적 학교들의 입학 사정관들이 풀어야 할 과제는 입학 허가를 하지 말아야 할 이유를 찾는 것입니다. 따라서 당연히 지원자의 부모가 풀어야 할 과제는 입학 사정관들이 퇴짜 놓을 이유를 주지 않는 것이겠지요.

하지만 그 이유들은 아주 찾기 쉬웠습니다! 흠 하나 없어 보이는 슈퍼키드들의 증명서 속에서 그녀는 실격 요인이 되는 결점들을 하나하나 끄집어냈습니다. 그녀가 이야기할 때 그들이 마치 그녀의 핀셋에 집혀 몸을 뒤틀 것 같았습니다.

"조를 봅시다. 조는 이들 중 반 등수가 가장 높습니다. 좋습니다, 그렇죠? 하지만 자세히 보세요. AP 과목이 하나도 없잖아요!"

AP 과목들은 고등학교에서 공부 잘하는 학생들을 위해 제공하는 엄격한 코스입니다.

"이것은 아주 중요한 교훈입니다. AP 과목이 없이 수월한 코스로 평점 4.0을 받는 것보다는 AP 과목이 많은 엄격한 코스를 택해 낮은 평점을 받는 게 언제나 더 유리합니다."

그녀는 킴의 이력서로 주의를 돌렸습니다.

"이제 킴을 봅시다. 킴의 학급 등수는 별로입니다. 상위 20퍼센트권이에요. 성적은 고2(11학년) 때까지는 그냥 괜찮은 정도입니다. 그러다가 갑자기 향상되었어요. 하지만 그것으로는 부족할 것입니다. 진지함을 따져봐야 합니다. 킴이 2학년이 되어 자신의 잠재력을 발견한 것은 단지 갑자기 대학 진학이 걱정되어 그런 걸까요? 바이올린 콘체르토, 교향악단과의 콘서트는 인상적입니다만 과외활동 항목을 보세요, 그것은 '킴은 학교 오케스트라에 참여하지 않는다'라고 말하잖아요. 킴은 자기밖에 모른다는 거죠. 대학들은 학교 공동체에 기여할 사람을 찾습니다. 학교 전체의 체험을 풍요롭게 해줄 사람을요. 킴은 음악에 대한 정열이 있을지 모르지만 자신이 속하는 학교에 되돌려주는 게 없습니다."

그것은 거의 꾸짖음 같았습니다. 사실은 그보다도 더 심했지요. 킴의 원서에 포함된 에세이는 부모의 조국으로 돌아가는 것에 관한 글이었습니다. 아주 진부하다면서 캣은 킴이 섬뜩할 정도로 외곬으로 보인다고 말했습니다. 약간 기형적으로 그런지도 모른다고요. 캣이 이야기를 끝냈을 때쯤, 킴은 피투성이가 되어 바닥에서 흐느적거렸고 바이올린은 그 옆에 두 동강 나 있었습니다.

캣은 신병 훈련 하사관처럼 가운데 통로를 왔다 갔다 했습니다. 조를 다시 불러들여 짓밟았습니다. 미국 원주민을 위한 모금 활동은 "2학년 말에 행한 일회성"이었을 뿐이라며, 또 헌신적이지 않다는 얘기를 했습니다. 타이밍이 아주 의심쩍다는 것입니다.

"원서에 써넣기 위해 급히 쌓은 활동입니다."

2학년이 되기 전의 여름방학 활동으로는 4주 동안의 스쿠버다이빙 캠프에 장학금을 얻어간 게 있었습니다.

"그 여름방학 기간의 나머지 6주 혹은 8주 동안은 뭘 한 거죠? 여기에는 그 점에 대해서는 아무런 언급이 없습니다."

한 엄마가 불평했습니다. 약간 기분 나쁜 듯했지요.

"우리 아이는 4주 스쿠버 강습에 4,000달러를 냈어요."

캣은 그 자리에서 멈추고 무표정하게 그녀를 쳐다봤습니다.

"그러셨어요?"

"네."

"그렇다면 애석한 일이군요."

그 엄마의 언성이 높아졌지만 캣이 말을 끊었습니다.

"보세요, 보세요. 그게 나쁘다는 게 아니에요. 그것으로 결과가 달라질 건 없다는 말이에요. 이 대학교에 가고자 한다면 그렇다는 겁니다. 달라질 게 없어요."

그녀는 레지 얘기로 넘어갔습니다. 레지는 AP 과목을 6개 들었습니다. 제게는 무척 많아 보였습니다. (저는 메모했습니다. 우리 아들은 AP 과목을 몇 개나 듣고 있지?)

"하지만 레지가 다니는 명성 있는 기숙학교의 학생들은 전형적으로 8개 내지 10개의 AP 과목을 이수합니다. 따라서 여섯 과목만 이수한 레지는 공부에 대민하다는 서죠. 하지만 여기 보세요. 과외활동은 12개나 있습니다. 모델 UN, 체스 클럽, 연극부, 기타 등등. 아주 바빠요!"

캣에게는 어림도 없었습니다. 그녀는 그저 고개만 절레절레 흔들었습니다.

"이 학생은 상습적 가입자예요. 주에 1시간짜리 활동이 많잖아요. 그런 건 결국 아무것도 아닙니다. 헌신이 없어요. 깊이 있는 헌신 말이죠. 그냥 일방적으로 점수만 올리자는 것이나 마찬가지예요."

어쩌면 그 반대일 수도 있지 않느냐고 반박할 용기를 내는 부모는 그 자리에 없었습니다. 과외활동이 하나밖에 없지만 집중적으로 그것 하나에 헌신하는 학생은 관심사가 다양하지 않다는 이유로, 모험심이 부족하다는 이유로, 어쩌면 편집광이라는 이유로 입학처장에게 퇴짜를 맞을 수 있으니 말입니다. 아이들이 이래도 저래도 불합격될 수 있다는 생각이 거기 앉은 우리들에게 서서히 분명해지기 시작했습니다. 그것은 지원하는 학교가 어떤 학교인가에 따라, 원서를 심사하는 위원회의 구성에 따라, 심지어는 한 위원의 성향에 따라 결과가 달라질 수 있겠다는 생각이었지요. 캣처럼 자신의 소견이 확고부동한 사람은 누구든 불합격시킬 수 있는 것입니다. 슈퍼키드들마저 안심할 수 없었습니다. 속수무책인 부모들과 대입 지원자들이 할 수 있는 극한은 캣이 애기하는 '소프트 요인'들을 돌보는 것이었습니다. 즉 성적, 등수, 과목의 종류와 수, SAT 점수 등과 같은 엄연한(하드) 자료를 넘어서는, 이력서의 여백을 채울 작은 요소들 말이죠.

"그 작은 요소들이 해결사 노릇을 할 수도 있습니다."

캣이 말했습니다.

"여름방학 활동을 예로 들어봅시다. 중학교 때부터 아이들이 여름방학 때 무엇을 하는가를 보고 입학처장은 그들의 인격과 야망, 헌신에 대해 많은 것을 알 수 있습니다. 일자리를 얻어 일하는 것도 좋지만 자기 사업을 시작하는 것은 더욱 좋은 것이지요. 그러지 못한다면 어디에서 일하느냐가 중요합니다. 게으름뱅이들이 취하는 최후의 피난처, 라이프가드 일은 피하세요."

제 아들은 지난 두 해 동안 여름에 라이프가드로 일했으며 그 일을 또 할 참이었습니다.

캣은 계속 이야기를 이어갔습니다.

"카운슬러 역으로 참여한다 해도 여름 캠프는 열외입니다. 대학교들은 지원자가 몇 년이나 병 돌리기 게임° 경험을 쌓았는가에 감명을 받지 않아요. 가족과 함께 유럽 여행을 했다는 것은 그 아이의 특권적 삶에 관심을 끌게 하는 정도에 그칠 뿐입니다."

캣은 특히 돈을 내고 워싱턴 D.C.나 주 정부에 가서 몇 주 동안 인턴 생활과 세미나에 참여하는 '리더십 프로그램'을 무시했습니다. 그러자

° 빙 둘러 앉아 바닥에 병을 돌리고 정지했을 때 병목이 향한 사람에게 그 반대쪽에 있는 사람이 키스하는 10대들의 게임. 여름 캠프에서 그런 게임을 많이 하므로 여름 캠프를 비하해서 상징적으로 말한 것.

다른 엄마가 불만을 표했습니다.

"우리 아들이 거기 다녀왔는데요! 그냥 간 게 아니라 초청을 받아 갔었어요. 리더십 기술을 배우고 거기서 아주 많은 걸 배워 왔고요."

"그 초청은 우편으로 왔겠죠. 거기에는 '선발되었습니다'라고 적혀 있었을 테고요. 왜 선발됐는지 아세요? 우편번호 때문이에요. 그걸 보낸 측은 우편번호를 보고 수신자가 그만한 돈을 낼 수 있을 걸로 생각한 거죠."

캣은 어깨를 으쓱했습니다.

"미안합니다."

"우리 아이는 그 경험을 가지고 원서 에세이를 쓸 생각이었어요."

그 엄마가 풀이 죽어 말했습니다. 그러자 캣은 에세이에 관해 덧붙였습니다. 아름답고, 논리적으로 빈틈이 없고, 어떤 시간과 장소에 대한 좋은 기억을 떠올리는 글이더라도 지원자에 대해 이력서에 없는 무언가를 말해주지 않으면 기회를 낭비하는 것이며 아무런 효과가 없을 거라고 말이죠. 에세이에는 과외활동이나 여름방학 활동 목록에 포함되지 않는 어떤 열정, 개인적 고투, 품성을 나타내는 사건 등이 포함되어야 한다고 했습니다. 지역사회 봉사 활동도 신중히 선택해야 하고요. 다년간 계속하면서 열정이 담겨야 한다는 것, 타의에 의해서가 아닌 학생 본인의 깊은 관심에서 나온 것이어야 한다고 거듭 강조했습니다. 선생님의 추천서도 소프트 요인들 중 하나인데 그와 비슷한 수준의 주의를 기울여야 한다고도 했고요.

"고등학교에 들어가면 일찌감치 좋아하는 선생님을 찾아 특별한 노력을 해야 할 겁니다. 그 선생님과 함께 시간을 보내며 관계를 구축해야 하죠. 아이가 무엇에 관심이 있는지 선생님이 알게 하세요. 수업 시간에 열의를 보여야 합니다. 토론에 참여하고 자신의 의견을 분명히 발언해야 하고요. 그것은 그 수업이 흥미로운 시간이 되도록 선생님을 돕는 것이거든요. 매일 '나는 얼마나 이 수업에 기여하고 있지?'라고 자문하세요. 그리고 가급적이면 자녀가 수업 시간 외에도 선생님과 함께 보내는 시간을 갖게 하시고요. 그러면 원서를 낼 때가 되어 추천장이 필요한 경우, 앞서 그렇게 마중물을 부어놓았으니 펌프질만 하면 칭찬이 쏟아져 나올 것입니다."

제게는 이 모든 게 새로웠지만 제 생각이 틀렸었다는 것을 이미 알아차렸습니다. 대입 전형 절차는 학생들에게 리사 심슨이 아니라 에디 해스켈이 되라고 강요하고 있었습니다.° ("입학 카운슬러님이 입으신 그 새 드레스가 아주 멋집니다.") 그것은 학생들로 하여금 겉으로는 그렇지 않은 척하면서 단일한 숨은 동기를 가지고 인생을 추구하도록 하는 데 확실한 길이었습니다. 학생들이 하는 모든 일에 위선이라는 얇은 칠을 입혔습니다. 좋은 추천장을 받겠다는 희망찬 생각으로 사람들을 사귀는 것입니다. 너그러운 마음을 광고하기 위해 지역 공동체에 봉사하는 것입니다. 그저 내신 평점을 부풀리기 위해 열심히 공부하고 학급 등수라는 기름 바른 장대를 오르기 위해 애를 쓰는 것이지요. 그 자체를 위해 행해지는 것은 아무것도 없습니다. 좋은 일을 하고, 공부도 잘하라는 조언은 그것을 반드시 대입 원서에 입증할 수 있도록 하라는 얘기였던 겁

° 리사 심슨은 미국 시트콤 만화영화 〈심슨 가족(The Simpsons)〉의 신동 소녀. 에디 해스켈은 미국 시트콤 드라마 〈Leave it to Beaver(비버에게 맡겨줘)〉의 알랑쇠 소년.

니다.

결국은 우리 아이들이 좀 더 넓은 세상으로 나아가는 과정에서 그들에게 요구하는 첫 번째 큰 과제는 자신들을 상품으로 내세운 마케팅 행위입니다. 거기 있던 부모들 중 그 사실이 신경에 거슬린 사람이 있었는지는 모르겠지만, 그것을 표현한 사람은 아무도 없었습니다. 그들은 아무렇지도 않게 그 생각을 받아들였을 뿐 아니라 전문 마케터처럼 외부 컨설턴트 고용을 고려했습니다. 모임이 끝나자 캣은 명함을 얻으면서 조금이라도 더 무료 조언을 짜내려고 몰려든 부모들에게 빙 둘러싸여 보이지 않았습니다. 공짜로 제공되는 『합격의 진실』은 금방 동이 났습니다. 멜론과 포도, 치즈 조각을 차려놓은 쟁반은 아무도 건드리지 않더군요. 저만 먹었습니다. 저녁 먹을 시간이 지났었거든요.

"정말 복잡하죠."

문득 한 엄마가 제 옆에 나타났습니다.

"정말 그래요."

저는 고다 치즈 한 덩어리를 씹으며 말했습니다.

"할 게 정말 많아요. 원, 세상에. 이런저런 얘기는 소문으로 들었지만 정말 이 정도일 줄이야……."

저는 치즈를 삼키고 그 여자에게 캣을 고용해 도움을 받을 생각이냐고 물었습니다. 그녀는 무심히 포도 쟁반을 쓱 쳐다봤습니다.

"선택의 여지가 없는 것 같아요. 그쪽은 어떠세요? 무언가는 해야 하잖아요. 우리가, 아니 아이가 자랑으로 여길 수 있는 어딘가를 가려면 말이죠."

저는 그녀가 말한 '아이'는 사실은 '우리'를 뜻하고, '우리'는 '나'를 뜻하는 것으로 이해했습니다.

모였던 사람들이 모두 가고 캣이 자유로워졌습니다. 저는 캣 일행과 함께 맨해튼으로 가는 밤늦은 시각의 기차를 타기 위해 기차역까지 걸었습니다. 그러면서 저는 대입 전 과정이 거대한 자기 마케팅 같다는 얘기를 꺼냈습니다. 그리고 제 아들이 성격상 그것을 감당할 수 있을지 모르겠다고 말했습니다.

"수줍은 사람은 이 과정에서 불리한 입장에 놓일 거예요. 이건 대인관계와 밀접한 절차거든요. 소심해서는 안 됩니다. 자기주장을 할 줄 알아야 해요. 하지만 어떤 아이들에게는, 특히 그 나이에는, 그게 매우 어렵죠. 그렇기 때문에라도 일찍 시작하는 게 중요합니다."

대입에 관한 모든 신화 중 가장 해로운 것 두 가지는 조기 시작에 관한 것이었습니다.

"사람들은 그러죠. '중3(9학년)은 중요하지 않다. 그렇게 이른 학년의 성적이나 과외활동 등은 중요하지 않다'고요. 아뇨, 중요합니다! 또, 사람들은 '고2(11학년)에 시작해도 돼'라고 말하는데, 그게 그렇지 않아요! 고등학교 2학년생이 되면 아주 강력한 원서의 준비가 다 끝나가야 합니다. '나는 이 학교에 다니고 싶다!'라고 크게 광고하듯 눈길을 끄는 원서라야 하죠."

우리 아들은 성격이 그렇지 못하다고 했습니다. 설상가상인 것은 그 아이가 정말 죽도록 가고 싶어 하는 학교가 있는 것 같지 않다는 점이었습니다. 캣이 물었습니다.

"아드님이 몇 학년이죠?"

"고2입니다."

"얼마큼이나 준비되었나요?"

"글쎄요. 이렇게 말해보죠. 우리는 중3이나 고1(10학년) 때부터 준비하지 않았습니다."

"대학교는 몇 군데나 방문해보셨어요?"

"하나도 없어요."

"지원 대상 학교 목록은 적어보셨어요'?"

로드가 불쑥 끼어들었습니다.

"아드님은 어떤 학교가 좋을지 물색해보지도 않은 건가요?"

"네, 안 했어요."

제가 대답했습니다.

"SAT 준비는요?"

캣은 이때 빙긋이 웃고 있었습니다. 저는 고개를 가로저었지요.

"오오, 아주 심각하군요."

그녀가 말했습니다.

그날 밤을 뉴욕 시에서 보내고 아침에 일어나 보니 마침내 제 아들로부터 문자가 와 있었습니다. PSAT 결과가 나왔으며 점수는…… 좋았습니다. 적어도 저는 그렇게 생각했어요. 호텔 로비의 비즈니스 센터에 있는 컴퓨터를 사용해 우리 아이의 첫 점수가 전체 백분위에서 어디쯤에 속하는지 알아보려고 여기저기 클릭했습니다. 백분위 점수는…… 좋았습니다. 좋은 것보다 약간 더 괜찮았습니다. 대단하지는 않았어요. 그래도 그게 어디야, 했습니다. 마음이 턱 놓였습니다.

그러나 1분도 채 안 되어 저는 마음이 턱 놓이는 기분이 된 제 자신이 좀 혐오스러워졌습니다.

저는 다음과 같이 맹세했습니다. 이런 태도는 여기서 끝이다. 내가 어제 본 것들이, 그 야생적인 얼굴과 걱정, 고삐 풀린 경쟁 본능 등이 '좋은 아버지'를 구성하는 요소라면 나는 아주 나쁜 아버지가 되기 시작할 것이다. 나의 허영과 아이의 성적이 뒤얽히게 하지 않을 것이다. 중요한 것은 아이의 미래의 행복, 아이가 습득할 수 있는 배움의 깊이, 가치 있는 삶을 사는 초석을 놓는 것이다. 이 중 어느 것도 본질적으로 어떤 특정 대학과 결부되어 있지 않다. 어떤 학교에 입학 허가를 받든, 어떤 학교를 다니기로 결정하든, 아이는 그 지점에서 시작할 수 있다. 부모의 사랑과 격려를 (또 돈을) 받아서. 요컨대 나는 뒤로 물러설 것이다.

캣은 저와 아침 식사를 함께하기로 했습니다. 그녀는 약간 신경과민인 듯했습니다. 왜 그런가 알고 보니 그녀 자신도 자기 고객들과 같은 상황에 처해 있었던 것입니다. 자기 딸을 일류 대학에 집어넣으려고 애쓰고 있었습니다.

"우리는 원서 에세이가 걱정이에요. 다음 주에는 인터뷰가 있고요. 시험도 봐야 해요."

"그러니 제 심정이 어떤지 아시겠군요."

"그럼요."

그런데 그게, 제가 생각한 그 '그럼요'는 아니었습니다. 캣의 딸은 9개월 된 아기였습니다. 이 아기를 맨해튼에 있는 특권층을 위한 유아원에 들여보내려는 것이었습니다. 지원자는 총명하고, 열정적이고, 정서적으로 성숙하고, 세속적이면서도 이상적인 유아를 칭찬하는 에세이를 써야 하며, 그런 다음에는 학교에서 나온, 캐묻기 좋아하는 교사와 집에서 인터 뷰를 해야 한답니다. 가정 방문 교사는 아기용 종합 테스트를 보게 하기 도 한다더군요. 거기에는 많은 것이 걸려 있었습니다. 즉, 이 유아원에 다 녔다는 사실은 그와 똑같이 특권적인 예비 유치원 입학에 영향을 미치 고, 이것은 일류 유치원 입학에 영향을 미치며, 이것은 또 그보다 더 상류 인 초등학교 입학에 영향을 미진다는 것입니다. 그다음에는 사립고등학 교, 그렇게 해서, 그러니까 어쩌면 지금부터 18년 후, 그 아이는 프린스 턴이나 웰즐리나 브라운 대학에 입학하는 영예를 안을지 모를 일입니다. 초기에 저지르는 한 번의 실수가 대입을 좌우할지 모른다는 것이지요.

"말도 안 돼요."

식당의 테이블을 잡았을 때 제가 말했습니다.

"세상이 어쩌다 이렇게 되었죠? 이 모든 게 어떻게 시작된 겁니까?"

"이 모든 뭐가요?"

캣에게는 일말의 빈정거림도 없었습니다. 그녀는 직장 생활의 대부 분을 이 고도로 경쟁적인 분야에서 보냈습니다. 이이들이 지위와 부모 의 자부심에 대한 대용물 노릇을 하는 분야지요. 그녀는 세상은 그런 것이라고 받아들였습니다. 그녀는 제 질문을 무시하고 말했습니다.

"아드님의 PSAT는요? 들었어요?"

"제법 괜찮아요. 썩 좋지는 않지만, 좋아요."

"점수가 뭔데요?"

저는 10퍼센트 불린 점수를 말해주었죠. 이미 제 스스로 맹세한 것 을 어기고 있었습니다.

"라이프가드가 뭐 어떻다는 거예요?"

아들이 물었습니다. 제가 대답했습니다.

"나는 그냥 네가 좀 더 실속 있는 것을 찾을 수 있을 것 같아서. 자원봉사랄지 뭐 그런 거 말이다."

"저는 그 일을 해서 버는 돈이 필요해요."

그리고 우리 아들은 라이프가드의 근무 시간을 좋아했습니다. 그 규칙적인 일상을 좋아했지요. 함께 일하는 친구들도 좋아했고요.

그건 또 추가적인 사항입니다. 우리 아이가 풀장에서 함께 일하는 동료들은 모두 동유럽 출신들인데, 얘기를 들어보면 흥미롭고 좋은 친구들이었으며, 동료로서 믿을 수 있는 일꾼들이었습니다. 라이프가드는 한때 미국의 10대들을 여름 동안 바쁘게 만들고 돈도 벌게 해주는 일이었는데, 이제는 멀리 외국에서 수입된 사람들이 그 일을 하고 있습니다. 그것은 대입의 강박 때문입니다. 대입으로 인한 영향이 또 어디에서 고개를 쳐들지 모를 일이죠.

미국에서 태어난 고등학생들, 우리 아들 또래의 학생들은 투자은행이나 증권회사, 광고 회사에 인턴으로 들어가거나 심지어는 캣이 말한 것처럼 자기 비즈니스를 시작하기도 합니다. 그들은 이미 이다음에 가질 커리어를 위한, 좀 더 직접적으로는 대입 원서를 위한, 배관 작업을 하고 있는 것입니다. 라이프가드 일은 인생의 목적이 아니며, 데이비드 핫셀호프에게는 좀 미안한 얘기지만 아무도 전문 라이프가드를 직업으로 삼을 사람은 없습니다. 이제는 유년기에 인생의 목표를 세우고 모든 활동을 그것을 성취하는 데 맞추어야 합니다. 그러니까 우리 아들 또래들은 영리하게 살고 있었습니다. 이력서를 채울 수 있는 시간에 웬 라이프가드 일을 하느냐는 것이죠.

"아니면 네 비즈니스를 시작해보든가."

제가 말했습니다. 우리 아들은 위를 쳐다봤습니다. 그 아이가 사업가 타입이 아니라는 것을 저는 알고 있었습니다. 그건 괜찮습니다. 대입 관련 인쇄물들을 보면 대입 원서를 내는 인생의 단계를 일종의 치유라고 일컫습니다. 그 피할 수 없는 표현을 사용하자면, 자기 성찰과 자기 발견에 의해 추진되는 "여행"이라거나 더 심히게는 "개인적인 성상 과정"이라고 하더군요. 저는 이 변화에 관한 말을 경계합니다. 의욕적이고, 친절하고, 제가 아는 한 정직하고 훌륭한 학생인 우리 아들은 그게 대입 지원으로 간신히 위장되었더라도 장기적인 인격 함양 프로그램을 필요로 하는 것 같지 않았습니다. 하지만 저는 우리 아들이 그놈의 대학에 지원하는 일에 진지해졌으면 했습니다. 그 인격 함양은 있어도 그만 없어도 그만이었고요.

제 아내와 저는 처음으로 아들아이와 함께 학교의 진학 카운슬러를 만나러 갔습니다. 첫 상담은 체크리스트에서 가장 중요한 항목이었습니다. 캣이 힘주어 지적한 대로 우리는 늦었습니다. 카운슬러는 뚱하고 산만한 사람이었는데, 대학이나 그 어떤 고등교육, 특히 우리 아들에 관련된 것에는 조금도 관심을 보이지 않았습니다.

그는 형식적인 질문으로 상담을 시작했습니다. 어떤 학교에 가고 싶니? 큰 학교, 작은 학교, 주립학교, 사립학교, 어떤 학교?

"큰 학교요. 좋은 스포츠 프로그램이 있는 학교면 좋겠어요. 디비전 1Division1, D-1°에 속하는, 사람들이 들어본 대학이요."

아들이 말했습니다. 카운슬러는 노트에 메모를 했습니다. 그들의 얘기를 듣는 가운데, 속으로는 조바심이 나면서도 저는 우리 아들과 그런 대화를 나눈 적이 한 번도 없었다는 사실을 깨달았습니다. 그 자리에서 그런 것들을, 가령 우리 아이가 어떤 학교에 가고 싶어 하는지 처음으로 알게 되었던 것입니다. 참담……했습니다.

결국 우리 아들이 뭘 선호하는지 아직 확실하지 않다는 것이 분명해졌습니다. 어떤 공부를 하고 싶어 하는지 확실하지 않았습니다. "과학쪽은 아니에요. 수학도 아니고요"라고 말했지요. 게다가 겨울에 끔찍하게 추운 곳만 아니면 학교가 어디에 있는지는 아무래도 좋았습니다.

"다행이구나."

카운슬러가 노트를 보다가 고개를 쳐들었습니다. 그리고 여러 가지 현실적으로 선택할 수 있는 것들을 언급했습니다. 노트르담이나 유펜

° 전미 대학 경기 협회에 의해 인가된 가장 높은 수준의 팀을 보유한 대학교들로 구성. 그 밑에 D-2, D-3가 있다.

같은 유명한 사립학교들은 무리일 것 같고, 웨이크 포레스트나 터프츠는 갈 수 있을지 모르겠다고 했습니다. 운이 좋으면 남가주 대학도 혹시 가능할지 모른다고 했습니다. 이 대학들은 모두 등록금이 비싸지만 다양한 종류의 학자금 융자를 받을 수 있으므로, 그러면 부담이 훨씬 줄 것이라고 하면서 저와 제 아내를 흘끔 쳐다보았습니다. 가까운 곳에 위치한 오히이오나 제 아내가 다닌 인디애나 대학 같은 주립대학들도 있었습니다. 그런 학교들은 사립학교들보다 등록금이 좀 더 감당할 수 있는 수준일 거라고 했습니다. 우리가 살고 있는 주에는 다양한 규모의 공립대학들이 있었는데, 그런 학교들은 등록금이 더욱 저렴할 것이라고도 했고요. 작은 주립인문과학대학이 둘 있었고 우리가 사는 주의 변경에 위치한 거대한 규모의 기술학교에서 건축과 토목, 자연과학을 전공할 수도 있었습니다. 주립사관학교도 있었지요. ("아뇨." 아들아이가 지체 없이 말했습니다.) 최고는 '큰 주립대학BSU'이었습니다. 그것은 우리 주에서 가장 역사가 오래된 공립학교로서, 우리 집에서 2시간 정도 떨어진 곳에 위치한 전원적인 대학 도시 속에 있습니다. '큰 주립대학'에는 ESPN에도 나오는 메이저 컨퍼런스 스포츠 팀들이 있으며, 이 방송을 통해 미국의 나머지 지역들이 정기적으로 그 팀들의 굴욕을 즐길 수 있었지요.

그 학교들 중 우리 아들이 특별히 가고 싶어 한 학교는 노트르담, 웨이크 포레스트, '큰 주립대학', 보스턴 칼리지, 남가주 대학이었는데, 그것은 먼 꿈이었죠. 아들아이는 적어도 인디애나 대학이나 노스캐롤라이나 대학과 같은, 다른 주의 주립대학 몇 군데에 지원해보고 싶다고 했습니다. 사관학교 말고는 오직 한 학교, 즉 유펜에 대해서는 경멸을

표하며 격한 감정을 보였습니다. 그 경멸은 단지 그 주에서 가장 명성 있는 대학교에 대한 것이 아니라 그 주 전체에 대한 것이었습니다. 우리 가족이 언젠가 필라델피아에서 주말을 보낸 적이 있었습니다. 그때의 좋지 않았던 경험이 필리스 야구팀 및 그들의 시끄러운 팬들에 대한 좀 더 이성적인 반감과 맞물려 그런 혐오감을 갖게 되었다는 것을 알게 되자 저는 그런 결정을 내린 아들의 논리를 엿보게 되었습니다.

카운슬러는 대입 지원 과정이 진행됨에 따라 다른 가능성들이 생길 수 있다고 말했습니다. 대학교들을 방문해보면 아들아이가 어떤 종류의 학교를 좋아하는지 좀 더 분명히 하는 데 도움이 될 것이라고 덧붙였습니다.

미국 고등교육의 범위와 다양성은, 우리의 경제력이 허용하는 학교들을 포함하더라도, 갑자기 무한해진 듯했습니다. 어떤 입맛이든 못 맞출 것은 없었습니다. 할인이 없는 침대 매트리스 할인 매장에서 물건을 고르는 것 같았달까요.

"제가 진짜 좋아하는 종류의 학교가 어떤 학교인지 말씀드릴게요."

아들아이가 확고한 태도로 진학 카운슬러에게 말했습니다.

"제가 가고 싶은 학교는요, 학교 미식축구팀 경기에 가서 웃통을 벗고 가슴에 물감 칠을 하고, 맥주를 전공할 수 있는 데면 다 좋아요."

우리는 학교 주차장으로 나왔습니다.

"너 카운슬러의 얼굴 봤니?"

저는 약이 올라 말했습니다. 아들이 말했습니다.

"웃고 있었잖아요."

“찡그리고 있었지.”

“아뇨, 재미있다고 생각한 거예요. 아닌가요?”

“카운슬러가 너를 아니?”

“네. 약간요. 아뇨, 몰라요.”

“저런, 아마 이제는 너를 안다고 생각할 거다. 아마 메모지에다 ‘퍼거스 학생. 긴빙진 너석’이라고 썼겠지. 그 카운슬러가 네 추천장을 쓴다면 그게 아주 큰 도움이 될 거야.”

“저는 그냥 농담으로 한 말인걸요.”

“정말 농담 맞아?”

“약간은요.”

저는 캣과의 아침 식사 때 물었지만 그녀가 대답하는 데 무관심한 것 같았던 질문에서 여전히 헤어나지 못하고 있었습니다.

“세상이 어쩌다 이렇게 되었죠? 이 모든 게 어떻게 시작되었어요? 이 광기와 과잉은 어디서 오는 겁니까?”

이에 대한 대답을 찾기는 생각보다 더 힘들었습니다. 대학교수들은 미국 고등교육의 역사에 상대적으로 별 흥미를 느끼지 않았습니다. 그것은 아마 직장에서 하던 일과 같은 일을 하고, 그 직업에 대한 글을 쓰면서 휴가를 보내는 것처럼 보이겠죠. 광범위한 것으로 볼 수 있는 대중 역사서는 아주 조금 있습니다만, 그나마 주로 서로의 의견을 논박하는 데 열중합니다. 대표적인 것으로는 1960년대에 윌리엄스 칼리지의 역사학자 프레더릭 루돌프가 쓴 책이 있는데, 이 책은 가장 확고부동하게 자리를 잘 잡은 학교들이 펴낸 공식 학교 역사에 크게 의존하고 있습니다. 재치 있고 읽기는 쉬워도, 훗날의 역사서들이 나타냈듯이, 그 주제에 대해 부자연스러운 깔끔함을 강요하지요. 미국의 단과대학이나 종합대학은 기업이나 종교의 발달도 그렇지만 체계적이거나 직선적으로 발달하지 않았습니다.° 그 과정은 순전히 미국적이었지요. 떠들썩하고, 임시변통적이고, 기업가적이고, 경쟁적이고, 일시에 사방팔방으로 뻗어나갔습니다.

미국의 대학은 그 형성기에는, 분할되고 계층화된 독일 모델이든 이보다는 덜 형식적이지만 똑같이 위계적인 영국 모델이든, 유럽의 선두주자들의 조직도를 겨우 흉내 낼 정도였습니다. 우리가 당연하게 여기는 관습에서 구세계의 흔적을 찾아볼 수 있습니다. 종신 재직권, 학문의 자유, 교과 담임제, 연구 교수직, 9개월의 학사 일정 등이 그런 것입니다. 순전히 미국적인 것은 상상을 초월하는 다양성, 즉 미국의 시스템이 포함하는 다채로운 스타일과 목적뿐이었습니다.

이 다양성은 시작부터 존재했지요. 최초의 고등교육 기관들은 서로 경쟁하는 개신교 교파들이 성직자들을 양성하기 위해 세웠습니다. 예를 들어 예일 대학은 하버드의 자유방임에 대한 정통파의 대안으로 세워졌지요. (지금은 둘 다 자유방임적입니다만.) 거만한 영국국교회는 '칼리

° 미국의 경우 영국과는 달리 일반적으로 말할 때는 college를 '대학교'라는 의미로 쓰지만 특별히 university와 구별해 말할 때는 2년제 기술학교나 4년제 인문과학 학부 과정을 뜻하며, 이 단과 학부 대학들이 모여 university를 이룬다. 또한 university라고 하면 학부 과정뿐 아니라 대학원 과정까지 제공하는 학교를 말한다. 한편 Boston College처럼 대학교 이름에 college가 고유명사로 굳어져 사용되는 경우도 있다. 이 책에서는 college가 특별히 종합대학과 대비될 때는 편의상 '단과대학'이라고 하고 일반적인 의미로 쓰일 때는 대학 혹은 대학교로 옮기는 것을 원칙으로 했다.

지 오브 윌리엄 앤드 매리'를 세웠는데, 이는 '신파' 장로교회가 자기들의 반대자들인 '구파'들로부터 벗어나기 위함이었습니다. 이 모든 종파들은 회중파교회들의 기를 꺾기 바라는 마음으로 하나가 되었으며, 회중파교회들은 이에 대한 앙갚음으로 다트머스를 세웠습니다. 브라운대학은 보수 침례교도들이 세웠습니다. 특히나 엄격한 신자들이었던 그들이 지금 침례교 하늘나라에서 그 학교가 있는 로드아일랜드의 프로비던스를 내려다보며 자기들이 무엇을 잘못했는지 의아해할 게 틀림없습니다.

미국의 종교가 19세기를 거치면서 껍질을 벗었듯이 고등교육도 그랬습니다. 이 성장은 지방분권화된 미국 정부의 특징에 힘입은 바 크지요. 미국은 간헐적인 설립 시도에도 불구하고 그때마다 국립대학을 세우지 못했는데요, 그것은 연방주의와 지방자치권이 우위를 점했기 때문입니다. 그 대신 각 지방과 연방이 자치적인 대학교를 1~2개 세우기를 원했지요. 그것은 문화적 개선의 증거와 자랑의 지점이었습니다. 주 정부의 인가와 공금을 얻기가 쉬웠고요. 그래서 이 분야는 사회학자 랜들 콜린스가 일컫는 '교육 기업가'들에게 개방되었습니다. 교육 기업가들이란 대학교의 마구잡이 투기꾼들로서, 그들은 "대학에서 대학으로 옮겨가며 전국을 돌아다녔는데", 불과 몇 해 동안에 여러 개의 대학교를 "설립하고는 버리고" 떠나는 일이 많았습니다. 프레더릭 루돌프는 그의 책에서 남북전쟁이 발발하기까지 약 1,000개의 대학교가 설립되었다고 어림잡았습니다. 인구 비율로 볼 때 그 어떤 나라보다도 훨씬 많은 대학교를 가지게 되었던 것입니다. 그러나 그 1,000개의 학교 중에서 거의 700개 정도가 파산했습니다.

다시 말해서 대학이 속세를 이탈한 상아탑의 기업은 아니었던 것이지요. 미국의 산업과 농경을 강타한 호황과 불황의 주기에 학교도 뒤흔들렸습니다. 공급은 수요를 초과할 때까지 증가하지요. 그러면 공급이 줄어들면서 학교들은 문을 닫게 되고, 그중 일부는 수요가 회복되면서 다시 문을 열게 되는 것입니다. 하지만 균형을 찾기란 언제나 어려웠습니다. 대부분의 역사가들은 미국의 고등교육에서 공급이 항상 수요를 초과했다고 생각하는 듯합니다. 1862년 국회는 '무상 토지 불하 대학'을 설립하도록 연방 정부의 땅을 주 정부에 양도하는 모릴 법을 통과시켰습니다. 저스틴 스미스 모릴 상원의원은 이 법의 취지가 민주주의의 이상에 부합한다면서, 그의 법안은 "생활을 위한 여러 가지 일과 직업에 종사하는 산업 계급을 위한 일반 교육과 실용 교육을 증진시킬 것"이라고 했습니다. 학교마다 농경 분과를 두도록 할 것이라고도 했고요. 이 법안은 평민들이 건방져질 수 있다며 불만스러워한 의원들의 반대에도 불구하고 통과되었습니다. 한 상원의원이 항변했습니다.

"고상한 농부들은 필요 없습니다. 고상한 기계공은 필요 없습니다."

민주적 이상주의의 정신은 80년이 지난 후에도 여전히 살아 있었지요. 제2차 세계대전 참전용사들에게 대학 교육을 보장하는 제대군인 원호법GI Bill이 그렇습니다. 막대한 비용을 들이면서 모릴 법과 제대군인 원호법이 지향하는 원칙은 미국과 같은 나라만이 실행할 수 있는 것입니다. 즉 대학 교육을 받고자 하는 사람에게는 누구에게나 그 기회가 주어져야 한다는 것입니다. 기계공이 고상해지고 싶으면 마음껏 고상해져도 좋다는 것입니다. 또한 기계공 일이 싫으면 고등교육을 통해 거기서 빠져나갈 길을 찾을 수 있다는 것이지요. 모릴 법이 제정되고 나서 10년 뒤에 보니, 18세에서 21세의 미국 남녀 중 대학교에 재학 중인 사람은 2퍼센트도 채 안 되었습니다. 그런데 지금은 그 수가 60퍼센트를 넘습니다.

구시대 유럽의 척도로 볼 때 대중의 고등교육이라는 생각은 터무니없는 것입니다. 그곳에서 대학 교육을 받을 자격이 있는 학생들을 선발하는 전통적인 방식은 대개 엄격한 시험 제도였습니다. 학생들은 그 시험 결과로 대학에 가거나 그 기회를 갖지 못하고 적절한 직업을 배정받아 평생 그 일을 열심히 하며 살게 되는 것이었습니다. 질서 정연하고, 합리적인 방식이었지요. 전통적인 입장에서 보면, 미국의 대안은 혼란을 부를 수 있었던 것입니다.

실제로 그랬습니다.

미국의 학생들은 다양하지만 흔히 서로 상충되는 기대를 가지고 대학에 진학했습니다. 하지만 한 가지 기대만은 모두가 공유했는데요, 그것은 고등교육은 유용해야 한다는 것이었습니다. 돈으로 그 가치가 입증되어야 한다는 것이었지요. 미국의 고등교육에서 민주적 이상주의는 경제적 실용주의와 만났습니다. 지난 50년이란 세월이 흐르는 동안 대학 학위는 그전과는 다른 것이 되었습니다. 시장에서 가장 선망받는 직업을 갖기 위한 필수 자격증이 된 것입니다. 그전에는 덜 정규적인 도제 제도하에서 교육을 받던, 법률과 의료업 같은 전문 직종이 특히 그러합니다. 사회적 야망도 한몫했지요. 지위와 재산 숭배의 매력을 과소평가하지 마십시오. 학위만으로는 더 이상 사회적 지위를 향한 갈망을 채우기에 충분하지 않았습니다. '모든 사람'이 대학을 나오는 상황이 되자 어떤 대학을 나오느냐가 중요하게 되었습니다. 따라서 처음으로 고등교육의 축복을 누릴 수 있었던 많은 미국인들, 즉 소수 인종과 소수민족, 중하층에 속하는 사람들은 앞선 시대에서는 운 좋은 소수에게만 허락되었던 경험을 공유할 수 있었습니다. 그것은 자녀들, 혹은 자신들이 남 보기에 좋은 학교를 가고자 할 때 겪는, 뼈를 깎는 걱정을 하게 되었다는 것입니다.

베이비붐 시대의 도래와 함께—제대군인 원호법의 수혜자들의 자녀들로 인해— 단과대학과 종합대학들이 번성했습니다. 학교들은 어느 때보다 더 많은 돈을 끌어들이고 더 많이 지출해서 꿈에도 생각 못할 정도로 규모를 확장했습니다. 하지만 호황과 불황의 주기를 피하지는 못했죠. 1970년대 초만 해도 대학 경영자들 가운데 주의 깊은 사람들은 미래에 재난이 도사리고 있다는 걸 내다보았습니다. 베이비붐 세대가 모두 졸업하고 나면 대학 다닐 연령층의 수가 급격이 감소할 예정이었거든요. 새로 확충한 기숙사와 강의실들을 채울 고객의 수가 줄어드는 사태에 직면하자 대학들은 여느 산업이나 다름없이 대응했습니다. 그들은 다른 대학들과 경쟁적으로 주목을 끌기 위해 비굴하게 굴고, 천박한 일에 영합하고, 현대적 마케팅 기술을 끌어다 썼습니다.

하락이 역전되자 대입 전형의 성격이 바뀌었습니다. 1950년대, 1960년대, 1970년대에 대학을 다닌 미국인들이 볼 때 당시 간단했던 절차가, 이제는 그럴듯한 옵션과 열성적인 유혹거리가 어리둥절할 정도로 많아지고 복잡해진 탓에 뜻밖에도 너무나 중요하게 보였습니다. 정신을 차릴 수 없는 부모들은 불편해하고 혼란스러워하는 듯했습니다.

그런 상태가 지속되던 1983년 어느 날, 미국에서 세 번째로 인기 있는 주간지인 〈US 뉴스 앤 월드 리포트〉의 새로운 잡지가 신문 가판대에 깔렸습니다. 그들은 그것을 통해 무질서한 시장판이 된 미국 고등교육을 정리해주겠다고 약속했지요. 그것을 보자 사람들은 본격적으로 혼동하기 시작했습니다.

언젠가 밥 모스와 점심을 먹으러 간 적이 있습니다. 그는 20년 넘게 〈US 뉴스〉의 대학 순위를 감독한 사람이지요. 한쪽 구석 식탁에 조지 윌이 있더군요. 그는 신문 칼럼니스트이자 텔레비전 논객이며, 제게는 먼 지인이었습니다. 저는 그에게 밥을 소개했습니다.

"밥은 〈US 뉴스〉의 대학 순위 파트를 책임지고 있습니다."

윌이 일어서서 풍자적으로 몸을 숙여 인사하며 말했습니다.

"아하. 미국의 최고 권력자이시군요."

밥 모스는 그런 사람처럼 보이지 않습니다. 수줍음을 타고, 잘난 체하지 않고, 체구가 작지요. 항상 걱정하는 표정이며, 상대방만 상관없다면 그냥 사무실로 돌아가 아주 잘된 스프레드시트를 스크롤하는 편을 택할 사람입니다. 말씨는 부드럽고 느리며, 그가 말하는 문장은 대개 끝에서 주의를 사로잡는 침묵이 뒤따르는데 어떤 때는 한 문장이 미처 끝나기도 전에 그렇습니다. 윌의 농담은 약간 과장된 것이었지만, 그 뒤 대학 사무처 직원들을 만나본 바로는 그들은 그게 결코 과장이라고 생각하지 않았습니다. 〈US 뉴스〉가 대학 순위를 창안한 것은 아니지만, 그 브랜드는 가장 인기 있고 영향력이 광범위하며, 미국 및 30여 개 나라의 많은 모방 잡지들보다 판매 부수와 인지도 면에서 훨씬 앞서고 있습니다. 그 브랜드를 유지하고 관리하는 것은 밥 모스의 필생의 일입니다.

대학 행정가들은 흔히 대학 순위를 증오한다고 공언합니다. 서던 캘리포니아 대학 총장은 그 순위가 "사기에 가깝다"고 합니다. 또 다른 대학 총장은 언젠가 그것을 "독약"에 비유했지요. "광기"나 "장난질"이라는 말을 쓰는 총장들도 있습니다. 옥시덴털 대학 총장은 몇 년 전에 〈US 뉴스〉의 대학 순위를 "독재적 도구"라고 칭했습니다. 이것으로 대학들을 혐오스러운 상업적 표준에 맞추라고 위협한다는 것입니다. '피상적'이고 '호도'하며 '교육의 가치를 파괴'하는 표준이라는 것입니다. 학생처장들이 모이는 곳은 어디든 복도에 그 잡지를 비난하는 말이 울려 퍼집니다. 한편 그들은 그것을 읽고, 그럼으로써 그 잡지를 유지시켜주고, 다음 호가 날아들 때까지 여름 내내 마음을 졸이지요. 그리고는 자기네 학교가 좋은 평가를 받으면 그것을 신부의 가터벨트처럼 들고 휘두르는 겁니다.

이 상충된 반응은 고등교육 전문직 종사자들 가운데 드문 일이 아닙니다. 그들은 흔히 자기들이 말하는 가장 진지한 이상에 반하는 파괴적인 일에 참여하기도 합니다. 그 파괴적인 것이란 대학 순위뿐 아니라 표준학력검사이며, 여기에 광고 우편물 발송, 할인가 책정, 광고 이메일, 소비자 조사, 이외에 미국 상업주의의 온갖 지저분한 수법이 따라붙습니다. 그들 중 많은 이들은 고뇌하는 사람들입니다.

계획적이든 뜻밖의 행운이든 〈US 뉴스〉 가이드는 대학에 대한 미국인들의 변화하는 견해를 정확히 반영했기 때문에 그런 영향력을 획득할 수 있었습니다. 고등교육이 민주화되면서 대학의 학위는 애초의 의도였던 배움보다 더 매력적인 것이 되었습니다. 학위가 두뇌와 진취력,

사회적 지위, 장래의 전망을 보증하게 된 것이지요. 역사가 데이비드 F. 래버리는 "무엇보다 중요한 것은 학교에서 얻는 지식이 아니라 거기서 획득하는 증명서"라고 했습니다. 이웃에게 근사한 레스토랑에 갔다는 것을 입증하기 위해 집에 메뉴판을 가져가기만 하면 저녁을 먹든 안 먹든 상관하지 않게 된 것입니다.

〈US 뉴스〉는 이 현실을 이해한 첫 대학 가이드였습니다. 그전까지만 해도 대학 가이드가 몇몇 있기는 했지만 대개는 대학 교수들에게나 흥미가 있을 것들이었으며, 대학을 평가하되 결과에 따랐습니다. 즉 학교들이 배출한 졸업자들을 보고, 그들이 얼마나 많은 것을 알고 있으며, 또 사회에 진출해 얼마나 많은 것을 성취하는가를 평가의 기준으로 삼았던 것입니다. 영국의 에드워드 7세 시대(1901~1910)에 있었던 한 열성적인 대학 가이드의 이름은 『최고의 인재를 얻을 수 있는 곳』이었습니다. 1930년대 미국의 한 대학 가이드는 얼마나 많은 졸업자가 『미국 명사 인명록』에 올랐는가를 기준으로 학교를 평가했습니다.

그런 방식은 현재 미국에서는 설득력이 없겠지요. 돈으로 인명록에 오를 수 있다는 것을 사람들이 알기 때문입니다. 깨알 같은 글씨로 『미국 명사 인명록』에 오르는 허풍쟁이들과 자기 홍보자들은 예전에 비해 훨씬 덜 인상적이죠. 게다가 분열된 대중은 누가 '최고의 인재'인가에 대해 의견을 모을 수 없었습니다. 〈US 뉴스〉 가이드의 진수는 그런 교착 상태로부터 탈출구를 찾는 법이었습니다. 편집자들은 학교의 생산품 말고 평판을 기준으로 평가하기로 결정했습니다. 학교가 어떤 졸업생들을 배출했느냐가 아니라 사람들이 그 학교에 대해 어떻게 말하느냐를 척도로 삼는 것입니다. 그래서 순위는 평판에 의한 것이 되었습니다.

이 잡지사에서 누가 대학 가이드에 대한 아이디어를 냈는지 기억하는 사람은 없습니다. 그전에 〈US 뉴스〉는 다년간 연감을 집계하기 위해 중요한 미국인들이 누구인지 조사했었지요. 이건 속임수였습니다. 그것도 순환적이고 근친상간적인 속임수였죠. 거물들이 서로를 지명해주고 밖에 알리지 않고 쉬쉬함으로써 그들의 거물급 평판을 지키도록 하는 면허를 준 셈이었습니다. 시사 주간지들은 다 준비된, 이목을 끄는 정보에서 이득을 취하곤 했습니다. 또한 그것은 시사 주간지들에게 거의 매년 커버스토리를 제공해주었으며, 이 때문에 잡지가 팔렸습니다. 이와 같은 이유로 시사 주간지들은 언제나 위조 트렌드를 만들어냈지요. "집에 있기 좋아하는 새로운 미국인 부류: 체스를 두는 유모들이 늘어난 이유", "지방 흡입의 나라: 미국을 휩쓸고 있는 유행. 다음은 당신의 뱃살 차례!" 어떤 트렌드가 편집자의 상상에서 나온 망상인지 아닌지는 상관이 없습니다. 이것이야말로 사실 그들에게 편리한 점이었지요. 왜냐하면 그것이 있을 법하지 않은 트렌드일수록 경쟁 잡지사가 그것을 먼저 표지에 낼 가망이 없을 테니까요. "가장 영향력 있는 미국인" 호는 항상 〈US 뉴스〉의 특징적인 성공 케이스였습니다. 한 잡지사가 50인을 선정해 순위를 매기고 그들이 그다음의 50인보다 더욱 큰 영향력을 끼친다는 것은 명백히 터무니없는 생각이지요. 다른 두 시사 주간지가 그런 짓을 하기 시작한 것은 그로부터 몇 년 뒤였습니다.

그 잡지의 가장 영향력 있는 미국인들 중 다수는, 또 가장 영향력 있는 미국인들을 지명해달라는 요청을 받은 영향력 있는 미국인들 중 다수는 모두 대학 총장들이었습니다. 그 일을 하는 김에 아예 그 총장들에게 최고의 대학을 지명하고 순위까지 매겨달라고 해서 그 결과를 출간하는 것은 어떨까? 잡지사들은 결국 그렇게 했습니다. 그러다가 우연히 주간지 저널리즘의 성배, 즉 '진짜' 트렌드를 찾았습니다. 사실 여러 가지 트렌드를 찾았는데, 모두 '진짜'였으며, 모두 바로 붐을 일으켰지요.

보편적 고등교육은 학비가 하늘 높이 치솟기 시작하면서 그럴듯한 이상이 되었습니다. (나중에 알게 된 사실이지만, 이 두 가지 국면은 서로 관련이 있는 것 같습니다.) 사회적 지위에 대한 단순한 열망은 차치하더라도, 자신들을 위해서나 자녀들을 위해서나 대학을 생각해보지 않았던 미국인들이 갑자기 새로운 실질적 문제들을 놓고 고민하게 되었습니다. 어떤 학교에 갈 것인지, 어떻게 학비를 댈 것인지, 비용에 상당하는 가치를 얻고 있는지 어떻게 아느냐 하는 문제들인 것입니다. 전후 미국의 부가 놀랍도록 급증하자 최초의 '소비자 사회'가 생겨나기에 이르렀습니다. 소비자가 왕인 사회에서는 무엇이든 조만간 상품으로 여겨지기 마련이지요. 대학 교육이라고 상품이 안 될 까닭이 어디에 있을까요? 고등교육의 가치가 정의하기 어려운 추상적 개념인 '배움'에서 한층 더 구체적인 '자격증'으로 바뀌자 대입을 쇼핑할 수 있는 상품 품목으로 생각하기 쉬워졌습니다. 그리고 그 상품에 가격표가 붙어 있으니 소비자 가이드가 필요해진 것이지요.

편집자들은 처음에는 자기들이 어디에 발을 들여놓았는지 알지 못했습니다. 1932년에 첫 호가 간행되었으며, 그로부터 2년 뒤에야 다음 호가 나왔습니다. 2년이 지나서야 비로소 '최고의 대학'이 돈벌이 기계가 될 수 있다는 것을 알게 된 것이죠. 스테이트 팜 보험회사가 주요 스폰

서이자 광고주로 참가했습니다. 새 학년이 시작되는 시기와 때를 맞춰 연간 〈US 뉴스 미국의 최고 대학〉이라는 두꺼운 특별호가 탄생했으며, 이것은 연중 신문 잡지 가판대에 진열되어, 부모들이 언제든 기분이 동할 때 떨리는 손으로 사 들고 집에 가져갈 수 있게 되었습니다.

평판 방법론을 통해 순위를 매기는 것이 쉬워졌습니다. 대략 200개 단과대학과 종합대학들이 지역별, 규모별, 교육 목적별로 분류됩니다. 그런 다음 이를 기초로 한 설문지를 1,300개의 대학 총장들에게 보내 각자의 범주에서 상위 10개 학교를 지명해달라고 부탁했습니다. 그 나머지는 단순한 추가였지요. 가이드에는 학교의 유형별로 가장 많은 표를 얻은 상위 25개 학교가 실립니다. (저는 여기서 말하고 있는 것들의 대부분을 오랫동안 〈US 뉴스〉의 편집자였던 앨빈 샌오프가 몇 년 전에 쓴 『대학 순위의 역사』에 의존해 쓰고 있습니다.)

책 크기의 첫 가이드는 1백만 부 이상 팔렸습니다. 이에 놀란 대학 총장들은 그것을 '미인 대회'라며 공개적으로 〈US 뉴스〉에 반감을 표했습니다. 그들은 40여 명이 서명한 편지를 잡지사에 보내 가이드의 간행 중단을 요구했습니다. 그들의 불평은 어느 정도 정당한 것이었습니다. 평판을 조사하는 설문지는 피상적이고 불공정했습니다. 대학 총장에게는 자기 학교만 판단할 자격이 있다는 것이지요. 그런데 자기 학교를 판단할 자격은 오직 대학 총장에게만 있다는, 더욱 중요한 결론은 거론되지 않았습니다. 결국 대학 순위의 자기 강화적 순환성은 영향력 있는 미국인들이 가장 영향력 있는 미국인들을 명사 인명록에 올린 것과 마찬가지로 빤한 것이었습니다. 유명한 학교들은 단지 유명하다는 이유로 상위권에 꼽혔지요. 그렇게 되면 더욱 유명해지고 다음번에도 상위권에 들 가능성이 더 높아졌습니다.

샌오프는 편집자들이 대학 순위를 정하는 방법을 바꾸지 않으면 대학 가이드를 중요한 신문 잡지 사업으로 생각할 수 없다는 것을, 돈 버는 사업으로 유지할 수 없으리라는 것을 이미 알고 있었다고 그의 책에 썼습니다. 1988년 1월, 그들은 〈US 뉴스〉 사옥에서 대학 총장 40명과 함께 부흥회를 가졌습니다. 편집자들은 자기네 잡지의 조사 방법을 강화하겠다는 데 동의했습니다. 그 결과로 평판은 학교 순위를 정하는 데 25퍼센트만 차지하게 되었습니다. 나머지는 자료에 기초하기로 했지요. 신입생들의 SAT 평균 점수와 고등학교 성적 등급을 통해 어떤 학생들이 어떤 학교에 끌리는지 알 수 있을 것 같았습니다. 경쟁률은 얼마나 선별적인지 혹은 선별적이지 않은지를 보여주며, 또한 산출량은, 즉 입학 허가를 받고 등록하는 학생들의 백분율은, 선별도를 가늠하게 해줄 것이었습니다. 학생 대 교수 비율, 평균 학급 크기, 학생 1인당 지출액 등은 학생들이 교실에서 얻는 경험의 질을 가늠하게 하고, 교수의 봉급과 종신직 교수들의 수는 교육의 질에 대한 김을 잡게 할 것 같았고요. 졸업생들의 기부금 비율, 졸업률, 2학년 때 등록하는 신입생의 비율 등은 학생들이 학교에 얼마나 만족하느냐를 가늠하는 척도가 될 수 있는 것이었습니다. 즉 소비자 만족도의 척도였지요.

이 자료의 많은 부분은 학교들이 직접 〈US 뉴스〉에 제공한 것이었습니다. 순위가 발표되기 전에는 소비자들이 이 정보를 입수해 모든 학교들을 서로 비교할 길은 없었지요. 이때부터 사람들은 이 편리를 당연한 것으로 여겼습니다. 하지만 〈US 뉴스〉의 편집자들은 자료에 압도되었습니다. 숫자, 사방이 온통 숫자였으니까요. 그 숫자에서 의미를 발려내 그 결과를 이해하기 쉽게 제시해줄 수 있는 누군가가 필요했습니다. 일류 통계 전문가 말이죠. 그들이 필요로 했던 사람은 봅 모스였으며, 그는 그 회사의 다른 사무실에서 발견되었습니다.

세계적으로 뛰어난 대학 가이드와 순위가 한데 엮어지는 곳을 제가 볼 수 있도록 봅 모스가 저를 자기 회사에서 만나자고 했습니다. 저는 1980년대 말에 친구들을 만나러 〈US 뉴스〉에 드나든 적이 있습니다. 그때만 해도 〈US 뉴스〉의 사무실은 워싱턴 중심가의 가장자리에 있는 고급화된 지역의 멋진 사무실용 건물에 위치해 있었습니다. 편집부원들은 북적이는 여러 층에 걸쳐 나뉘어 근무했고요. 〈타임〉이나 〈뉴스위크〉보다는 발행 부수가 작고 보도의 범위도 좁았지만, 수익성이 대단히 높았으며 견고한 애독자층도 확보해 구독자만 1백만 명이 넘었습니다. 그 백만 구독자의 대부분이 나이가 들어 세상을 떠나게 된 것은 비즈니스로서는 불행한 일이었습니다.

세기가 바뀌어 시사 주간지는 잡지업계의 유물이 되었습니다. 제가 드나들던 시절 이후로 〈US 뉴스〉는 몇 번 이전했지요. 봅이 로비에서 저를 반겼을 때 저는 그 옛날의 북적임이 사라졌음을 보았습니다. 〈US 뉴스〉 로고가 찍힌 잡지꽂이가 어떤 테이블 위에 있었는데, 아무것도 꽂혀 있지 않더군요. 입구에서 안으로 들어가는 통로의 벽은 일종의 기념관 같았습니다. 그 벽에 포스터 크기의 흑백 사진들이 걸려 있었는데, 구겨진 양복에 넥타이를 삐딱하게 맨 옛날 편집자들 사진이었습니다. 사진 속의 그들은 담배를 피우며 회의실 테이블에 둘러앉아 오래전에 잊힌 어떤 위인을 인터뷰하고 있었습니다. 그곳을 지나 복도를 내려가자 편집자들과 필자들의 칸막이 사무실들이 있었습니다. 역시 텅 비어 있었는데, 줄지어 정렬된 광경이 마치 전몰장병 기념비들을 보는 것 같았습니다. 〈US 뉴스 앤 월드 리포트〉는 이제 주간지가 아닙니다. 대규모 감원 이후, 인쇄 잡지는 이제 월간으로 나옵니다. 워싱턴의 그 누구도 그게 매달 며칠에 나오는지 모르는 듯합니다. 대부분의 편집 업무는 웹사이트로 옮겨졌습니다. 사무실 자체는 인쇄 저널리즘이 죽었음을 알리는 일종의 사망 광고였습니다.

오직 대학에 대한 전국적 강박관념만이 그 오래된 시체가 여전히 숨을 쉬도록 해주고 있습니다. 우스갯소리로 흔히들 〈US 뉴스〉를 시사 주간지가 첨부된 대학 가이드라고 합니다. 이 농담은 이제 옛것이 되었습니다. 〈미국 최고의 대학교〉로 간행되는 순위 가이드는 이제 〈의과 대학원 가이드 결정판〉〈미국 최고의 대학원〉〈법과 대학원 가이드 결정판〉〈미국 최고의 기숙학교〉〈세계 최고의 단과대학과 종합대학〉〈미국 최고의 고등학교〉 등과 합쳐져 모두 〈US 뉴스〉 브랜드로 나옵니다. 밥을 비롯한 편집자들은 외부인들이 특별호와 대학 가이드로 벌어들이는 수익을 과장해서 말한다며 불평했습니다. 하지만 그것들이 없이는 〈US 뉴스〉가 파산할 것이라는 점을 부인하지는 않았습니다. 놓칠 수 없는 수익 상품인 것이지요. 인건비에 들어가는 고정 비용은 적습니다. 밥 모스와 컴퓨터 도사 두어 명, 교열 편집자 한두 명, 일반 잡지에서 파트타임으로 빌려온 필자들이 전부였으니까요. 학교, 시험 준비 프로그램, 금융 서비스가 내는 광고에서 나오는 수익은 높았으며 마케팅에는 거의 한 푼도 쓰이지 않았습니다. 매년 발행되는 가이드는 보도 기사들과 대학들의 대언론 공식 발표를 통해 알려지기 때문이지요. 무엇보다도 매년 여름이면 새 독자가 생깁니다. 지난해의 고객들이 안도의 한숨을 쉬며 대학에 진학함에 따라 고등학교 1학년과 2학년들이 각각 2학년 3학년이 되어 도움에 목말라하는 것이지요.

1989년 이후 순위를 결정하는 공식은 주기적으로 조정되었습니다. 시행착오를 거쳐, 또 지속적인 비판에 대한 응답으로, 특정 지표에 더 무게를 두거나 혹은 적게 두기도 하고, 새로운 구성 요소들이 보태지거나 빠지기도 했습니다. 비판은 학교 행정가, 교수, 교육 운동가가 연구나 말로 하는 공격, 신문 논평 등을 통해 가해졌습니다. 밥은 자신의 방법론을 평가하기 위해 정기적으로 통계 전문가와 대학 전문 종사자들로 구성된 패널을 소집했습니다. 그래도 불공평에서 관료적 과잉에 이르는 미국 고등교육의 문제를 생각할 때, 그 원인 중 하나라도 밥 모스와 그가 내놓은 순위의 유해한 영향에 있지 않다고 생각하기 어렵습니다. 비평가들에 따르면, 순위는 여전히 그저 미인 대회인 것입니다. 명성, 부, 특권성 등 학교의 피상적인 속성들만 따진다는 것이지요. 순위는 고등교육 전반에 걸쳐 비뚤어진 동기를 유발합니다. 학교들은 자신들의 교육적 사명을 무시하고 홍보, 모금 활동, 높은 점수와 평점을 기록한 유복한 집 아이들을 끌어들이는 일에 전념하는데, 이는 입학처 직원들이 하는 말을 빌리자면 단순히 "순위란 오르기"를 위한 것이지요.

그 모든 비평들은 결국 다음과 같은 불만으로 요약됩니다. 밥의 방식이, 사회 과학 용어를 쓰자면 '산출'보다는 '투입'에 너무 많이 의존한다는 것입니다. 지출이 후하고, 거대한 도서관을 짓고, 박사 학위를 소지한 교수들을 대거 임용하고, SAT에서 상위권에 속하는 신입생을 받으면—이 모든 것은 밥과 〈US 뉴스〉의 주요 지표— 그 학교의 순위는 높아집니다. 하지만 그 순위는 지원자들이 물어야 할 중대한 질문에 답하지 못합니다. 박사 학위 소지자라는 그 모든 교수들은 잘 가르치는가? 그들이 직접 가르치는가? 자기들이 해야 할 힘든 일들을 대학원생들에게 전가하는 것은 아닌가? 그 거대한 도서관에서 공부하는 학생들은 있나? 그 후하다는 지출 내역은 뭐지? 새 화학 실험실을 위한 것? 아니면 기숙사에 새 욕조를 집어넣은 것? 졸업생은 좋은 직장에 취업하는가? 거기서 배움이 활발히 전개되고 있는가?

하지만 이 결함에는 우리 자신들이 반영되어 있지요. 대학을 향한 야심으로 미친 부모들은 먼저 왜 특정 학교가 바람직하게 여겨지는가를 묻기보다는 자녀들을 그 바람직한 학교에 집어넣는 일에 더 큰 관심을 가집니다. 흔히 있는 일이지요. 우리는 선망되는 학위와 우수한 교육을 혼동하고 있습니다. 음식이 아니라 메뉴를 먹는 짝이지요.

대학 순위의 결점은 다른 현실도 반영합니다. 그런데 그것은 〈US 뉴스〉의 잘못이 아닙니다. 미국 대학에는 '산출'에 대한 유용한 정보들이 많습니다. 하지만 공개되지는 않고 있습니다. '전국 학생 취업 조사 National Survey of Student Engagement'에서 나오는 것입니다. (이 조사는 약성어로 스코틀랜드의 괴물 이름과 같이 '네시'라고 불립니다.) 매년 개별적인 대학의 요청을 받아 비영리 컨소시엄이 학생들에 대한 조사를 실시합니다. 지금까지 NSSE는 1,200개 대학교에 대한 자료를 수집했습니다. 이 리스트에는 모든 사람들이 들어봤을 만한 대부분의 학교들이 포함되어 있습니다. 설문지의 질문들 중 많은 수가 대학에서 배움이 어떻게 이루어지며 또 배움이 이루어지기나 하는가 하는 문제의 본질을 건드립니다.

학생들은 교수들과 얼마나 많은 시간을 보내는지, 그때 무얼 하는지에 관해 보고하지요. 책은 몇 권이나 읽어야 했으며 또 리포트는 얼마나 써야 했는지, 교수가 강의와 토의를 어떤 비율로 나누어 수업을 했는지 등에 관해 대답합니다. 시험 결과와 리포트 평가는 신속하게 되돌려집니까? 수업 시간 외에 공부에 할애되는 시간은 얼마나 됩니까? 학과 공부는 암기 위주입니까, 아니면 추상적인 개념을 다뤄야 합니까? 학생들은 혼자 공부하는 쪽입니까, 아니면 모여서 함께 공부하는 쪽입니까? 이 중 어느 한쪽이 특별히 권장됩니까? 조교나 강사들의 도움을 쉽게 받을 수 있습니까?

설문 조사에 참가하는 학교들과 NSSE 통계 전문가들에 따르면 그러한 것들이 고등교육의 질을 결정하는 요인들입니다. 〈US 뉴스〉는 참가하는 학교들에게 NSSE의 조사 결과를 공개할 것을 오래전부터 요청했습니다. 그 정보가 더없이 열성적인 지원자들과 부모들에게 매우 소중할뿐더러 이 정보를 찾으려는 의지가 덜한 나머지 사람들은 그 정보가 곧바로 봅 모스의 방식에 주입되어 순위가 되어 나오는 것을 볼 수 있을 테니까요. 그 영향은 혁명적일 수 있습니다.

아마 그래서 소수를 제외한 모든 대학 총장들이 NSSE 결과를 비밀로 덮어두기로 했는지 모릅니다.

"위선은 끝이 없습니다"라고 봅은 말합니다. 평상시의 자제와 공손함에도 불구하고 그가 대학 총장들에 대해 말하는 소리는 신랄하게 들립니다. 그가 그럴 만도 합니다. 그들은 지난 20년 동안 〈US 뉴스〉가 내놓은 대학 순위가 정확하지 않고 권위가 없다며—정말 중요한 것은 산출인데 투입에 집착한다며— 비난했거든요. 그들이 산출 자료를 쥐고 있는 대신 공개해주면 그 순위가 좀 더 권위적이고 정확할 텐데 그 런다는 것이지요.

"얼마 있으면 그러려니 하게 됩니다."

밥 모스가 말했습니다. 우리는 서류의 성채인 그의 사무실에 앉아 있 었습니다. 누렇게 변한 보고서와 연구서들이 높게 탑처럼 쌓여 있었고, 스프레드시트로 이루어진 송안 흉벽은 사무실 벽을 따라 쌓아 올린 지 난 가이드북들로 축조된 성벽의 상단을 차지한 상태였습니다. 그 모든 것 가운데 컴퓨터 모니터와 자판이 파묻혀 가까스로 모습을 드러내고 있었고요. 밥은 얘기를 하는 중에 수시로 그리로 갔습니다. 키보드 앞 에 구부리고 앉아서는 무슨 글자인가 두들겨 스프레드시트 묘기라도 부리듯이 새 자료를 뽑아내어 자랑스럽게 보여주기에 저는 그것을 이 해하려고 해봤지만 헛수고였습니다. 그는 정규교육을 받은 경제 전문 가였습니다. 〈US 뉴스〉가 그를 처음 고용한 이유는 지금은 없어진 '경 제 분과'에서 숫자를 처리하는 일을 위해서였습니다. 그가 풀타임으로 대학 순위 파트 일을 맡았던 때는 1987년이었지요. 그림으로써 그 일 은 통계적인 정교함을 갖추게 되었습니다. 그는 자료를 좋아합니다. 언 어보다 더 좋아하는 것 같습니다. 그래서 항상 더 많은 자료를 모으려 고 하지요. 밥이 말했습니다.

"산출 자료가 있으면 정말 좋겠어요. [하지만] 우리에게는 우리가 가 지고 있는 지표들만 주어져 있는 거고요. 그런데 사실, 우리에게 그 모 든 자료가 주어진다고 해도 그들은 여전히 불평할 겁니다. 순위는 여전 히 자기들 마음에 들지 않을 테니까요."

대학 행정가들을 통한 '평판 조사'는 가장 심하게 비난받는 지표로 남아 있습니다. 2007년 여남은 대학 총장들이 동업자 평가에 대한 보이콧을 촉구하는 편지에 서명을 했습니다. 그리고 그 이듬해 사상 처음으로 설문지를 받은 행정가들 중 절반이 설문지 작성을 거부했습니다. 봅은 굽히지 않았습니다. 총장과 교무처장이 평판 조사에 참가하지 않는다면 다른 전문직 종사자들을 대상으로 하면 된다는 생각이었지요. 이를테면 대학들의 질적 수준에 대해 캐내는 것이 직업인 고등학교 대입 카운슬러들을 참가시키면 되니까요. 좋든 싫든 평판은 중요하다고 그는 말했습니다.

"학교의 평판은 좋은 직장을 얻는 데 도움이 되지요. 졸업해서 대학원에 갈 때도 도움이 됩니다. 평판은 중요해요. 대학 순위는 그것을 반영해야 합니다."

〈US 뉴스〉의 순위가 존속력을 잃지 않는 한 가지 이유는 실질적인 수치를 추구하는 봅의 집요함에 있습니다. 대학의 행정가들은 그의 집요함을 위협적인 행위로 볼지도 모릅니다. 매년 조사 대상이 되는 학교들 중 5퍼센트 내지 10퍼센트는 입학률이나 시험 성적 등에 대한 자료를 제출하기 거부합니다. 거부한 측들은 대개 〈US 뉴스〉의 폭정에 굽히기를 거부했다며 요란하게 과시하고 자축합니다. 그러나 그것은 언제나 부메랑이 되어 자신들에게 돌아옵니다. 봅은 그 수치들을 다른 곳에서 얻거나, 조사를 거부한 학교에 대한 수치를 다른 출처에서 추정합니다. 그렇게 얻은 자료들을 가지고 순위를 계산해내는 것입니다. 봅이 말했습니다.

"우리는 매년, 무슨 일이 있더라도, 순위를 출판할 것입니다. 그들의 호불호를 떠나서 말입니다. 통계 자료를 제출하지 않아도 자신들의 순위가 매겨질 것을 그들은 알고 있습니다. 학교들이 우리에게 화를 내도 우리는 굽히지 않지요. 결국 그들은 대개 이렇게 생각합니다. 〈US 뉴스〉가 다른 데서 자료를 얻는데 그럴 바에야 우리가 주는 게 낫겠다, 라고요."

밥은 사무실을 매우 자주 비웁니다. 그리고 고등교육 컨퍼런스나 대히이 끊임없는 순례 행사를 돌아다닙니다. 그러면서 그를 비난하는 사람들을 찾아내 순위와 자신의 방법론에 대한 변론을 펼칩니다. 저는 그를 여러 공식 집회장에서 본 적이 있는데, 집회 토론자들이—대개는 고등학교 대입 카운슬러들이나 대학 입학처장들입니다— 청중 가운데 그를 발견하고는, 경멸인지 격분인지 구분할 수 없는 말로 그의 일에 대해 언급하더군요. 한번은 예일 대학의 입학처장이 연단에서 똑바로 밥을 내려다보고 말하는 것을 본 적이 있습니다.

"〈US 뉴스〉가 악의 축이라고 부르는 사람들이 있을 겁니다."

그 입학처장은 그렇게 말하고, 자기는 그런 가혹한 평가에 전적으로 동의하지는 않는다고 덧붙였습니다. 전저으로요. 그런 다음 미국 고등교육의 질을 떨어뜨리는 상업주의, 경쟁성, 피상성을 언급했습니다.

"선생은 이 모든 것들을 증폭시키고 있소. 사람들을 그리로 몰고 있단 말이오. 사람들은 저항할 수 있는데, 선생이 항상 이기는군요."

그런데 밥의 표정은 절대로 변하지 않았습니다. 언제나처럼 그는 수심에 잠겨 보였고, 놀랍도록 침착했습니다.

"어떤 때는 인신공격이 됩니다. '당신이 이랬소! 당신이 저랬소!' 하며 말입니다. 그런 취급을 받는 게 싫지만, 이해할 수 있을 것 같아요. 좌절감을 느끼는 것이죠. 이해하지 못하는 것입니다. 대입은 그들의 영역이지요. 자기들이 통제할 수 있는 영역이라고 생각하는 것입니다. 그런데 〈US 뉴스〉가 있는 거죠. 그러니까 '어떻게 이 외부인들이 내 생업에 대해 그렇게 막강한 영향력을 가지게 되었지?'라는 의문입니다. 어쨌든 그건 그들 생각이에요. 그들은 우리가 그렇게 막강하다고 생각하죠. 그들은 통계를 반박하는 척하지만, 그들이 진정으로 싫어하는 것은 우리가 교육을 상품으로 취급한다는 점이죠. 우리는 순위를 하향 순서로 매깁니다. 그들은 그걸 싫어해요. 하지만 우리가 이 일을 하는 것은 그들을 위한 게 아니에요. 대학 총장이나 교수들을 위한 게 아니란 겁니다. 소비자 가이드예요, 소비자를 위한 겁니다."

그때 저는 〈US 뉴스〉를 가장 집요하게 비판하는 사람들 중 하나인 로이스 대커와 나눈 대화가 생각났습니다. 그는 전직 고등학교 대입 카운슬러로서 동업자 평가의 보이콧을 조직하는 일을 거든 사람입니다. 한 패널 토론이 끝난 뒤 대커가 저를 한쪽으로 데리고 가 고뇌에 찬 목소리로 이렇게 말했습니다.

"교육은 상품이 아닙니다. 학생들은 소비자가 아니에요!"

이것은 공통된 주제입니다. 물론 고등교육 기관들은 대부분 비영리입니다. 이 분야는 어찌 되었건 상업 세계를 싫어하거나 간혹 그 세계로부터 소외당한 사람들을 끌어들입니다. 교육자들이 정말로 〈US 뉴스〉를 비방하고자 할 때는 "영리적 순위"라는 말을 씁니다. 비영리적 순위와 구별하기 위해 그러는 것 같습니다만, 비영리적 순위는 없습니다. 이미 많은 교육자들이 상업과 상인의 특징을 그린 캐리커처에 무릎을 꿇은 것이죠. 대학에 몸담고 있는 사람들은 자기들이 대커가 말하는 "여행 가이드"의 생산자라기보다 소비 상품(아주 비싼 상품)의 생산자라는 생각에 흠칫 놀랍니다. 그들은 학생이 특별한 자양분을 필요로 하는 영혼이 있는 존재라기보다 그저 소비자라는 생각에 움찔합니다. 그리고 제지할 수 없는 시장의 제국주의에 소스라쳐 놀랍니다. 손익 논리가 끈질기게 침범한 것입니다. 심지어는 그 논리를 적용하는 일을 하는 사람들마저 시장의 상스러운 것들로부터 자유로울 수 있기를 원했던 영역에까지 말입니다.

그러니까 그들이 그런 상업적 사고방식에 직면했을 때 장사꾼이 발휘할 수 있는 방식으로 대응하는 것은 당연합니다. 속임수를 쓰는 것이죠.

봅 모스는 보기보다는 강인해도 끊임없는 공격으로 인한 전쟁 신경증의 한 징후를 보입니다. 그는 제게 몇 번이고 대학에 진학할 학생에게든 학교에게든 순위가 큰 영향력을 끼치는 것은 아님을 역설했습니다. "그건 정말 과장이다"라면서요. 미국 고등교육을 망친 장본인이라는 잦은 비난을 받은 나머지 사람들에게 그런 영향력은 자기의 능력 밖임을 납득시키고 싶은 것이지요.

"이것을 증명해주는 연구 결과가 있어요."

그로서는 이례적인 단정적 어조로 덧붙였습니다. 아무도 자기의 필생의 일을 진지하게 생각하지 않는다는 것을 사회과학이 입증해보였다고 봅이 큰소리치고 있음을 감안하면, 사실 다른 누가 그랬어도, 그것은 이례적인 것이었습니다.

하지만 그 연구 결과에 관한 그의 말은 전적으로 정확하지는 않습니다. 그가 말하는 그 증거는 엇갈리는 것이거든요. 설문 조사를 보면,

대부분의 대학 신입생들은 〈US 뉴스〉를 비롯한 여타 잡지의 대학 순위는 학교를 고르는 데 별로 영향을 미치지 않았다고 말합니다. 그러나 상위권의 내신 성적과 SAT 점수를 보유한 학생들 사이에서는 순위가 '매우 중요'한 것으로 여겨졌습니다. 그들의 부모들에게는 특히 그랬는데, 이 중 3분의 2는 〈US 뉴스〉의 대학 순위가 '매우 유용'했다고 답했습니다. 류크 마이어스와 조나단 로브의 어떤 연구 개요에 따르면 "대다수의 학생들은 특정 학교의 인기 순위를 고려하지 않는 한편 가장 우수한 학생들은 직접적으로나 간접적으로 (부모를 통해) 대학 순위의 영향을 받는다"고 합니다. 대학들은 바로 그런 학생들을 유치하려고 애를 씁니다.

학교로서는 유치에 실패했을 경우 암울한 결과를 맞기도 합니다. 국민경제연구소가 출판한 제임스 몽크스와 로널드 에렌버그의 연구 결과를 보면 순위에서 밀려나는 학교에 어떤 일이 일어나는지 알 수 있습니다. 우선 그런 학교에는 지원하는 학생의 수가 줄어듭니다. 그러면 더 많은 지원자들에게 입학을 허가해야 하지요. 그다음에는 입학 허가를 받은 학생들 중 더 많은 학생들이 입학을 거절합니다. 입학 허가율은 높아지고, 등록률은 떨어지게 되지요. 결국 돈이 빠져나갑니다. 또한 학교들이 순위에서 미끄러지면 소비자들을 끌기 위해 더 많은 '등록금 할인'—더 많은 학자금 지원—을 제공하게 된다고 합니다. 그러면 도서관 도서 구입, 화학 연구실, 교수 월급, 심지어는 욕조 등에 대한 예산은 줄어드는 것이지요. 지출 삭감과 입학 허가율의 상승은 〈US 뉴스〉의 자료에 오르게 되며, 결국 그 학교의 순위는 더 아래로 미끄러지게 되는 것입니다.

그러면 총장이나 교무처장과 같은 행정가들은 어떻게 해야 할까요? '속임수'를 써야 한다고 누가 그랬던가요? 어쩌면 그보다 '조작'이라는 말이 더 적합할지 모르겠군요. 이것을 고상한 말로 하자면 '방식을 역이용'하는 것입니다. 행정가들이 〈US 뉴스〉의 대학 순위 산정 방식을 역이용하고 있다는 구체적인 첫 증거를 〈월스트리트 저널〉의 스티브 스테클로라는 기자가 1995년에 쓴 한 기사에서 밝혔습니다. 이 기사는 아직도 미국 고등교육이 상업에 의해 오염되지 않았다는 환상에 미혹되어 있던 사람들에게는 공포 소설처럼 읽혔을 겁니다. 스테클로는 출세 지상주의 관료들의 비정한 홉스주의적 생존경쟁의 장을 보여주었습니다. 그곳에서는 인정사정 봐주는 일이란 없습니다. 그의 방법은 간단하고 명쾌했습니다. 그는 학교들이 〈US 뉴스〉에 제출한 자료와 그 학교들이 채권 등급 평가 기구에 제출한 자료를 서로 비교하는 기발한 발상을 했습니다. 그의 지적에 따르면, 그들이 평가 기구에 거짓말을 하면 감방에 갈 수 있지만 〈US 뉴스〉에 거짓말을 하면 상위 20위권 안에 들어갈 수 있다는 것입니다. 100여 개 학교의 신용 등급 결과를 검토하고 그는 4분의 1이 숫자를 속였다는 것을 잡아냈습니다.

일치하지 않는 몇 군데는 사무적인 실수였지만 대부분은 그렇지 않았습니다. 가장 많이 속이는 숫자는 신입생의 SAT 평균 점수였습니다. 이것은 밥 모스의 순위 산정에서 중요한 지표가 되는 숫자지요. 어떤 학교들은 SAT 평균 점수를 계산할 때 학생 전체를 포함시키지 않았습니다. 외국 태생의 학생들이나 경제적으로 어려운 학생들은 제외시킨 것입니다. 보스턴 대학은 입학하는 외국 태생 신입생들의 SAT 수학 점수는 포함시켰지만 영어 점수는 제외시켰습니다. 노스이스턴 대학은 신입생 20퍼센트의 점수를 포함시키지 않았으며, 이로 인해 이 학교 신입생들의 SAT 평균 점수는 50점이나 높아졌다고 스테클로는 판단했습니다. 체육 특기자들, 소수민족 학생들, 동창생 자녀들(입학처에서는 "유물 또는 대물림legacies"이라고 부름)의 점수를 포함시키지 않은 학교도 있었습니다. 스테클로는 전역에서 그리고 모든 종류의 학교에서 그런 하자를 발견했습니다. 하버드도, 바드 칼리지도 마찬가지였음을 시사했습니다. 심지어는 크리스천 브라더스 유니버시티의 크리스천 형제들마저요. 하나님 맙소사, 이거야 원.

졸업률 또한 조작되었습니다. 학교들은 NCAA(전국대학체육협회)에 졸업률을 제출하도록 규정되었습니다. 〈US 뉴스〉도 그 자료를 요청합니다. 300개 대학교 중 50개 대학이 이 잡지사에 보낸 자료는 NCAA에 제출한 것보다 더 높은 졸업률을 보입니다. 콜비 대학의 전직 임원으로부터 나온 이야기는 가슴이 아플 지경입니다. 그는 언젠가 〈US 뉴스〉에 주요 순위 지표를 잘못 알렸다고 했는데요, 그 실수는 부주의로 인한 것이었지만 콜비 대학의 순위를 20위에서 15위로 껑충 올려놓는 결과를 초래했습니다. 있을 법하지 않은 순위 상승을 본 콜비의 행정가들은 '우리의 경쟁 우위를 지키기' 위해 급히 움직였습니다. 그들은 그 뒤로 몇 년에 걸쳐 콜비의 행정가가 즐겨 쓰는 용어로 '숫자 마사지'를 행했습니다.

이런 조작은 계속됩니다. 어떤 때는 공공연히 행해지지요. 이와 관련해서 사우스캐롤라이나의 클렘슨 대학은 가장 뻔뻔한 조직적 운동에 착수했습니다. 1999년 그들은 제임스 F. 바커를 총장에 임명했으며, 그는 클렘슨의 순위를 올리겠다고 약속했습니다. 모교인 클렘슨을 10년 안에

<US 뉴스>의 공립 연구 대학 부문에서 상위 20위 안으로 올려놓겠다는 것이었습니다. 당시에 38위였으니 그렇게 되면 대단한 도약인 것이지요. 그랬던 것이 2008년도에는 22위를 차지했습니다. 마음만 먹으면 못할 게 없는 것이죠. 바커의 성공은 고등교육계의 화제가 되었습니다.

총장들과 학장들은 바커가 어떻게 그 일을 해냈는지 추측할 수 있었습니다. 이 추측에 대한 확정적인 답은 2009년 클렘슨의 연구부서장인 캐서린 와트라는 태평스런 여자의 폭로를 통해 알려졌습니다. 그녀는 봅 모스가 대학 순위를 산정하는 데 쓰는 모든 지표들에 대한 전면적인 공략을 펴기 위해 학교가 총동원된 이야기를 했습니다. "순위를 개선하기 위해 어떤 지표도, 어떤 방법도, 어떤 절차도 논외일 수 없다"고 폭로했습니다. 학급 크기 지표를 예로 들자면 다음과 같습니다. 한 강의에 학생 수가 20명 미만이면 순위에 가산 요인이 되지만, 50명 이상이면 벌점 요인이 됩니다. 클렘슨의 방법은 수강 등록 인원이 20명의 경계에 있는 반들을 찾는 데 있었습니다. 그래서 가령 한 강의에 22명이 등록하면 그중에서 3명을 이미 수강생의 수가 50명을 넘긴 반으로 보냅니다. 자, 보세요. 그러면 20명 미만의 학급이 생기는 겁니다. 그러나 이미 수강 인원이 50명을 초과하고 있던 반은 인원이 증가된 표시가 나지 않습니다. 안될 거 없잖아요? 와트에 따르면, 한 반이 50명을 넘었다면 "더 커져도 괜찮다"는 것이지요. 아무런 피해가 없다는 것입니다. 50명에서 70명이 되든 90명이 되든, 이에 대한 벌점이 없다라는 말입니다. 그녀는 이것은 "모서리 처리하기"라고 일컬었습니다.

또 다른 인기 있는 비결은 동창생 기부와 관련된 것입니다. 기부하는 동창생이 많으면 순위 산정에 가산점이 됩니다. 클렘슨은 동창생들에게 단 5달러 정도의 작은 금액이라도 좋으니 기부를 해달라고 간청하는 편지를 퍼부었습니다. 정기적 기부자의 비율이 높다는 것을 알릴 수만 있으면 금액이 얼마가 되든 좋은 것입니다. 교수들의 연봉도 올랐는데, 이때 교수들의 복리 후생 급부 패키지도 평균 연봉에 포함해서 산출해 〈US 뉴스〉에 제출했습니다. 무엇보다도 바커 총장은 매년 봄 다른 대학들을 평가해달라는 평판 설문 조사가 오면, 하버드나 스탠퍼드, 프린스턴, 예일 등 다른 대학들에 대한 평가를 하면서 클렘슨보다 높게 나오지 않도록 주의를 기울였습니다. 설문 조사 결과가 나오면 그는 "나는 까다롭게 평가합니다"라고 말했죠.

클렘슨만 이런 비결들을 쓴 것은 아닙니다. 그리고 교수 1인당 학생의 비율이 낮아지게 되는 경우처럼, 어떤 비결들은 실제로 학생들에게 혜택을 주었을지 모릅니다. 봅 모스는 날조된 자료들을 무력화하는 방법을 알고 있습니다. 그러나 그러면 더 많은 비난만이 돌아오겠죠. 그가 하는 일의 한 측면인, 해도 욕먹고 안 해도 욕먹는 상황인 것입니다. 예를 들어 그는 동창생 기부 지표를 바꾸어볼 생각을 해봤다고 합니다. 단순히 기부하는 동창생의 백분율을 기재하기보다는 그들이 평균 얼마나 기부하는지 산출해볼 수 있다는 것입니다.

"하지만 그러면 그들은 우리가 부자 학교만 좋게 한다고 할 겁니다. 그렇잖아도 우리는 이미 그런 생각을 하고 있어요."

봅 모스는 학교들이 부정직해지는 것을 막으려고 애를 씁니다. 그와 자료를 수집하는 인원은 할 수 있는 데까지 숫자들을 대조 검토합니다. 어떤 자료가 예년에 비해 비정상적으로 좋은 수치를 보이면 컴퓨터 프로그램이 신호를 줍니다. 순위 차트에서 위로 올라가고자 하는 학교는 천천히 꾸준한 속도로 진행해야 하는 겁니다. 세인트루이스의 워싱턴 대학이 그저 그런 중서부 인문과학대학이라는 평판을 바꾸기 시작해 미국의 상위권 대학이라는 평판을 얻기까지는 10년 넘는 세월이 걸렸습니다. 그들은 순위 향상을 위해 〈US 뉴스〉의 지표에 크게 의지했으며, 이는 지금도 대입 전문 종사자들 가운데 전설과 같은 이야기입니다. 부러움과 놀라움을 힌꺼빈에 받으며 그들은 어떻게 그렇게 할 수 있었는지 기꺼이 설명해줍니다.

워싱턴 대학은 눈에 띄는 학교는 아니었지만 부자 학교였습니다. 대학 순위 차트들은 그들이 가지고 있는 돈을 어디에 쓰면 좋을지 알려주는 기능을 한 것이죠. 캣 코헨에 따르면, 그들은 초기에 해마다 고등학교에서 많은 수석 졸업자가 배출되지만, 그들이 모두 브라운 대학에는 가지 못한다는 점을 인지했습니다. 그래서 워싱턴 대학은 그 '고가치 지원자'들을 가급적 많이 흡수하기로 결정했습니다. 워싱턴은 어디든 갈 수 있는 성취도가 높은 학생들을 겨냥한, 하지만 그들에게 한정되지 않은 마케팅을 벌였습니다. 과거에는 고려의 대상이 되지도 않았던 지역과 인구 통계학적 범주에 걸쳐 전국적으로 학생들을 유혹하면서 워싱턴 대학의 지원자군이 대폭 늘어났습니다. 지원자가 많아질수록 입학률은 줄어들지요. 등록률을 높이기 위해 학자금 지원의 폭도 크게 늘여서 부유한 집의 학생들도 혜택을 볼 수 있게 했습니다. 그리고 조기 전형 지원자들에게 더 많이 입학을 허가하기 시작했습니다.

워싱턴 대학의 순위가 대입 순위 차트에서 위쪽으로 올라가면서 그 높아진 순위를 보고 더 높은 점수를 획득한 지원자들이 관심을 가지게 되었습니다. SAT 평균 점수가 높아지자 더 높은 학급 등수를 기록한 학생들이 몰렸습니다. 학교 당국은 동창들을 대상으로 저돌적인 모금 운동을 벌여 기부금과 예산을 증가시켰습니다. 더욱 많은 박사 학위 소지자들을 교수로 임용하여 평균 학급 인원수를 줄이는가 하면, 교수들의 연봉을 인상했습니다. 순위 산정의 지표가 되는 모든 범주를 다루면서 헉헉거리며 애를 쓴 결과, 자기 강화적인 상승 운동이 형성되었습니다. 대학교들이 통계 자료의 수치를 조작하든, 실제로 좀 더 나은 학교를 만들기 위한 노력을 기울이든 간에 더 이상 아무도, 심지어는 뽑조차도 대학 순위 차트가 학교들의 재원 운용 방식을 결정한다는 걸 부인하지 않습니다. 〈US 뉴스〉는 더 좋은 학교를 다음과 같이 규정합니다.

더 작은 클래스, 더 많은 연봉, 더 행복한 동창, 더 똑똑한 학생.

하지만 저는 지원자 및 부모와 관련해서 〈US 뉴스〉의 성공 이야기는 좀 더 복잡해진다는 것을 알아채기 시작했습니다. 뽑 모스는 대학 순위 차트의 큰 이익은 그것을 통해 사람들이 모두 각자의 대입 카운슬러가 될 수 있게 해주는 거라고 말했습니다. 캣 코헨에게 4만 달러를 지불하지 못하는 사람들에게는 필수품인 것입니다. 보통 고등학교 카운슬러들에게는 절망적일 만큼 과부하가 걸려 있어 크게 도움이 되지 않지만요.

"사람들은 대입에 관해 독학해야 합니다. 어떤 의미에서 사람들은 혼자 알아서 해야 하는 것이죠."

뽑 모스는 이 대입 과정을 최대한 투명하게 하려고 힘써 일했습니다. 그의 잡지가 매년 내놓는 정보의 분출은 인상적입니다. 요즘에는 그에게 손님이 많습니다. 대학수능평가위원회The College Board─SAT를 관장하는 기관─는 그 수치들을 바탕으로 한 더 공들인 자료들을 인쇄물로 출판하거나 웹사이트에 올립니다. 교육성은 대학 길잡이 웹사이트

(http://nces.ed.gov/collegenavigator/)를 개발해서 더 많은 학교에 대한 더 많은 자료를, 아주 엄청나게 많은 자료를 무료로 열람할 수 있도록 해 놓았습니다.

바로 이 지점에서 혼돈이 발생합니다. 〈US 뉴스〉가 대량의 정보 입수를 제한하던 둑을 허문 것은 대입 전형의 혁명이었습니다. 정보 시대인 오늘날 다른 분야와 마찬가지로 그렇게 많은 자료가 일반에게 개방되자 보통 사람들이 힘을 갖게 되었습니다. 그 모든 인터넷 권위자들이 예측한 그대로 된 것이죠. 실리콘칩이나 인터넷, 무선 통신 기술과 마찬가지로 그러한 자료로 인해 힘은 자료의 생산자로부터 소비자에게로, 법인으로부터 개인에게로 옮겨진 것입니다. 위계는 무너졌고 인위적인 경계는 해체되었지요. 그래서 전문가와 매개자의 폭정의 시대는 막을 내렸으며 우리 자신이 전문가가 되어 모든 정보를 우리의 취향과 필요에 맞출 수 있게 된 것입니다. 그런데 그런 능력이 충분히 주어졌지만 저는 어디서부터 시작해야 할지 몰랐습니다.

봅 모스의 사무실을 떠날 때 여러 가지 〈US 뉴스〉 가이드를 받아 그 문제에 대한 유형의 증거를 손에 쥐었습니다. 가이드를 쌓은 높이가 20센티미터도 넘고 무게도 몇 킬로그램이나 되었습니다. 대학 가이드만 해도 1,800페이지나 되었지요. 그는 저더러 아들과 함께 〈US 뉴스〉의 대학 웹사이트도 보기 시작하는 게 좋을 거라고 일러주었습니다. 그 웹사이트의 정보량만 해도 10만 페이지가 넘는다더군요.

제가 말했습니다.

"10만 페이지! 맙소사!"

밥 모스는 특별히 한 가지 문제에 있어서는 옳았습니다. 아들아이의 학교에 가서 딴 데 정신이 팔린 대입 카운슬러를 만나고 나서 알게 된 것이었습니다. 우리 아이가 대입에 관해 자습해야 한다는 점이었지요. 이는 필연적으로 제가 아내와 함께 자습한 다음 그것을 가지고 우리 아이를 자습시켜야 한다는 얘기였습니다. 일이 그런 식으로 돌아갑니다.

집에 돌아와 들고 온 석판 같은 가이드북들을 식탁 위에 놓았습니다. 그 옆에는 제가 이미 구해다 놓은 더 두꺼운 책들이 비스듬하게 쌓여 있었습니다. 아들아이가 있는지 둘러보았는데 보이지 않아 〈US 뉴스〉 대학 특집을 펼쳤습니다. 표지의 사진은 건강해 보이는 젊은이들이 한데 모여 가운과 사각모 차림으로 기쁨을 억제하지 못하고 껑충껑충 뛰는 장면이었습니다. 안에는 SAT 준비 개인 지도교사 광고와 생명보험회사 광고들이 실려 있었습니다. 잘 알려지지 않은 몇몇 학교들의 전면 펼침 광고도 보였습니다. 그 광고들은 포커스그룹이 새로 지어낸 무의미한 슬로건에 눈길 한번 던져달라며 사실상 필사적으로 몸부림치고 있었습니다.

"오하이오 북부 대학에서 여러분의 진북眞北을 발견하세요."

"브라이언트 대학. 성공하는 인격.(어딘가 어떤 다른 학교의 포커스그룹은 '인격의 성공'을 내걸었더군요.)"

그리고 물론 〈US 뉴스〉의 대학 순위 차트도 있었습니다. 그전에는 그렇게 많은 범주로 나뉘어 있는 줄 몰랐습니다. 특집호며 가이드며 웹사이트에 말입니다.

〈US 뉴스〉의 편집자들이 초기에 직면한 난점은 1,400여 개의 4년제 인문과학 단과대학 및 종합대학으로 이루어진 고등교육 체계가 그야말로 너무 방대하고 다양하여 소수의 순위 범주로는 평가할 수 없다는 것이었습니다. 예를 들어, 그만하면 괜찮지만 선별적이지 않은 서던 일리노이 대학과 같은 학교는 정치인들의 변덕에 따라 예산이 오르락내리락하고 지역과 소득별로 그 주의 주민을 반영해서 신입생을 뽑도록 되어 있습니다. 그런데 그런 학교를 하버드와 비교하면 불공평한 것입니다. 하버드는 기부금 보유고는 250억 달러가 넘고 전국의 모든 똑똑한 학생들을 줄 세워 자기들이 원하는 학생에게 돈을 듬뿍 던져주는 게 그들의 신입생 전형 방식이니까요. 학교의 다양성에 공평을 기하기 위해 순위의 범주가 마치 고양이가 새끼를 낳듯 늘어났습니다. 계속 늘어나는 새끼들은 어지간한 학교라면 어떤 학교든 반드시 최소한 한두 범주에서는 어느 정도 괜찮은 순위를 차지했습니다. 그러면 그 학교들은 동창들이나 부모들에게 그 결과를 자랑할 수 있는 것입니다.

저는 순위 페이지를 계속 넘기며 훑어보았습니다. 성공의 가능성은 무궁무진해보였습니다. 상위 111개 인문과학대학, 상위 5개 주립인문과학대학, 전국 상위 100개 대학, 상위 50개 주립 및 국립대학교, 남부

상위 10개 대학원, 중서부 상위 10개 4년제 대학, 서부 상위 25개 대학
원 등등이 있었습니다. 또 '학부 교육에 가장 헌신적인 학교' 목록이 있
었고 'B 학점 학생들을 위한 A+ 학교'랄지 '가장 가치 있는 학교' 목록
이 있었으며 이들 목록은 다시 10개의 세부 목록으로 나뉘었습니다. 그
다음에는 '눈여겨 볼 학교'가 9개의 다른 범주로 나뉘어 있었는데, 생활
지도 카운슬러들의 투표로 집계된 상위 25개 순위 차트가 2개, 합격률,
졸업률, 학생 수가 20인 미만인 반의 비율 (토머스 아퀴나스 대학은 이 부문
에서 1위이며, 앨라배마의 저드슨 대학은 7위) 등입니다. 동북부 최고의 4년제
대학에서 7위는 엘마이라 대학입니다. 그건 마치 어린이 축구 경기 같
았습니다. 아이들은 (행복한 미소 상, 깨끗한 양말 상 등) 모두 무엇이든 작
은 트로피 하나씩은 가져갑니다. 그 모든 목록들은 명료함을 위해 만
들기 시작한 것인데 꿰뚫어볼 수 없는 정글이 되어버렸습니다. 목록의
목록의 목록이 있는 것입니다.

저는 이 잡지의 권두 에세이를 읽다가 다음과 같은 쾌활하고 낙천주
의적인 글을 읽고 놀랐습니다.

"무엇보다 대학교는, 그것이 어떤 대학교든, 여러분이 교실을 떠나
성공적인 일과 인생을 추구하는 데 좋은 발판이 되어줄 것입니다."

정말? 미국에서 대학에 진학하는 학생들이 그 말이 진실임을 믿는다
면, 대학교라면 어떤 대학교든 대학의 본질적인 임무를 수행하는 데 차
이가 없다고 생각한다면, 그렇다면 제가 들고 있는 이 잡지는 없어질
것입니다. 봅 모스의 특별 제작 소프트웨어는 머뭇머뭇 깜박거리다가
저절로 지워질 것입니다. 캣 코헨의 고급스런 사무실 빌딩은 57번가로
무너져 내릴 거고요. 식탁 위에 쌓여 있는 대학 안내 책자들은 내파되

어 한줌의 먼지가 되어버릴 겁니다. 자료와 수치, 내밀한 정보를 얻고자 하는 만족할 줄 모르는 욕구는—대입이라는 성배의 추구는— 사라질 것입니다. 그러면 우리 모두 다시 무언가 생산적인 일을 할 수 있겠지요.

하지만 물론 우리는 그 말을 믿지 않습니다. 식탁 위에 잔뜩 쌓여 있는 책들은, 세상 어딘가의 푸르고 아늑한 계곡에 파묻혀 있거나 또는 어떤 대도시의 연철 문 너머 우뚝 솟아 있는, 특히 다른 어떤 대학보다도 자녀의 '성공적인 사회생활과 인생'을 출발하게 해줄 학교가 있다고 믿는 미국 학부모들이 존재한다는 증거였습니다. 자녀들이 언젠가 학자금 융자를 갚는다면 말입니다. 그런 믿음의 결과는 그때 제가 휩쓸려 있던 정보와 충고의 거센 물결이었습니다. 그러나 그 많은 정보와 충고가 일을 수월하게 해주는 것 같지는 않았습니다. 저는 이미 너무 많은 정보를 가지고 있었던 것입니다. 아무래도 정보가 더 필요할 것 같습니다.

바로 그때 저는 끊임없는 모순의 법칙과 마주치게 되었습니다. 그것은 처음부터 끝까지 우리의 자습을 복잡하게 만들었습니다. 그 법칙은 이렇습니다. 대입 지원을 하는 과정에서 부모나 자녀가 접하게 되는 모든 충고와 정보에 모순되는 동등한 정반대의 충고와 정보가 있다는 것입니다.

대부분의 부모처럼 저도 문득 전에는 거들떠보지도 않던 신문 기사들에 주의를 기울이게 되었습니다. 저는 일간지의 상당 부분을 비행 금지 구역처럼 취급했었거든요. 개인적인 보도 통제였던 것이죠. 편집장 앞으로 온 편지, 홈 디자인란, 기명 정치 칼럼, 무기명 사설, 박스 라크로스 경기 기록, 낚시에 관한 기사, 캐나다, 비만의 급속한 확산, 대입에 관한 기사 등은 제가 일부러 읽지 않던 것들이었습니다. 대입에 관한 기사는 그때가 오면 그때 읽어도 시간이 충분하리라고 생각했습니다. 그런데 이제 그때가 온 것이지요. 물론 대입 기사는 뉴스업계에서 약방의 감초입니다. 첫 베이비붐 세대인 편집장이 자기 아이가 몹시 가고 싶어 하는 학교의 등록금을 대줄 경제적 능력이 못 된다는 것을 알고, 도대체 왜 그런지 기자들을 내보내 밝히도록 한 이후로 줄곧 그래 왔습니다. 이 부문은 〈US 뉴스〉의 놀라운 성공에 크게 힘입었습니다. 제 눈에는 이제 온통 그런 기사만 보였습니다. 일일이 다 읽지도 못할 정도로 많았습니다. 매일 아침을 먹으며 신문을 읽을 때 생활란 기사에 눈길이 머물렀습니다. 그 표제들은 가령 "완벽한 원서는 어떻게"랄지 "학부모들이 대입 전형에 관해 알아야 할 것" 혹은 (아주 영리하게도) "불합격의 비결" 등과 같은 것들이었습니다.

그러자 끊임없는 모순의 법칙이 작동하기 시작했습니다. "대입 지원 과정을 즐기세요! 긍정적으로 생각하세요!"와 같은 설득력이 전혀 없는 것을 제외한 모든 충고의 말은 조만간 다른 출처에서 나온 다른 충고의 말과 서로 상충되었습니다. "SAT에서 만점을 받는 것은 불가능할지 몰라도 지원서만큼은 만점짜리를 만들 수 있다"라는 〈포브스〉의 기사를 읽었는데, 얼마 안 있어 〈월스트리트 저널〉은 "너무 많은 학생들이 완벽을 향한 잘못된 노력으로 너무나 매끄럽게 작성된 '프로 같은' 원서를 낸다"라는 기사를 싣는 것이었습니다. 그러고 나서 지방 신문의 증보판에 난 기사를 보니 "작은 오타 하나, 문법적 실수 하나가 불합격의 원인이 될 수 있다"라고 하더군요.

　저는 간혹 뒤로 물러나서 아들아이에게 전부 알아서 하라고 할까 하는 생각을 해보았습니다. 그래서 그 생각이 옳다는 걸 확인시켜주는 다른 기사를 발견했을 때 기쁘더군요. 그것은 "부모의 간섭은 대입 지원 과정의 저주다"라는 글이었습니다. 그러나 기쁨은 잠시뿐이었습니다. 어떤 가족 문제 상담 칼럼에 이런 말이 있었습니다. "학부모 여러분, 이 일에 관여하는 것은 고등학생 자녀를 둔 여러분의 의무입니다! 여러분만이 할 수 있는 일이 있는 것입니다!" 그래, 그렇지, 하고 저는 생각했습니다. 예를 들면 이런 것들이었습니다. "입학 전형 위원에게 여러분이 관심을 갖고 있음을 알리십시오. 전화를 하거나 이메일 보내기를 두려워 마세요." 그러고 나서 한 주 뒤에 입학처장들이 불평하는 새로운 현상에 대한 기사를 보았습니다. 그것은 "입학처 스토킹"이라고 불렸습니다. "지나친 걱정에 사로잡힌 학생들과 부모들의 무의미한 이메일과 전화"가 입학 전형 위원들을 멀어지게 하는 현상을 말합니다. "그런 시도들은 지원자의 운명에 아무런 영향을 미치지 못힙니다."

　저는 그 조언을 다른 자료들과 함께 파일에 챙겨두었습니다.

　여러 가지 책들이 항상 식탁 위에 쌓여 케첩 얼룩을 더해갔습니다. 아내와 저는 아들아이에게 그 책들을 들이미는 데 실패했습니다. 그즈음 우리 아이는 대학 문제가 거론되면 밖에 나가는 듯했습니다. 농구 연습에 간다든지, 아니면 영리하게도 친구들과의 '공부 모임'에 간다는 것이었습니다. 그렇게 나가면서 제게 '대학에 관한 것들'을 읽는 데 시간을 들이느니 성적을 올리는 게 더 중요하다는 것을 상기시켜주더군요. 과로를 이유로 내세우며 아내도 이 과정에 좀처럼 관여하지 않았습니다. 결국 저 혼자 그 책자들 가운데 헤매게 된 것이지요.

그 책들 중 몇 권은 수다스럽고 조마조마한 조언으로 가득한 캣 코헨의 책과 같은 종류였으며, 내용도 크게 다르지 않았습니다. 모두 대중적인 비즈니스 책들에서 볼 수 있는 약탈적인 인상을 풍겼습니다. 그런 책들은 불안한 중간 관리자들에게 "상표의 숨은 바이오닉스를 해방시킴"으로써, "긍정의 힘으로 당신의 발판에 연료를 채움"으로써, 자본가의 성공 비결을 풀어 보여줄 것을 약속하지요. 제가 가진 그 대입 가이드북들은 그도 그럴 것이 분량이 얼마 되지 않았습니다. 금방 읽을 수 있는 길이였지만 대개는 필요 이상으로 많이 길었습니다. 대부분의 조언들은 '원서의 교정을 보는 게 왜 중요한지'에 대한 이유를 여러 장에 걸쳐 설명하는 등 너무 빈약하거나 빤한 내용이어서 서로 모순되고 말고 할 것도 없었습니다.

이 책들보다 더 두꺼운 책들은 대학 가이드북이었습니다. 페이지마다 학교에 대한 꾸밈 없는 사실만 기재하는 봅 모스의 〈US 뉴스〉 가이드와는 달리 그 대학 가이드북들에는 한 대학에 대한 에세이들이 자료로 빼곡한 접는 페이지와 함께 실려 있었습니다. 그 에세이들은 길이가 몇 페이지씩 되기도 했습니다. 그냥 휙휙 넘겨보기도 하고 띄엄띄엄 보도록 고안된 책이지요. 화장실에 앉아 읽기 딱 좋습니다. 다만 실제로 그러지는 못합니다. 신문 용지에 인쇄된 이 가이드들의 두께가 1,000페이지 내지 그 이상이니까요. 매끈한 판지를 표지로 해서 풀로 붙여 싸게 날림으로 제본된 책들이라 아이가 대학교로 떠나자마자 곧바로 다 분해될 것들이었습니다. 이 책들에 어떤 가치가 있든, 편하게 들고 볼 수는 없었습니다. 놓치기 쉽고 잘 미끄러지기도 했죠. 책을 덮어두려면 휙 도로 펴지거나 책을 펴려면 도로 덮어지기도 했습니다. 그 책들을 비치해둘 만한 화장실은 없을 것입니다.

대학 가이드북은 5권이 모이자 더 이상 사지 않았습니다. 그 5권 중 4권은 언뜻 보았을 때 서로 대체될 수 있을 것 같아서였죠. 『피스크 가이드』는 그 가운데 가장 잘 팔리는 가이드였습니다. 이 가이드는 1982년 〈뉴욕 타임스〉의 교육 담당 편집장 테드 피스크에 의해 첫선을 보였습니다. 그는 〈뉴욕 타임스〉에서 은퇴했지만 여전히 같은 이름의 자매편과 함께 그 가이드를 출판합니다. 그는 소수의 직원들 도움으로 몇 년에 한 번씩 대학 행정관들에게 설문지를 보냅니다. 그러면 행정관들은 소수의—적게는 5명 정도— 학생들을 뽑아 대학 생활에 대한 설문에 답을 하게 해서 피스크에게 보내줍니다. 피스크 자신도 변명 없이 인정하듯이 매우 주관적이고 비과학적인 방식이지요. 그가 언젠가 제가 말했습니다.

"사회과학자들은 미쳤다고 하겠죠. 하지만 저는 할 수만 있다면 사회과학자들과 얘기를 안 해요."

피스크의 방식은 다소 변형되어 거의 모든 경쟁자들에 의해 모방되었습니다. 편집자들은 학생들이나 최근 졸업생들을 대상으로 편지나 웹을 통해 설문 조사를 합니다. 그리고 그 응답에서 이것저것 인용하며 경쾌한 문체로 평론을 씁니다. 이것도 역시 돈벌이가 되는 공식입니다. 낮은 간접 비용에 높은 이문, 그리고 매년 새로워지는 시장인데 그런 한편, 따분한 일은 학교들이 다 해주는 것입니다. 가이드북의 가격은 20달러가 좀 넘습니다. 『피스크 가이드』는 이 가격에 상위 310개 학교의 '내부자 정보'를 알려주겠다고 하지요. 〈예일 데일리 뉴스〉의 직원들이 편집하는 『내부자 대학 가이드』는 상위 330개 대학의 '내부자 정보'를, 『배런스 가이드—가장 경쟁력 있는 학교』는 상위 86개 대학의 '내부자 평가'를, 『프린스턴 리뷰—상위 368개 대학』은 상위 368개 학교의 '내부자 정보'를 (이상하게도 매번 상위 학교들의 수가 달라짐) 알려주겠다고 합니다. 제가 가진 다섯 번째 책 『바른 대학교 고르기』는 '많은 대학 수업은 좌익 선전의 주입에 지나지 않는다'는 전제하에 보수 공화당원들이 다른 보수 공화당원들을 위해 만드는 가이드로, 외부자 가이드 같았습니다만 그게 아니었습니다. 이 책은 상위 134개 학교의 '예전에는 내부자들만 알 수 있었던 정보'를 줍니다.

보시다시피 이 가이드북들은 서로 대체될 수 없었습니다. 식탁에서 털썩 책을 펴고 저는 아들아이가 관심을 보인 학교들에 대해 내부자들이 무슨 말을 하는지 찾아보았습니다. '큰 주립대학'부터 찾아보기 시작했지요. 『내부자 대학 가이드』에서—알아요, 모두 내부자 가이드죠— 4년 공부를 마친 '큰 주립대학'의 졸업생 비율은 92퍼센트라는 것을 알았습니다. 그런데 『바른 대학교 고르기』에서는 그게 83퍼센트라고 하더군요. 『피스크 가이드』는 가장 유력한 전공이 영어, 스페인어, 포르투갈어, 종교학, 독일어순이라고 했습니다. 그런데 『배런스 가이드』는 그게 영어, 역사, 생물학순이라고 하더군요. 『프린스턴 리뷰』를 읽을 때는 '큰 주립대학'의 최고 인기 전공과목이 심리학, 경제학, 경영학이라고 했는데, 『배런스 가이드』에서는 심리학, 역사, 영어순이었습니다.

『프린스턴 리뷰』의 내부자들은 노트르담 대학의 입학 허가율이 24퍼센트며 등록률은 56퍼센트라고 봤는데 『내부자 대학 가이드』는 각각

27퍼센트, 16퍼센트라고 했습니다. 『바른 대학교 고르기』에서는 등록률이 58퍼센트로 확 뛰었습니다. 그리고 노트르담의 교수 대 학생의 비율은 1 대 11이라 밀접한 비율을 보였는데『프린스턴 리뷰』는 1 대 13이라고 알려주었습니다. 가이드북을 읽으면서 어떤 때는 우주 사이를 넘나드는 것 같은 기분이 들었습니다. 서던 캘리포니아 대학의 4학년 졸업률은『바른 대학교 고르기』에서『내부자 대학 가이드』로 가며 69퍼센트에서 84퍼센트로 크게 개선됩니다. 범죄 발생율도 달라졌지요.『내부자 대학 가이드』는 서던 캘리포니아 대학이 "놀랍도록 안전하다"고 한 반면『바른 대학교 고르기』는 "서던 캘리포니아 대학 전 지역이 믿기지 않을 정도로 위험하다"고 했습니다. 공화당 사람들은 아주 겁쟁이들이죠.

이러한 불일치는 대개 최고 인기 전공과목, 입학 허가율, 도서관에 가다가 칼침 맞을 확률 등 객관적으로 중요한 문제에서만 발생했습니다. 파악하기 어려운 문제들, 즉 학교의 문화라든가 대학 생활의 분위기와 느낌과 같은 사항에서는 끊임없는 모순의 법칙이 잠시 작동을 중단했습니다. 이 가이드북들은 인상적인 획일성을 보여주었습니다. 모는 학교들은 거의 완벽했다는 겁니다. 어떤 학교든 학생들이 "공부할 때는 열심히" 공부하고 "놀 때는 놀 줄 알았다"고 했습니다. 간혹 "어디에 있는지 찾아내야 하지만" 교수들은 모두 "다가가기 쉽다"고도 하더군요. 교수들은 또한 모두 "기막히게 좋다"거나 "굉장하다"고 평가되었습니다. "캠퍼스에서 언제나 무언가 일이 벌어지고 있다"는 것이었습니다. 모든 캠퍼스가 항상 그렇다더군요. "학생들은 공부와 놀기의 균형을 아주 잘 맞춥니다." "학급의 크기는 관리하기 쉬운 수준"이지만 "어떤 과목을 선택하느냐에 따라 다를 수 있습니다." 그건 말이 되는 얘기입니다. "열심히 공부하기를 싫어하지만 않으면 모든 게 잘될 것입니다."

저는 다양성을 찾아 제 아들이 관심을 갖고 있던 학교들 외의 다른 학교들을 탐사해보았습니다. 그러나 다양성은 없었습니다. 저는 멍청하게도 불현듯 어떤 학교에 관한 이런 글을 읽고 있었습니다. 즉 교수들은 얼간이고 파티는 시체 해부만큼이나 재미없으며, 남학생 클럽들에는 정신병자들이 들끓고, 비몽사몽간의 초등생도 화학 과목 시험을 통과할 수 있다는 글이었습니다. 물론 저는 이 가이드북들에서 다양성은 찾지 못했습니다. 이 책들은 어쨌든 '상위의 학교들'을 다룬다고 주장하니까요. 상위의 학교들이라면 우수한 어떤 특징들을 공유하는 게 당연할 것입니다. 비록 위에서 373번째 학교에 이르게 되면 그 우수성이라는 말의 근거가 박약해지기 시작하지만 말입니다. 설문지에 답할 학생을 고를 때 학교 당국이 기숙사에서 약을 하고 의식을 잃은 학생에게 솔직한 의견을 물을 리 만무입니다. 설문지는 응답하겠다고 자원한 젊은이들이 작성합니다. 매우 낙관적인 젊은이군을 낳을 게 확실한 자기 선택의 원리지요.

한번은 테드 피스크에게 그런 글들의 낙관적인 분위기에 대해, 리뷰들의 그 지루한 일관성에 대해 질문을 한 적이 있습니다. 다른 학교보다 나은 학교를 고르길 원하는 부모나 학생에게 그건 별로 도움이 되지 않는 듯했습니다. 조금 읽다 보면 모든 리뷰가 거의 다 똑같다는 제 말에 그는 손을 휘저으며 다음과 같이 말했습니다.

"사람들이 제게 그럽니다. '당신네 책은 너무 좋은 말만 있어요!'라고요. 네, 좋아요. 하지만 한번 보세요. 대부분의 학생들은 자기들이 다니는 학교를 좋아해요. 그러니까 거기 다니는 거죠. 누군가 가혹하게 부정적인 설문지를 보내온다면, 글쎄요, 저는 불만을 품은 학생들을 보면 알아요. 그런 응답을 제가 왜 책에 포함시키겠어요? 저는 좋은 정보를 원합니다. 학교들에게 설문에 응답할 학생들을 뽑도록 하죠. 그러면 저는 부정적이고 그릇된 정보로부터 보호를 받죠. 불만을 품은 아이들에게서 받는 그런 서 말고요."

가이드북 출판은 영리 사업입니다. 그들에게는 만족시켜줘야 할 소비자가 있습니다. 학생들과 학부모들은 대개 안심할 수 있는 말을 듣기 위해 그런 책들을 찾는다는 게 제 생각입니다. 그들이 꿈꾸는 학교가 상상하던 것만 못하다는 글을 읽으면 안 좋은 기분이 되어 돌아설 것입니다. 이 가이드북들은 어떤 하나의 학교를 넘어서 바로 대학이란 어떤 곳이어야 한다는 중상층의 사람들의 생각을 선전하고 있는 것입니다. 숲이 울창한 캠퍼스에 둘러싸인 생활, 고된 공부와 병행되는, 시끌벅적하지만 대개는 건전한 파티, 밤샘 공부와 기숙사의 동지애와 심야의 음식 조달 등 말입니다. 최소한 이 가이드북들은 밥 모스와 그의 주관성 혐오에 대한 제 존경심을 굳혀주었습니다.

그것은 내부자들에 대한 제 회의감을 강화시키기도 했습니다. '내부자 정보'라는 게 도무지 무슨 소용인지 신뢰할 만한 것인지 의아스러웠습니다. 며칠 동안 가이드북들을 몇 번 여기저기 들춰보고 난 저는 우리 아들에게 그 책들을 들이밀기를 그만두었습니다. 원서 마감일이 가까워지자 아들아이가 그것들을 들춰보는 게 눈에 띄기는 했지만, 이윽고 그것들은 식당의 한쪽 구석 바닥에 놓이기에 이르렀습니다. 발에 걸리지 않지만 약간 삐딱하게 쌓인 그 책들은, 아들아이가 대학교로 떠나고, 아내가 그것으로 인한 어수선함을 참지 못할 때까지, 그곳에 그대로 아무도 손대지 않은 채로 놓여 있었습니다. 그중 2권은 제가 쓰레기통에 버릴 때 책장들이 떨어져나가더군요.

대학 가이드북들을 포기했을 때쯤 제 친구 롭과 이야기를 나누게 되었습니다. 그와 그의 아내는 인쇄물에서 완전히 해방되어 있었습니다. 그들 부부도 우리 부부처럼 대입에 대해 자습하고 있었으며, 그들의 아들 역시 우리 아이처럼 '나 몰라라' 하고 있는 상황이었습니다. 그들은 전적으로 사이버공간을 통해서만 조사와 연구를 하고 있었습니다. 결과적으로 그들에게는 저를 짜증나게 하는 버릇들이 들어 있더군요. 그건 유행이나 기술에서 앞서가는 사람들이, 좋게 말하자면 그렇지 않은 사람들에게 흔히 보이는 그런 것이었습니다. 즉, 제가 '칼리지 컨피덴셜'이란 걸 들어보지 못했다고 하니까 롭이 과장되게 경악하며 이렇게 말했습니다.

"우아, 좋은 정보가 얼마나 많은데. 자네가 아직도 그걸 본 적이 없다니 믿을 수가 없군."

그 후 칼리지 컨피덴셜의 존재를 의식하게 된 저는 만나는 부모들이 모두 칼리지 컨피덴셜에 중독되어 있거나 분노하고 있는 것처럼 보이더군요. 신문 기사들은 그것을 웹에서 아니 말이 나왔으니, 전체에서 대입에 관한 가장 크고 인기 있는 정보원으로 명명했습니다. 그것은 실제로 상상할 수 없을 정도로 방대합니다. 게시판에는 수천수만의 글이 올라 있는데 주제별, 학교별로 분류되어 있으며, 강력한 검색 엔진은 원하는 정보를 쉽게 찾도록 해줍니다. 대학교수, 고등학교 교사, 대학생, 졸업생, 간혹 대입 카운슬러마저 모두 게시판에 참여합니다. 그러나 이 사이트는 거의 전적으로, 가슴 조이는 부모들과 그들의 불안해하는 자녀들에 의해 사용됩니다. 그들은 위안과 유대, 조언, 그리고 늘 더 많은 조언을 얻으려는 것입니다.

칼리지 컨피덴셜은 대학 진학에 대해 초조해하는 끔찍한 상황이 인터넷에 대한 집착과 만날 때 생겨납니다. 그것은 빈속에 술을 마시는 경우와 같은 위험한 조합입니다. proscenium의 정의든 파이의 소수점 아래 일곱째 자리까지의 값을 알려고 하든, 기억하기 어려운 정보를 찾으려고 웹에 의지하는 습관이 생긴 우리는 이제 엄밀히 정보라고 볼 수 없는 것들마저도 웹에서 찾으려고 합니다. 가령, 조언이나 충고 같은 게 그런 것이지요. 웹으로 달려갈 때 우리는 대개 그 차이를 망각합니다. 제게 있어서 칼리지 컨피덴셜의 문제는 TMIToo Much Information가 아니라 너무 많은 조언, TMAToo much advice였습니다.

포르노와 주식의 당일치기 매매 등과 같은 영역에서와 마찬가지로 인터넷은 문제를 초래했을 뿐 아니라 그것을 익화시켰습니다. 아들아이를 대학에 보내려는 것과 무관하게 전에도 TMA 때문에 당혹스러웠던 적이 있었습니다. 저는 출장을 갈 때 쥐가 없는 호텔이나 믿을 만한 음식점을 추천받기 위해 인터넷에 접속하곤 했습니다. 5~6개의 웹사이트는 도움을 주기 위해 항상 대기하고 있죠. 제각기 익명의 조언자들이 올리는 조언을 여러 페이지에 제공합니다. 그것들 중에서 해당 지역의 큰 호텔 체인점은 싼 가격에 상냥한 서비스, 뛰어난 입지적 조건을 갖췄다는 것을 알게 되었습니다. 그런데 어떤 포스트는 그 호텔에 대해서 인간 족제비 같은 직원들이 있는 아주 기분 나쁜 곳이며, 막혀서 넘쳐

흐르는 화장실과 출처를 알 수 없는 이상한 냄새 때문에 vox12popula와 iwantmyrum의 신혼여행을 망쳐놓았다면서 그들이 찾을 수 있는 모든 웹사이트를 찾아 욕을 하는 것으로 복수를 하고 있었습니다.

"내 일생 최악의 경험!"이라고 GoatHerd라는 아이디의 사람이 말하는가 하면 "부티크 같은 느낌의 조용한 곳, 진정 매력적인 곳"이라는 lovesavage21라는 사람도 있었습니다. 또 어떤 사람은 찬반 의견이 반반이었습니다. "형편없지는 않지만 그 가격이면 더 좋은 데를 구할 수 있을 것이다"라고 HiroshimaMonAmour라는 사람은 말했습니다. 물론 저는 어떤 조언을 따라야 할지 알 수 없었지요. 그런 댓글들을 보면서 GoatHerd와 lovesavage21 중 누가 더 괴상한 사람인지 알 수 있는 단서를 찾으려 했습니다. 하지만 그런 단서는 없었습니다. 상황은 그런 의문을 가지기 전보다 나아지지 않았습니다. 어쩌면 오히려 악화되었죠.

인터넷 이상향주의자들은 칼리지 컨피덴셜과 같은 게시판을 "공동체"라고 부르기 좋아합니다. 아늑한 기분을 주거든요. 또는 "첨단 강당"이라고도 부릅니다. 그게 무엇인가 하면, 소득 수준과 배경을 초월해서 사회 각계각층의 사람들이 보복의 두려움이 없이 완전히 개방적인 마음으로 공공장소를 형성해, 자기들처럼 절박한 사람들에게 그릇된 정보과 소문, 터무니없는 추측을 유포하는 곳입니다. 이상향주의자들이 예측했듯 문화적 위계는 실로 전복됩니다. 가령 모르는 사람들보다 아는 사람들을 우대하는, 전제적이고 숨 막히게 하는 하향 구도 말입니다.

물론 칼리지 컨피덴셜 공동체의 회원들은 실명보다는 별명을 사용하는 인터넷 관례를 따릅니다. 저는 아마 미국에서 이 관습에 적응하지 못한 마지막 사람일 겁니다. 나무랄 데 없는 전문 지식을 가진, 수 많은 영리한 사람들이 끊임없이 인터넷에 지혜로운 정보를 게재한다 는 것은 저도 압니다. 하지만 왜 그들은 자신들에게 rodthebod[그사 람로드]랄지 puppywuppy[귀여운강아지] 같은 별명을 붙이는 것이죠? boogerman[코딱지인간(만화 주인공)]이라는 이름을 내건 사람의 의견을 얼미니 진지하게 받아늘여야 하는 걸까요? 칼리지 컨피덴셜에서 보 이는 이름들은 스스로를 과장하는 경향이 있습니다. proudmama[자 랑스러워하는 엄마], Harvard2400(2400은 물론 SAT 만점 점수), superstar, epiphany[직관] 등이 그렇습니다. 익명성은 예의 바르게 의견을 교환하 는 습관에서뿐 아니라 연속적인 사고를 표현해야 한다는 의무감에서 그들을 해방시켜주는 것입니다. 칼리지 컨피덴셜에서 그들을 당면한 주제에 머물게 하는 것은 불가능합니다. 그들의 강박적인 생각들이 끼 어드는 것이죠. 그것들이 제각기 꼬리를 뭅니다.

미국 고등학교에서 점점 인기를 끄는 교육과정인 '인터내셔널 배컬 로리어트The International Baccalaureate'°프로그램에 관한 질문이 여러 의견을 불러일으키고 나면 그다음에는 다른 회원이 차별 철폐 조처에 대해 분 평을 늘어놓는 식입니다. 한 겁먹은 아이가 입학처에서 과외활동을 어 떻게 평가하느냐고 물으면 두어 개 댓글이 따라붙고 난 후 한 회원이 차별 철폐에 대해 불평을 합니다. 한 부모가 원서를 조기 접수시킨다는 생각을 내놓으면 다른 부모들이 그에 따른 의견을 몇 가지 보탭니다.

° 제네바에 본부를 두고 국제적으로 3세에서 19세를 대상으로 4개의 교육과정을 실시하는 비영리 교육 재단.

그런 다음에는 한 회원이 차별 철폐 조처에 대해 불평합니다. 칼리지 컨피덴셜의 대화 포럼은 배수구 주변을 도는 물과 같습니다. 어떤 방향에서 흘러들어오든 그것은 항상 같은 곳을 향하는 것이죠.

하지만 차별 철폐 조처조차 칼리지 컨피덴셜의 질문자와 조언자들을 그야말로 열중하게 만드는 문제의 부분집합입니다. 그 문제는 즉, 우리가 어떻게 하면 원하는 대학에 들어갈 수 있는지 누군가 좀 알려주시겠어요? 라는 것입니다. 그것을 한참 들여다보고 있으면 대답은 분명해집니다. 즉, 아무도 그걸 모르기 때문에 아무도 알려줄 수 없다는 것이며, 또 아무도 알지 못한다는 것을 아무도 인정하려 들지 않는다는 것입니다. 메시지 가닥 중에는 포스트의 수가 500개가 넘게 이어지는 것도 있어서 일일이 가려내어 보기는 불가능합니다. 너무 시간이 많이 걸리기도 하고 또 너무 지루하기도 하니까요. 사정이 그렇지만 간혹 어쩌다가 누군가 그럴 법하고 유익한 말을 하기도 합니다. 그러면 끊임없는 모순의 법칙이 말에 이어 강철 같은 의지력을 행사하지요.

예를 들어보겠습니다. 어느 날 저녁 저는 누군가와 대입 추천서를 받기 위해 학교 선생님에게 접근하는 방법에 대해 토론합니다. 저는 캣 코헨에게서 들은 조언을 그대로 말합니다. 그가 말합니다.

"아부하기에는 좀 늦었죠."

"아부에 너무 늦었다는 법은 없어요."

제가 그렇게 말합니다. 그리고 그에게 또 말하기를, 문제는 '언제' 아부하느냐가 아니라 '어떻게'라는 것이죠. 선생들 여럿에게 동시에 접근하나요? 양식을 직접 작성하시나요? 선생들이 길잡이로 쓸 수 있는 각종 재예才藝와 관심사, 일반적인 훌륭한 점을 써서 커닝 페이퍼로 쓰라고 주나요? 그도 모르고 저도 모르며, 그 가이드북들도 도움이 안 됩니다.

결국 칼리지 컨피덴셜 초년생인 저는 그 웹사이트에 가입합니다. 그리고 몇 초 만에 '추천장' 가닥을 찾습니다. 그리고는 다른 가닥, 또 다른 가닥이 나옵니다.

인격 유형이란 유형은 여기에 다 있습니다. 칼리지 컨피덴셜은 픽셀로 전개되는 인생극장입니다. 자신만만한 고교 운동선수와 겁쟁이, 두뇌파와 멍청이, 아는 체하는 사람과— 음, 칼리지 컨피덴셜에는 모두 아는 체하는 사람뿐이죠. 익명성은 역시 도움이 되지 않습니다. 그것은 허세만 부추길 뿐이지요. Fast27은 추천장에 관한 문의에 최초로 답한 사람입니다. 그의 대답은 방법론적인 전문 지식의 분위기를 풍기는 것이 로마 교황의 칙서처럼 인상적입니다. Fast27은 대학 캠퍼스에 몇 번 갔던 사람임이 분명합니다. "반드시 대학교 목록과 마감일, 원서 종류, 체크리스트, 이력서, 소개 편지, 양식(기입할 수 있는 것을 모두 미리 기입할 것), 봉투들(우표와 주소를 완비하도록)을 파일에 넣어 [댁의 선생님에게] 가져다주세요." 그리고 한 가지가 더 있습니다. 파일과 힘께 감사의 표시로 선물을 잊지 말라는 것입니다.

Northstarmom이 콧방귀를 뀌며 끼어듭니다. "감사의 선물을 줄 필요는 없지요." 그녀는 선생이 추천서를 쓰는 데 참고할 이력서를 제출하는 것조차 반대하는 입장입니다. 996GT2가 동의합니다. "이력서는 지나친 허세입니다." 몇 차례 클릭을 하고 보니 student615가 선생에게 반드시 이력서를 제출해야 한다고 엄숙하게 선언합니다. Cs08carolina는 개인적인 경험에 따른 증언을 합니다. 즉 그녀는 선생에게 이력서를 제출했으며, 그렇기 때문에 더 좋은 추천을 받았다고 합니다. 아니에요,

하고 kruschevtm은 말합니다. 이력서는 선생에게 제출하는 다른 자료에 통합되어야지 개별적인 서류로 포함되어서는 안 돼요…….

그때까지 알려져 있지 않던 Imathriver가 불쑥 튀어나오더니 꼴사납고 무익하게 "선생 둘이 내게 훌륭한 추천서를 써줬어요"라며 나머지 사람들 모두에게 알립니다. 그러니까 a2npersu2n이라는 누군가 이 까닭 없는 자랑을 모욕으로 받아들이고는 "이봐. 나는 굉장한 추천서들을 받았어, 정말이야"라고 합니다.

Plattsburghloser는 대화를 다시 본궤도로 돌리려고 합니다. 그녀는 선생에게 실제로 선물을 주었는데, 만일 그러지 않았으면 어떻게 되었을지 상상할 수 없다고 합니다. 최상의 추천서였어요! Pearlygate는 선물은 얄팍하게 위장된 뇌물일 뿐이라며 혐오감을 표시합니다. 마음이 상한 plattsburghloser는 이렇게 대답합니다. "내가 선생님에게 새 포르셰 자동차를 사준 것도 아니잖아." 이것을 끝으로 그녀는 더 이상 말하지 않습니다. 조용히 살짝 어디론가 빠져나간 것이죠. 그러더니 a2npersu2n과 Imathriver가 다시 등장합니다. 그들은 여전히 누구의 추천장이 더 근사했는지 말다툼하고 있습니다. 그들은 화난 이모티콘을 서로에게 마구 날립니다. 그러자 arabrab가 미치지 않고서야 어찌 추천서를 써줄 선생에게 이력서를 주지 않을 수 있냐고 말합니다. 하지만 이때는 이미 우리들 대부분이 이야기의 가닥을 놓친 다음입니다.

그렇게 1시간이 흘러갔습니다. 제 인생의 1시간이 영원히 흘러갔습니다. 영원히 되찾을 수 없는 1시간이 말입니다. 저는 아들아이에게 제가 알아낸 것을, 아니 알아내지 못한 것을 말해줍니다. 아들은 놀라워하는 것 같지 않습니다.

이윽고 추천서를 써달라고 선생님에게 부탁할 때가 되자 우리 아들은 선생님에게 찾아가 추천서를 쓰기 위해 이력서나 커닝 페이퍼나 추천서 초안이나 뭐 그런 게 필요하냐고 물어봅니다. 선생님은 무엇이 필요한지 아들아이에게 말해줍니다. 칼리지 컨피덴셜에 그렇게 많은 시간을 들이고 난 뒤라 그런지 그 간단한 방법은 예스럽게 여겨집니다. 다이얼을 돌리는 전화기처럼 번 옛날 말입니다. 물어보세요! 대답을 들으세요!

조언은 모든 사람에게서 모든 것에 대한 조언을 구할 수 없을 때에만 유익합니다.

5장 시험을 치르다

햇빛이 시시각각 변하고 새들이 합창하는, 바람이 솔솔 부는 어느 화창한 날 아침이었습니다. 그래서 저는 SAT를 봄으로써 그날을 망치기로 작정했습니다. 물론 칼리지 컨피덴셜에 SAT에 관한 충고의 말이 수도 없이 올라와 있었습니다. 언제 그 시험을 봐야 하고 시험 준비는 어떻게 해야 하며, 문제지의 질문들을 만드는 얼간이들보다 한 수 앞서려면 어떻게 하는지 등에 관한 내부자 조언들이지요. 시험을 보는 4월이 되기 전에 우리 아들은 오랜 역사의 스탠리 H. 캐플런 시험 준비 학원('셰어'나 '슈렉'처럼 '캐플런'이라는 명칭으로 알려져 있죠)에 등록할 것을 고려했습니다. 하여 저는 이 토픽에 관한 가닥을 찾으려고, 왜 그러는지도 모르게 칼리지 컨피덴셜에 들어갔으며, 그것을 찾고는 놀라워하지도 않았습니다.

Voodoo santa가 "SAT 준비 코스는 독학하느니만 못하다"라고 하니까 godfatherbob이 그에 동의했습니다. Legend.dracula가 "캐플런은 형편없다"라고 하면서, 그것 말고 PR, 즉 프린스턴 리뷰 시험 준비에 돈을 쓰라고 했습니다. Baelor가 말했습니다. "캐플런은 아주 좋아요.

PR은 정말 그보다 안 좋아요." karianasgun이 말했습니다. "캐플런은 하지 말아요. PR도 하지 말아요."

아들아이는 캐플런에 등록하기로 했습니다. 친구가 거기 다닌다는 게 그 이유였습니다.

저는 어느 정도 부모로서의 동료 의식이 발동해 그 시험을 직접 치러 보고 싶은 마음이 들었습니다. 동이 트고 나서 1시간 반쯤 뒤에 인근 고등학교의 문 앞에 몰려 있는 수많은 10대들 틈에 아들을 내려주었습니다. 그들은 거기서 거대한 유리문이 열리기를 기다리고 있었습니다. 문이 열리면 분홍색과 파란색의 엉성한 폴리프로필렌으로 만든 책걸상에 앉겠지요. 그런 다음 시험문제집을 펴고, 뾰족하게 깎은 HB 연필을 꼭 쥐고 SAT를 보는 겁니다. 각자 선택하는 답에 동그라미를 조심스럽게, 시커멓게, 완전히 채우는 것이죠. 답안지의 다른 부분에 자국이 생겨서는 안 됩니다. 일단 답한 것을 지울 때는 말끔하게 지워야 합니다. 완전히 지우지 않으면 그게 답인 것으로 간주되니까요. 한 과목 종료 시간이 되기 전에 끝마치면 그 섹션에 대한 것만 점검해볼 수 있습니다. 다른 섹션으로 넘어가지 못하니까요.

이게 바로 그들의 인생 항로가 결정되는 방식입니다.

적어도 그들 중 많은 수는 자신들이 그런 결정 과정에 있다고 믿었습니다. 제 아들도 그중 하나였을 겁니다. 저는 그들에게, 아들아이에게 연민을 느꼈습니다. 문 앞에서 기다리는 그 아이들은 모두 좀 어찌할 바를 몰라 하는 것처럼 보였습니다. 이른 아침의 졸린 상태와 코앞에 닥친 시험의 중요성이 결합해서 안개처럼 그들의 주변을 감싼 듯했습니다. 그들이 방향감각을 잃은 것처럼 보인 진짜 이유는 학교 건물 안으로 휴대폰을 가지고 들어갈 수 없기 때문이었음을 저는 나중에야 알게 되었습니다. 아무도 고등학교에 진학한 뒤로 4시간 동안이나 문자 한 번 보내지 않고 지낸 적이 없었던 것입니다.

집에 돌아와서 저는 커피 한 잔을 탄 다음 연필을 한 통 깎았습니다. 물론 HB 연필이었죠. 책꽂이에서 두꺼운 연습 문제집을 꺼내 뒷마당 베란다의 테이블 앞 햇빛 속에 앉았습니다. 연습 문제집은 아들에게서 받은 것이었죠. 그 아이는 그것을 캐플런에서 받았고요. 캐플런은 모든 학생들에게 과거의 실제 SAT 문제들을 모은 두꺼운 책을 주고 연습하도록 했습니다. 그 책은 SAT를 둘러싼 탐욕스런 산업의 산물이었습니다. 그것은 우리 아들아이의 마음을 흔들었으며, 아직도 제 마음을 흔들어놓는 영향력을 행사한 그 걱정으로부터 자양분을 공급받는 산업입니다. 연습 문제집의 하단에 길게 씌어 있는 지시를 볼 때 뒤틀린 뱃속은 그 영향력을 입증해주었습니다. **"시험 감독관의 말이 떨어지기 전에는 절대로 이 책을 열지 마십시오"**라는 게 그 지시였습니다.

제 친구들 대부분은 자기들의 SAT 점수를 기억합니다. 나이가 아주 많은 친구들도 그렇답니다. 저는 그것을 기억하지 못할뿐더러 그럴 필요도 없었습니다. 제가 그 시험을 치른 날의 기억은 아주 선명합니다. 화창한 봄날 아침의 교실, 토요일에 학교에 있다는 그 이상한 기분을 기억합니다. 열려 있는 창가의 책걸상을 기억합니다. 또한 잔디 깎는 기계가 웅웅거리는 소리와 함께 창문 가까이 지나가며 남긴 잔디 조각을 공중으로 띄우던 향기로운 산들바람을 기억합니다. 그것은 서사적 규모의 맹렬한 알레르기를 유발했습니다. 눈이 퉁퉁 부어올랐죠. 점막의 경련과 콧속 깊숙한 곳의 간질간질한 느낌 때문에 집중한다는 것이 불가능했습니다. 저는 어쩔 수 없이 엄습하는 공포감을 느끼지 않을 수 없었습니다. 코를 훌쩍거리고 신음하면서 제 인생과 대학에 대한 희망이 멀어져가는 것을 지켜보았습니다. 어쨌든 그때는 그렇게 생각했지요. 저는 그때 시험을 망쳤다는 것은 압니다만, 그보다 더 자세한 것은 기억하기를 거부합니다.

제가 눈앞에 펼쳐놓은 책은 찜찜하게도 낯익었습니다. 초등생 때 약한 아이들을 괴롭히던 아이를 30년 만에 처음으로 마주치면 아마 그런 느낌일 겁니다. 거친 신문 용지에 인쇄되어 있는 답안지도 똑같았습니다. 여전히 작은 타원형들이 줄지어 군사적 대형으로 인쇄되어 제가 그른 답으로 채우기를 기다리고 있었습니다. 바뀐 것들도 있기는 했습니다. 가장 극적으로 바뀐 것은 앞부분, 두 번째 페이지였습니다. 제 때만 해도 여러 수학 문제 섹션들과 독해 능력, 어휘, 문법 등을 다루는 섹션들이 교차해서 나왔거든요. 수학 문제에서 영어, 영어에서 다시 수학 문제가 있는 섹션으로 넘어가는 식이었습니다. 그런데 지금의 SAT는 에세이로 시작합니다. 수험생은 줄이 쳐진 종이 2장을 받습니다. 거기에 명확하고 매력적인 글을 써야 하는데, 주어진 시간은 25분입니다. 지시 사항은 제가 오랫동안 기억하는 그 사무적인 어조였습니다. 별로 친절하지 않은 어른이 아이들에게 친절하게 굴려고 할 때 간간이 성공하기도 하지만 마침내, 젠장, 하고는 짜증을 내며 언성을 높이는 그런 어조 말입니다. "여러분의 에세이는 답안지에 제공된 줄 위에 써야 합니다. 그 외에 다른 종이는 주어지지 않을 것입니다." 알아들었니? "필기체로 쓰든 인쇄체로 쓰든 알아볼 수 있게 쓰십시오." 제발 명심해, 평소처럼 지저분하게 쓰지 말라고. "줄을 건너뛰지 말고 모두 채우십시오. 양쪽 여백을 많이 띄지 않고 글씨를 적당한 크기로 유지하면 줄이 모자라지 않을 것입니다." 적당한 크기. 그건 너무 크게 쓰지 말라는 거야. 알았어?

그러다가 불쑥 그 SAT의 음성이 굵은 글씨로 시작해서 격렬해졌습니다. "**중요한 주의 사항**: 주어진 주제와 무관한 에세이는 영점을 받을 것입니다……." 영점이라고? "잉크로 쓴 에세이는 영점을 받을 것입니다." 또 영점? "**주어진 것과 다른 주제로 쓰지 마십시오. 주어진 주제와 무관한 에세이는 영점을 받을 것입니다.** 그럼 이제 시험 잘 보고 즐거운 하루가 되기 바랍니다."

저는 요리할 때 쓰는 타이머를 25분에 맞춘 다음 페이지를 넘기고 에세이 질문을 보았습니다. "아래의 인용문에 제시된 논점에 대해 잘 생각해보시오." 인용문은 퍼트리셔 모이즈라는 작가가 쓴 글에서 취한 것이었습니다. "큰 사건들을 발생하게 하는 사소한 원인들을 생각해보십시오." 그녀는 또한 그 인용문 속에서 가령 무심코 한 말이 어떻게 '엄청난 절정'에 이르게 하는 원인이 될 수 있는지 생각해보라고 했습니다.

"과제: 작은 사건들이 재난의 원인이 되는가, 아니면 다른 원인들에 의해 큰 사건들이 촉발되는가? 이 문제에 관한 여러분의 관점을 전개하는 에세이를 구상해 쓰십시오."

오랜 세월 정치적 미사여구를 들어온 까닭에 저는 이처럼 '이것 아니면 저것'이라는 양자택일의 질문을 요지부동으로 경멸하게 되었습니다. 옳은 대답은 대개 양쪽 모두입니다. 아니면, 그와 마찬가지로 양쪽 다 아닐 수도 있지요. ("친구여, 미국은 현실을 회피할 것입니까, 아니면 자신감을 가지고 현명하게 훌쩍 앞으로 나아가 우리에게 가해지는 도전에 맞설 것입니까?")

그렇다, 하고 저는 생각했습니다. 어떤 경우에는 작은 일들로 인해 재난이 발생한다. 또 어떤 경우에는 작은 사건들은 작은 사건으로 머물다가 사그라져버린다. 그럴 경우에 큰 사건이 발생한다면 그것은 큰 원인에 의해 촉발되는 것이다. 왜냐하면 작은 사건은 이미 사그라져버렸기 때문이다. 그래서 뭐 어쨌다는 것이지? 무슨 에세이 문제가 이 모양이지?

째깍째깍 타이머 소리가 들렸습니다. 테이블 위에 가지런히 뗏목처럼 놓아둔 HB 연필 너덧 자루 중 하나를 집어 연질의 신문 용지에 심을 대고 기울였습니다. "인과 관계는 관점에 따라 임의적인 것으로 보일 수 있다……." 그렇게 째깍째깍 타이머 소리의 박자에 맞춰 저는 쓰기 시작했습니다. 다행히도 근래 잠들기 전에 제1차 세계대전에 관한 역사책을 읽은 적이 있었습니다. 사소한 원인(근친으로 태어난 오스트리아 대공의 암살)에 의해 촉발된 재난(세계적 규모의 대학살)이 있었다면 그것은 제1차 세계대전이었습니다. 예기치 않게 영감이 막 떠올랐습니다. 손에 통증을 느낄 정도였어요. 25분 동안 쉬지 않고 손으로 글을 쓴 것은 아주 오랜만의 일이었습니다. 저는 질문으로 결론을 썼습니다. 이것으로 이 주제의 애매모호함을 정확히 포착했을뿐더러 제 생각을 통쾌하게 요약했다고 생각했습니다. "떡갈나무는 아주 작은 도토리에서 생겨난다. 하지만 도토리는 어디서 생겨나는가?"라는 게 그 결론이었습니다.

저는 흡족한 마음으로 자리에서 일어나 새로 뽑은 커피로 제 자신에게 상을 주기로 했습니다. 10분 뒤 커피머신이 칙칙 부글부글 소리를 냈고, 신선한 커피가 커피포트로 흘러들어갔습니다. 그때 아직 3시간의 시험이 남아 있다는 게 생각났습니다. 어른과 고등학생의 생활이 다름을 보여주는 또 한 가지 측면이었지요. 어른에게는 농땡이를 부리지 말라고 말해주는 시험 감독관이 없는 것입니다.

저는 부지런히 테이블로 되돌아갔습니다. 시험을 치러야 할 섹션이 9개나 더 남아 있었습니다. 각 섹션당 10분 내지 25분이 주어졌습니다. 저는 다시 타이머를 맞췄습니다. 다음은 수학 시험이었는데, 제가 특별히 좋아하는 과목은 아니었습니다. 긴 나눗셈이나 긴 곱셈을 할 줄 아는 제 자신의 능력을 믿었거든요. 그 장의 상단에 계산기 사용이 허용된다는 정보를 보고 그 믿음은 강화되었습니다. 이것은 옛날에 비하면 분명한 발전이었습니다. 제가 학교 다닐 때만 해도 계산기는 심장에 전기 충격을 가할 때 쓰는 기구만 한 크기였으며 또 그만큼 비싸기도 했습니다. 저는 아들아이의 방에서 계산기를 가져왔지만 문제를 풀려고 들여다보니, 제가 식별할 수 있는 한은 아무것도 긴 나눗셈이나 긴 곱셈을 필요로 하지 않았습니다. 나머지 문제를 모두 들춰 보았습니다. 모든 페이지가 x와 y로 이루어진 이상한 조합으로 뒤덮여 있었습니다. 그것들이 방정식으로 뭉쳐져 있고 괄호에 쌓여 있었으며 사선 밑에 웅크리고 있거나 삼각형 꼭짓점 주변에 도사리고 있었습니다. 그 모든 게 선 위에 정렬하여 물음표를 향해 곧장 행진하며 "뭐해?"라고 말하는 것 같았습니다.

그게 쐐기문자라고 해도 그런가 보다 했을 겁니다. 제가 그렇게 많은 것을 잊어버렸는지 몰랐습니다. 그런 생각을 하다 보니, 애초에 내가 알기는 얼마나 많이 알고 있었던가, 하는 생각이 들더군요. "주의: 모든 숫자는 실수입니다." 지시 사항이 알렸습니다. 저는 골똘히 생각했습니다. "실수"가 수학 용어—책상물림의 용어—라는 것은 알고 있었습니다. 숫자는 모두 실재하지 않나? 그럼 실재하지 않는 숫자는 뭐지? 실재하든 안 하든 저는 숫자를 다루는 데는 언제나 자신이 없었습니다만—지난 30년간 수표책의 수입과 지출을 맞추지 못한 행적이 그 사실을 입증해주지요— 제 기능은 고등학교 3학년 때보다 더 퇴보했습니다. 수량화할 수 있는 문제에 주의를 기울인 것은 고등학교 3학년 때가 마지막이었지요. 그때부터 지금까지 저는 전적으로 언어를 다뤘으며, 정수, 약수, 몫, 소수 등과 같은 숫자랄지 이 시험지에서 저를 응시하고 있는 수수께끼들 중 그 어느 것과도 관계하지 않고서도 생계를 잘 꾸렸습니다. 결과적으로 제 두뇌의 모든 기능이 벽돌처럼 굳어 있었던 거죠. 그것이 물리적으로도 느껴졌습니다. 커다랗고 빽빽한 비활성 물질이 두개강 가운데 자리 잡고 있다는 것이.

"7x와 y를 더한 결과의 제곱은 y에서 4x의 제곱근을 뺀 결과와 같다. 다음 중 어떤 것이 이 문장에 대한 방정식인가?"

저는 선다형 답들을 보고 골똘히 생각하고, 또 계속 생각했습니다. 전혀 알 수 없었습니다. 마치 콘크리트를 녹이려는 것과 같았습니다. 안간힘을 썼지만 꿈쩍도 하지 않았습니다. 말로 이루어진 제 상상은 변비에 대한 비유적 표현들로 들어찼습니다. 제가 읽은 모든 책자들은 추측밖에 할 수 없는 질문에 시간을 허비하지 말 것을 강조했습니다. 틀린 답은 그만큼 총점에서 깎인다는 것이지요. 그러니 정답을 맞힐 가능성이 있는 문제로 바로 넘어가야 한다는 것입니다. 그런 다음에 시간이 허락하면 건너뛴 문제로 돌아가라는 것이지요. 타당한 방법입니다. 그런데 저는 그렇게 하고 보니 시간이 아주 많이 남더군요. 전체 문제 20개를 거치는 데 10분이 걸렸으니 말입니다. 14개는 답을 못했거든요. 그 섹션 끝에 눈에 익은 경고문이 있었습니다. **"마치는 시간이 되기 전에 문제를 다 풀면 현재 섹션만 재검토할 수 있습니다. 이 시험의 다른 섹션으로 넘어가지 마십시오."** 제게는 아직 15분이 남아 있었습니다. 그래서 저는 부상자들을 잠재울 수 있기 바라며 뒤로 돌아갔습니다.

"x와 y가 양수고, 7x/y = 3이라면, 다음 방정식 중에서 참이 아닌 것은?"

이건 건너뛰고.

"7x와 y를 더한 결과의 제곱은⋯⋯."

이윽고 타이머가 시간이 다 되었음을 알렸습니다. 저는 조용히 손에 괴고 있던 머리를 들었습니다. 그리고 다시 시간 제약을 어기고 있다는 것을 반항적으로 의식하며 아침 먹은 그릇 설거지를 하려고 일어섰습니다. 그런 다음 테이블로 돌아와서 다음 두 섹션이 과거에는 '언어' 파트라고 불리던 것이라는 사실을 위안으로 삼았습니다. 그게 지금은 '비판적 독해'라고 불리지요. 많은 부분은 간단한 어휘 문제였습니다. 나머지는 지문을 읽고 그에 대한 질문에 답하는 것이지요. 그다지 어렵지는 않은 것 같았지만 따분한 글들이었습니다. 제게 이 시험을 잘 봐야겠다는 막연한 열망이 있었음에도 불구하고 그 길고 균일화된 산문 구절들은 제 흥미를 붙들어놓지 못했습니다. 오직 한 지문(패트릭 헨리에 관한 간략한 전기)만이 수험생의 두뇌 속에서 바르르 떨리는 덩굴손 같은 세포에 걸릴 만한 확실한 정보를 담고 있었습니다. 나머지는 힘없는 개인적 견해들이었습니다. 가령 서로 경쟁하는 두 구절이 있었는데, 과학의 발견을 너무 곧이곧대로 받아들이는 것은 아닌가 하는 것을 놓고

벌이는 토론이었습니다. 어떤 판정이 날까요? 소리 높여 '그렇다, 그럴지도 모른다'라는 것입니다. 그럴 때도 있습니다만, 그렇지 않을 때도 있는 것이지요.

사실 이 시험에서 언어에 관한 부분들은 모두 생기가 없었습니다. 조금 있자니 긴장보다는 발작성 수면이 더 실력 발휘에 위협이 되었습니다.

한 섹션, 한 섹션, 힘들여 나아가며, 저는 이 지루한 시험이, 이 수북이 쌓인 지루함의 덩어리가, 역설적이게도 대입의 세계에서 가장 격렬하게 논란을 일으키는 요소라는 것을 상기해야 했습니다. 이렇게 따분한 것이 그렇게 폭죽 같은 영향을 미친다는 사실이 저로서는 잘 믿기지 않았습니다. 그것은 마치 베트 미들러°를 놓고 트로이 전쟁을 벌이는 것과 같다고나 할까요.

그 악의 없어 보이는 에세이 논제는 좋은 예입니다. 2005년 에세이는 영구적으로 SAT의 일부분이 되었습니다. 그렇기 때문에 원래는 좀 더 잘 알려진 1,600점 만점에서 2,400점 만점이 된 것이지요. 에세이를 포함시키기로 한 결정은 곧바로 격렬한 논쟁과 사후 비판의 대상이 되었습니다. 에세이와 같이 주관적인 것을 어떻게 표준화할 수 있을까요? 과학적인 객관성을 갖춘 시험이라면서 그 객관성이 위태로워지지 않을까요? 정확하게 채점될 수 있을까요? 특히 하나(완전히 주제에서 벗어나거나 지식이 별로 없는 등급)에서 여섯(명쾌하고 설득력 있는 글)에 이르는 엉

° 미국 영화배우이자 가수.

성한 등급으로 나뉜다면 말입니다. 더욱이 시험 당일이 주는 압박감과 이른 아침의 흐리멍덩한 상태에서, 30분도 안 되는 시간 안에 급히 써 내려간 초고 성격의 글을 바탕으로 어떻게 글 쓰는 능력을 공정하게 평가할 수 있을까요? 창의력은 어떻습니까? 자유로운 사상을 가진 학생이 기존 관습에 얽매이지 않는 표현 형식을 쓰면 불리한 점수를 받을까요? SAT에 에세이를 도입하고 몇 년이 지났지만 대학 입학처장들의 상당수—전체의 70퍼센트—가 아직도 지원자의 합격 여부를 결정할 때 에세이 점수의 반영을 거부하고 있습니다.

저는 SAT의 거의 모든 측면이 격렬한 토론과 비판의 대상임을 알게 되었습니다. 지난 40년간 줄곧 그래왔습니다. 에세이 문제는 계속 진행되는 전쟁에서 가장 최근의 도발이었을 뿐입니다. 표준학력검사에 반대하는 사람들과 저마다 다양한 열의와 확신을 가지고 SAT를 대입 전형의 필수적인 도구로 옹호하는 사람들 간의 전쟁인 것입니다. 찬성과 반대, 양측이 내놓는 주장은 도가 지나치지요. 일시적일지라도 SAT가 한 사람의 미래를 망칠 수 있다거나 저학년 때 공부 안 하고 시간을 허비한 사람을 구제해 밝은 미래를 안겨준다는 등의 주장을 접하게 됩니다. 또, 다음과 같은 주장도 듣게 됩니다. SAT는 사회 계급의 위계를 강화시킨다. 아니다, 위계를 허문다. 사회의 전리품을 불평등하게 배분하여 사람들을 부자와 빈자로 구분하게 한다. 아니다, SAT를 통해 이 나라의 형편없는 고등학교들이 발굴해내지 못하는 지적인 재능을 가진 학생들을 발굴할 수 있다. 그것은 합의의 도구, 냉소적 장난, 사회과학의 개가, 빈곤한 자들을 억압하는 강제 수단이라고도 합니다.

하지만 그게 그저 시험이라고 불리는 경우는 거의 없습니다. 심지어는 SAT를 관리하는 칼리지보드와 매년 그 시험을 기획하고 만드는 ETS(Educational Testing Service, 교육 평가원)도 그 말을 사용하는 데 멋쩍어합니다. SAT는 원래 Scholastic Aptitude Test(학업적성검사)의 이니셜을 딴 이름이었습니다. 그 이유에 대해서는 곧 생각해보겠습니다만, 비평가들이 '능력'이라는 말에 반기를 들자, SAT는 Scholastic Assessment Test(학업평가시험)를 상징하게 되었습니다. 마케팅 담당자들은 곧 '시험'과 '평가'의 의미가 거의 같다는 것을 깨달았습니다. 그렇게 되면 'SAT'는 일종의 어법 위반이 되지요. 중복적으로 되풀이되는 반복적 군더더기 말인 것입니다. 언어 능력을 평가한다고 하는 시험으로서 꼴사나운 것이었습니다. 결국 그들은 두문자어 조합을 완전히 포기하기로 했습니다. '평가'란 말을 뺐으며 '시험'이란 말도, '학업'이란 말도 뺐습니다. 오늘날 SAT는 공식적으로 그냥 SAT입니다. 각 문자가 대표하는 말은 없습니다. 마치 시험을 만드는 사람들이 너무 소심한 나머지 자기들이 무슨 일을 하는지 알리지 못하는 것처럼 말입니다.

그런데 그들이 그러는 것도 무리는 아닙니다. SAT는 세승과 문화, 부와 정치, 인종과 성별, 고등교육의 목적과 우수함에 대한 가지각색이 정의 능 이런 문제들이 서로 비벼대다가 불이 붙지 않으면 불꽃이라도 튀는 화약고입니다. 누군가는 항상 불길이 보이기만 하면 기꺼이 부채질을 해대는 것이죠. SAT를 파멸시키는 일에 헌신하는 직업 운동가가 그런 사람들입니다.

제 인생에서 두 번째로 그 테스트를 망치기 전 한 1주일 전쯤, 저는 이 운동가들 중 한 사람에게 전화를 했습니다. 전 SAT 비판에 대해 아주 기본적인 개요만 알고 있었습니다. 하지만 시험에 실패한 이유가 제

아둔함에 있지 않고 시험의 아둔함에 있다고 생각하기로 했습니다. 봅 세이퍼는 전국 공정 개방 시험 센터의 공교육 담당 이사입니다. 띄어쓰기 문제가 있지만 유행을 따라 중간의 T자를 대문자로 만든 이름인 페어테스트*FairTest*로 알려져 있는 이 센터는 지금까지 거의 30년 동안 대입 시험의 '편견과 오용, 지도 가능성'을 폭로해왔습니다. 포드 재단과 기타 미국의 진보주의의 충실한 역군들에 의해 가까스로 충당되는 빈약한 예산 때문에 그들의 본부는 보스턴의 싼 동네에 위치한 칙칙한 사무실이었습니다.

봅 세이퍼는 지칠 줄 모르는 일을 통해 미국에서 가장 피할 수 없는 표준학력검사 비평가가 되었습니다. 그는 특히 ETS, 칼리지보드, SAT의 네메시스입니다. 그는 쉬지 않는 잔소리꾼으로서, 학회나 세미나, 직능 단체 등에 모습을 나타내는가 하면, 다른 운동가들과 일을 꾀하고, 교육 담당 기자들에게 끊임없이 경고와 정보를 퍼붓습니다. 성공적인 정치 운동가들이 대부분 그렇듯이 세이퍼는 언제나 깨어 있습니다. 어떤 계기만 있으면 그는 곧잘 자신의 기치를 최대한 펼쳐 보이곤 합니다. 제가 전화를 걸어 SAT에 대해 듣고 싶다고 하니까 그는 10분이 넘도록 혼자 쉴 새 없이 이야기했습니다. 특히 칼리지보드와 ETS에 대해 길게 논하더군요. 이 두 기관에 대한 그의 견해는 그들이 아이들과 부모들의 걱정을 이용해 타락하고 명백히 무가치한 시험을 상품으로 내놓음으로써 자신들의 살을 찌우는 냉소적인 엘리트 집단이라는 것입니다.

"그들이 소득 신고를 얼마나 하는지 보면 제 말이 무슨 말인지 아실 겁니다. 임원들의 연봉은 몇 십만 달러씩 해요. 30만, 40만, 50만 달러씩 한다고요. 그 회사들 부사장 수가 23명입니다. 그들은 자체 건물을 소유하고 있죠. 칼리지보드가 그래요. 미드타운 맨해튼의 링컨센터 바로 맞은편에 있어요. 거기에 가본 적이 있습니다. 아주 좋아요. 아주 정말 좋아요. 호화로운 카펫이 깔려 있죠. 벽에는 미술품들이 걸려 있고요."

ETS는 더 심했습니다.

"그들의 본사에도 가봤어요. 그들은 자기들이 프린스턴에 있다고 하는데, 사실은 그 옆 동네인 로렌스빌에 있어요. 프린스턴은 우편 주소일 뿐이죠. 단순히 프린스턴의 명성 때문에 그러는 거예요. 그에 비하면 로렌스빌이라는 이름은 시시하잖아요? 하지만 그들의 사무실을 한번 보셔야 해요. 옛 승마 사육장에 위치해 있죠. 말이나 다닐 만한 길이 있고, 거위가 있는 연못, 완만한 언덕들이 있어요. 대표이사는 장원 주택에 살아요. 월세도 안 내죠. 현재 대표이사는 교육자도 아니에요. 그 전에는 제약회사의 영업 사원이었다는 거 아닙니까! 그의 연봉은,"

여기서 봅 셰이퍼의 음성이 느려졌습니다.

"1백만 달러가 넘어요."

나중에 봅 셰이퍼와 술 한잔하기 위해 만났을 때 그는 계층과 부의 타락에 대한 상세한 비판을 펼칠 기회를 만났습니다. 그는 전공이 통계입니다. 이 시험과 관련된 그의 적대감은 통계학적 증거에 대한 그의 해석뿐 아니라 개인적인 경험에도 뿌리를 내리고 있습니다.

"SAT는 무엇을 측정할까요?"

그는 제게 수사적 질문을 던졌습니다.

"그것은 응시자가 SAT를 얼마나 잘 보느냐를 측정하지요. 세상에서 가장 시험을 잘 치르는 사람 중 한 사람의 관점에서 말씀드리는 겁니다. 제게 1주일만 시간을 주면 골프 프로 자격증 시험의 필기 부분에서 A를 받을 수 있습니다. 그래도 저는 골프공을 똑바로 치지 못할 겁니다.”

세이퍼도 제 경우와 마찬가지로 요즈음처럼 입시 준비가 산업화되기 이전에 SAT를 겪었습니다.

“그때만 해도 금주 제한 연령이 18세였죠. 제 고향인 전원적인 롱아일랜드에서는 16세 미만으로 보이지만 않으면 얼마든지 술을 마실 수 있었어요. 아무도 시험 준비란 것을 생각하지 않았죠. 시험 준비라고 해봤자 시험 당일에 술기운에 시달리지 않게 그 전날 술을 마시지 않는 게 다였어요.”

표준학력검사에서 고득점을 올리는 능력 덕분에 그는 MIT에 들어갔으며, 거기서 다른 고득점자들에 둘러싸이게 되었다더군요.

“저는 제가 신동인 줄 알았어요.”

그런데 학교 과제에 노스 쇼어 커뮤니티대학의 학생들이 참여하게 되었다고 합니다. 그들은 고득점자들이 아니었지요.

“그 애들 중 어떤 학생들은 MIT 학생들보다 더 똑똑했어요.”

그는 그렇게 말하고 나서 갑자기 말을 중단하더니 곁눈으로 쓱 저를 바라보았습니다.

“‘더 똑똑하다’는 게 뭔지 모르지만요. 제 말은 그 학생들이 MIT 학생들보다 어떤 것들은 더 뛰어났다는 겁니다.”

그런데도 그들은 MIT가 아닌, 학생 수가 많고 재원이 부족한 2년제 커뮤니티대학에 진학하는 판결을 받았다는 것이지요. 보다 명성이 높은 대학교가 보증하는, 상류사회와 미국 엘리트 계층으로 진출할 통로를 차단당했다는 겁니다.

"저는 MIT 학생들에게는 없는 기량이 그 학생들에게 있는 것을 목격했어요. 그래서 확신하게 되었죠. 제가 사실 신동이 아니라는 것을요. 그냥 시험에 능할 뿐인 것이죠."

그는 학업 성취도 검사를 주제로 삼아 연구하기 시작해 그 지저분한 역사를 밝혀냈습니다.

"표준화된 시험의 원래 구성 성분이 인종차별주의적, 여성 혐오적, 반유대주의적이라는 데는 의심의 여지가 없습니다. 그들은 푸른 눈의 서유럽인인 자기들이 다른 인종 집단들보다, 제 선조들보다—세이퍼는 유태인입니다— 거리에서 마주치는 대부분의 사람들보다 우월하다고 믿었습니다. 그리고 그들은 그 점을 강화하는 시험을 만들어냈지요. 오늘날 시험문제를 작성하는 사람들이 인종차별주의자들이라는 얘기가 아닙니다. 하지만 그들이 그렇건 아니건 간에 이제 그건 중요하지 않아요. 그 시험 자체에 그 요소가 들어 있으니까요."

고등교육 종사자들 중 놀라울 정도로 많은 사람들이 세이퍼의 말에 동의하며 그의 경멸감을 공유합니다. 그들은 그 시험 자체와 그 용도를 경멸합니다. 대개는 혼자 있을 때들 그러지요.

저는 대입의 광기 속에서 어떤 유형을 보고 있었던 것입니다. 그것은 일종의 정신분열증입니다. 대입 전형을 왜곡시키는 '부패'는 이 부패에 가장 격분하는 사람들이 부추깁니다. 〈US 뉴스〉의 대학 순위로 촉발된 경쟁에 대해 불평하는 대학들은 또한 자기들의 순위가 너무 낮다고 불평합니다. 그들은 대학을 상품으로 격하시키는 마케팅의 '군비 확장

경쟁'에 대해 불평합니다. 그러면서도 지원자들을 경쟁 학교로부터 낚아챌 새로운 마케팅 계획을 궁리합니다. 그리고 대입 지원자를 평가하는 가장 잘 알려지고 인기 있는 메커니즘인 SAT를 공개적으로 경멸하는 이들은 그것을 가장 많이 사용하는 교육 전문직 종사자들입니다.

저는 그러한 사실들이 예상에 상치하는 사태인지, 역설인지, 정신 질환인지, 위선인지 여전히 확실히 알 수가 없었습니다. 봅 세이퍼와 그의 협력자들이 SAT에 저항하기 위해 하는 일에 관심을 보이는 청중을 찾았다는 것은 알게 되었습니다. 어느 정도 세이퍼의 막후 자문 덕분에 대학 카운슬러 직능 단체인 NACAC National Association for College Admission Counseling, 전국 대입 카운슬러 연합는 회원들에게 각자가 속한 대학에서 SAT의 사용을 금하는 조치를 취할 것을 촉구하는 보고서를 발표했습니다. 이 보고서가 2008년 NACAC 연례 총회에서 발표되었을 때 제기된 유일한 불평은 그것으로는 충분하지 않다는 것이었습니다. 총회장에서 어떤 NACAC 회원이 열을 냈습니다.

"SAT는 엉터리입니다. 그것은 여기 모인 우리 모두가 하려는 일에 파괴적입니다."

매년 NACAC의 촉구를 수용하는 학교들이 조금씩 늘어납니다. 세이퍼는 학위를 수여하는 학교 기관 중 "시험은 선택"이라고 방향을 전환한 학교의 명단을 만듭니다. 지원자들에게 SAT를 보고 시험 성적을 제출하라고 더 이상 요구하지 않는 것입니다. 하지만 지원자가 원하면 제출해도 좋다고 합니다. 세이퍼의 명단에 오르는 학교들은 대개 드브라이 대학과 같은 영리 목적의 학교이거나 줄리아드와 같은 예술 학교이지만, 일부는 잘 알려진 베이츠, 보든, 웨이크 포레스트 대학과 같은 학교도 있습니다. 그 학교들은 SAT에 그렇게 일격을 날릴 때, 그런 자신들이 자랑스럽다는 것을 다른 사람들에게 알리기를 주저하지 않습니다. 웨이크 포레스트의 총장은 〈워싱턴 포스트〉에 칼럼을 써서 알렸습니다.

"모든 배경과 환경을 막론하고 자격이 있는 학생들에게 문호를 더욱 활짝 열어줌으로써, 우리는 고등교육에 접근할 민주적 수단에 대한 포용과 옹호의 강력한 메시지를 보내고 있다고 믿습니다."

그는 SAT가 너무 '지도 가능'하다고 썼습니다. 돈이 있는 집의 자녀들은 점수를 높이기 위해 가정교사를 고용하기 마련이라는 것입니다. 결과적으로 부유한 학생들은 상대적으로 가난한 학생들보다 평균적으로 더 높은 SAT 점수를 받습니다. 이것은 연구자들이 수험생들에게서 인지한 '학력 격차' 중 하나일 뿐입니다. 아시아계 미국인들은—다시, 평균적으로— 표준학력검사에서 백인들보다 점수가 더 좋습니다. 백인들은 히스패닉계보다 더 좋고, 히스패닉계는 아프리카계보다 더 좋습니다. 그리고 적어도 수학의 경우에는 남자가 여자보다 점수가 더 좋습니다. SAT 비평가들은 그런 격차가 이 시험에 불구적인 결함이 있다는 결정적인 증거라고 생각합니다. 그래서 대입 전형에서 빼야 할 충분한 이유가 된다는 것이지요.

고등교육계에서 널리 공유되는 수많은 신념들과 마찬가지로 이 논증도 비교적 새로운 견해임에도 불구하고 좀처럼 도전을 받지 않습니다. SAT 점수의 '학력 격차'가 처음으로 논의된 것은 40년 전인데, 그때 대부분의 자유민주적인 교육가들은 표준학력검사를 옹호했습니다. 사회학자 크리스토퍼 젱크스와 데이비드 리즈먼은 1968년 『The

Academic Revolution 고등교육의 혁명』이라는 책에서 그때까지만 해도 다수의 의견이었던 유명한 말을 했습니다(사회학자들 사이에서는 유명한 말이었죠).

"시험을 미심쩍다고 생각하는 사람들은 시험이 '가난한 학생들에게 불공평'하다는 단순한 논거에 의거해 주장하면 안 된다. 인생은 가난한 사람들에게 불공평하다. 시험은 결과만을 측정할 따름이다"라는 것이 그 책의 내용입니다.

젱크스와 리즈먼은 이 상황을 그대로 받아들이는 운명론자가 아니었습니다. 그들은 초등학교와 중고등 과정에서 보충 학습 과정을 동원하면 그 격차를 좁히는 데 도움이 될 것이며, 소득의 불균형을 줄이는 방책은 그보다 더욱 성공적일 것이라고 생각했습니다. 그렇지만 격차 자체는 표준학력검사들을 폐기하거나 SAT로 측정되는 능력에 대한 대학의 관심을 묵살할 충분한 이유가 되지 못한다는 것이었습니다. 환자가 진단이 자기 마음에 안 든다고 의사를 갈아치우겠느냐는 것이지요.

리즈먼과 젱크스는 SAT 같은 표준화된 시험이 어떻게 해서 애초에 대입 전형에서 불가결했는지에 관해 독자들의 기억을 새롭게 해주었습니다. 인종차별과 우생학에 원형적 기반을 두고 있을지라도—봅 셰이퍼가 상기시켜준 것입니다— SAT는 진보 교육자들이 어떤 목적을 성취하기 위해 도입한 것인데요, 이것은 요즘의 교육자들이 표준화된 시험들이 방해가 된다고 말하는 목적과 같은 것입니다. 고등교육의 민주화, 가난한 학생들의 사회적 향상, 특정 계층의 이권 지배 체제의 종료, 출생보다는 실력을 성공의 티켓으로 삼기 등이 바로 그들의 목적입니다.

셰이퍼와 만나고 NACAC 회원들과 얘기한 뒤, 리즈먼과 젱크스의 책을 읽고 SAT의 역사에 관해 몰두하다 보니, 왜 그것이 문화적 핵심에 그렇게 가까이 접근해 있는지 알게 되었습니다.

SAT는 1930년대에 처음으로 인기를 끌었습니다. 대입 전형에 관한 논쟁에서 어떤 한쪽이 승리를 거둔 것이지요. 이 논쟁은 각 대학 행정관들이 학생들을 어떻게 뽑느냐에 관한 것이었습니다. 그러니까 더 나아가, 누가 이 나라 정치, 경제, 종교 분야의 지도 계층에 편입되느냐에 관한 것이었지요. 당시는 고등학교 졸업장 이상의 학위를 소유한 미국인은 전체의 2퍼센트도 안 될 때였습니다. 19세기 때만 해도 대학에 가기 희망하는 젊은이들은 대학의 교직원과 인터뷰를 하거나 그들이 만든 에세이 시험을 봤습니다. 1900년 이스트코스트 지역의 대학 협의회가 학교들 간의 전형 방법을 표준화하는 일환으로 '학력 검사'를 작성 보급하는 '대학 입학시험 위원회'를 구성했는데, 이것이 오늘날 칼리지보드의 전신입니다. 그들이 만든 시험은 영어 문법과 문학, 미국 역사와 고대 역사, 라틴어와 고전 그리스어 등에 대한 지식을 평가했습니다. 이것들은 '특별 목적 사립고등학교prep school'°의 교육과정의 기본 과목들이었죠. 교양 있는 신사라면 누구나 그 정도는 알고 있을 것으로 간주되었습니다. 고득점자에게는 실질적으로 대학 교육이 보장되었고요.

° 미국의 경우 college-preparatory school이라고 한다. 명문 대학 진학을 최종 목표로 수준 높은 교과과정과 스포츠 및 기타 과외활동을 활발히 주도하는 학교로, 여기서는 '특목 사립고'로 옮겼다.

학력 검사 제도는 한동안 효과가 있었습니다. 하지만 머잖아 컬럼비아와 하버드를 비롯한 여러 학교들의 명문 출신들은 고득점자 중 '우리와 같은 사람'이 아닌 학생들의 수가 불균형적으로 많다는 것을 발견하고 깜짝 놀랐습니다. 그 불균형적으로 많은 학생들 중 대다수는 유태인이었지요. 제롬 캐러벨은 『The Chosen선택받은 자』라는 권위적인 대입 전형 변천사를 다룬 책에서 이런 현상에 대해 행정관들이 재빨리 적응했다고 말합니다. 개인 면접이 지원자를 선발하는 공통적인 수단이 되었습니다. 그리고 대입 전형의 기준이 학력 시험 고득점과 내신 성적을 넘어 불가사의하게 확대되었습니다. 입학 사정관들은 '지도력', '가정교육', '성품', '원만' 등과 같은 무형의 자질들을 가늠한다고 주장했습니다.

여기에 하버드 입학 사정관들이 1920년대에 은밀히 개발한 지원자 유형 분류를 캐러벨의 허락을 받아 소개합니다.

- 국토 횡단형 — 꾸준히, 꾸준히, 또 꾸준히 노력하는 한결같은 사람. 다른 사람들은 대부분 포기해도 포기하지 않는다.
- 야영형 — 세련되지 않은 시골 출신.
- 산악형 — 문화적으로 침체된 지역 출신, 저소득층.
- 미스터 스쿨형 — 상당한 과외활동과 경우에 따른 (하지만 반드시 그렇지는 않은) 운동 경력, 그리고 탁월한 성적.

지원자가 학력 검사를 얼마나 잘 치렀는지 여부와는 상관없이 하버드가 어떤 유형을 선호했을지 독자 여러분도 추측하실 수 있겠지요.

그 시대의 진보주의자들은 이 '객관적인 방법들'이 그저 발뺌에 불과하다는 것을 알았습니다. 하층민을 들이지 않기 위한, '우리와 같은 부류'와 나머지 지원자를 가르는 고매한 방식이었지요. 1933년 그 진보주의자들 중 제임스 B. 코넌트가 하버드 대학의 총장에 임명되었습니다. 영락했어도 체면을 차리는 양키 집안 출신인 코넌트는 '실력중시주의 이념'의 주요 이론가이자 선전원이었습니다. 일부 역사학자들이 "실력중시주의 이념"이라고 부르는 이것은 20세기 중반 미국의 선별적인 대학 전형의 공공연한 표준이 되었지요. 엘리트 교육을 받을 수 있는 기회는 지원자의 재산이나 가족 환경이 아니라 학업 능력에 따라 주어져야 한다는 것이었습니다. 코넌트의 견해는 사실 이념이라기보다는 이상이었습니다. 오늘날의 진보주의자들이 지적하듯, 그 이상은 존중을 받은 만큼 빈번히 훼손되기도 했습니다.

그래도 그게 이상은 이상이었지요. 흔히 무시되는 이상조차도 사건들을 구체적으로 만드는 힘을 가지고 있습니다. 코넌트는 상속받은 특권과 그것을 지속시키는 데 사용되는 술수를 경멸했습니다. (그가 관심을 기울인 운동으로 '100퍼센트 상속세'가 있습니다.) 실재는 객관적으로 파악되고 수량화될 수 있다고 확신한 그는 전공이 과학이었습니다. 진정한 만민평등론자이기도 했지요. 그는 인지능력—학교 공부를 잘하게 하고, 때가 되면 경제적으로 생산적인 사람이 되게끔 하여 견실한 시민, 더 나아가 지도자가 되게 해주는 특성—은 식별과 측정이 가능하다고 했습니다. 또한 이 능력이 경제적 능력과 달리 전 인구에게 고르고 평등하게 분포되어 있다고 간주했습니다. 그래서 자신의 의무는 그 능력을 찾아내는 것이며, 잘 만들어진 시험은 그렇게 되도록 도와주리라는 것이었습니다.

　하지만 하버드에서건 어디에서건, 당시 대입 전형에 사용된 시험들은 그렇지 않았습니다. 지식 검사—학력 검사—는 자체적 기획 의도로 인해 실력중시주의의 이상에 역행했습니다. 특정 계층의 구성원을 편애했기 때문이죠. 특권층의 자제만이 가는 특목 사립고등학교의 교과 과정에서 출제한 시험이니 특권층 자제의 성적이 좋을 수밖에 없지 않겠습니까? 코넌트가 생각하기에는 칼리지보드가 개발한 새로운 학업적성검사가 훨씬 더 유망했습니다. 칼리지보드의 SAT는 사실들을 알고 있는지의 여부보다는 예리한 사고력을 측정한다고 주장했습니다. 지식 자체보다는 학습 능력을 측정함으로써 엘리트 고등학교가 부여하는 이점을 없앴습니다. 코넌트는 머잖아 SAT가 타고난 재능을 가진 학생들에게 합당한 대가를 주고 부와 특권이 쌓아올린 장벽을 허무는 수단이 될 수 있으리라 생각했습니다. 그는 이 광대한 국가의 수많은 고등학교 어딘가에 잠재해 있을 보석 같은 재능을 가리켜 "다듬어지지 않은 다이아몬드"라고 말하기를 좋아했습니다. 어떤 형편없는 학교에 숨겨져 있는 영리한 어린이, 또는 성적은 나빠도 영특한 아이가 있다는 것이었지요.

　SAT는 대규모로 시행되도록 만들어졌습니다. 제1차 세계대전의 징집 장병들에게 행해진 선다형 시험이 그 토대가 되었지요. 그런데 이 시험은 그보다 한 세대 앞서서 인종차별주의적 의도로 개발된 악명 높은 IQ 테스트를 토대로 한 것이었습니다. 1917년의 징집 장병들의 구성은 미국에서 그때까지 보지 못했던 인간의 잡탕밥이었습니다. 징병을 통해 농촌 청년, 도시 청년, 수학의 귀재, 플레이보이, 멍청이, 책벌

레, 사기꾼, 시인, 난봉꾼 등 200만 명이 넘는 별의별 사람들이 한데 모인 것입니다. 군은 대규모 시험을 통해서 그들의 능력 여부를 식별하고, 그에 따라 개개인에게 가장 적합한 보직을 줄 수 있으리라 생각했습니다. 공정성이나 정확성이야 어떠하든, 그 시험은 그에 의지하는 장교들 생각에 유용한 것으로 판단되었으며, 전후 '과학적 관리'의 시대에 들어서자 경제와 교육 분야의 관계자들에 의해 이용되었습니다.

코넌트가 받아들였을 무렵 이 시험은 이미 언어와 수학, 두 섹션으로 확대되어 있었습니다. 쌍둥이 척도는 학교들로 하여금 어떤 학생들을 끌어모을 것인지 선택할 여지를 주었습니다. 시험은 매년 새로 다듬어졌으며, 개정을 할 때마다 조금씩 과거의 IQ 테스트와 비슷했던 면이 사라졌습니다. 초기의 SAT에 주어진 시간은 무자비했습니다. 315개의 문제를 푸는 데 97분이 주어졌지요. 그렇다고 그 문제들이 시시한 것도 아니었습니다. 초기의 시험 중 일부분은 문법과 어휘를 포함한 인공 언어로 제시되었으며, 수험생들은 거기에 영어 문장을 끼워 맞추어야 했습니다. 결국은 시간제한이 느슨해졌으며, '수수께끼 풀기' 문제들은 독해 문제로 대체되었습니다. 독해 시험은 언어 능력을 측정하는 데 좀 더 순수한 시험인 듯했습니다. 지도를 받아 익힌 요령으로 잘 보기가 힘들어진 것이지요.

코넌트가 SAT를 받아들이자 그것은 미국 교육가들 사이에서 일종의 비공식 증명서 같은 것이 되었습니다. 그때도 그들은 하버드가 걸어놓은 최면에 사로잡혀 있었지요. 제2차 세계대전 이후 SAT는 피할 수 없는 시험이 되었습니다. 대학 입학처들은 제대군인 원호법의 혜택을 받아 대학에 지원하는 학생들의 원서로 넘쳐났습니다. 칼리지보드는 ETS

를 구성해 시험을 개발하도록 했습니다. 한편 칼리지보드는 계속해서 마케팅과 시험 집행을 맡아 했습니다. 그들은 입학처장의 짐을 크게 줄여주었습니다. SAT를 전국적으로 확대해서 동일한 날짜에, 엄밀히 감시되는 균일한 조건하에서 치러질 수 있도록 했으며, 쉽게 이해할 수 있는 점수를 제공한 것이지요. SAT는 과학적 기획이라는 신뢰감을 주는 외관을 갖추었으며, ETS는 시험의 신빙성과 매년 결점을 줄이며 새로워진다는 것을 입증하는 자료를 쏟아내는 일류 통계 전문가들을 고용했습니다. SAT는 매력적인 시험이었습니다. 적어도 대학들로서는 그랬지요. 지금도 그렇지만 그때도 칼리지보드가 시행하는 시험을 봐야 하는 학생들은 수험료를 내야 했어도 그 시험을 치를 것을 요구하는 대학들은 돈이 들지 않았습니다.

하지만 무엇보다 매력적인 것은 코넌트가 그 시험을 승인했다는 사실이었습니다. 무질서하고 임의적이며, 편파와 부패의 여지가 있는 선발 과정을 SAT로 민주화하고 객관화할 수 있다고 여겨진 것입니다. SAT는 사면초가에 몰린 입학 사정관들에게 정확할 뿐 아니라 공정하며, 계층이나 부에 때 묻지 않은 전형 방식을 제공해준 것이지요. 더욱이 SAT와 경쟁할 수 있는 시험 기관이 거의 전무했습니다. 1959년에 이르러 아이오와 대학의 시험문제 출제자들이 ACT(American College Testing를 의미했지만 지금은 SAT와 마찬가지로 의미 없는 약성어가 되었죠)라는 시험을 만들었는데, 이 시험은 SAT의 라이벌로 생각되기에 이르렀습니다. ACT는 아이오와 주의 고등학교 교과과정에 접목되어 있어서 좀 더 제대로 된 학력 평가 같았습니다. 그러나 이 시험이 도입된 후 40년 동안 SAT의 인기에는 별로 영향을 미치지 못했습니다. 특히 사립대학교들과 관련해서는, 그 가운데서도 특히 동부에서는 그랬지요.

SAT는 1968년에 개가를 올렸습니다. 12개의 캠퍼스와 1만 명의 학생들이 재학하는 캘리포니아 대학이 대부분의 지원자들에게 SAT 점수를 요구한 것입니다. 이 사건은 대중문화에서 SAT의 위치를 공고히 해주었습니다. 그것은 미국식 성공의 상징, 공평한 경쟁의 장이 있다는 상징, 성공은 출생과 관계없이 누구에게나 열려 있다는 믿음의 상징이었습니다. 그리고 그것은 상징 이상이었습니다. 자칭 '사회 관측통'들은—딴말이지만 좋은 직업이죠— 이 시험에 기적적인 힘과 신화적인 중요성이 있다고 여겼습니다. SAT의 역사에 대해 포괄적인 글을 쓴 언론인 니콜라스 레먼은 SAT를 "미국 인구를 분류하는 기본 메커니즘"이라고 일컬었습니다. 레먼만 그런 생각을 가진 것은 아니었습니다. 그는 이렇게 썼습니다. "오늘날 이 시험은 거의 누구나 다 치르며…… 미국의 풍요로운 물질적 보상을 누가 수확할 것인지의 여부를 결정하는 수단이다."

이것은 실제의 동향을 과장해서 말하는 것입니다. 고등학교 교육은 거의 누구나 다 받습니다. 그런 상황에서 대학 졸업장은 재능과 능력의 표시로써 갈수록 더 중요해졌습니다. 그런데 SAT를 치르지 않으면 대학 졸업장을 취득하기 어렵게 된 것입니다. 이러한 동향이 SAT를 레먼과 다른 사람들이 말한 '문지기'로 만들지는 않았습니다. 하지만 그런 과장된 말들은 관계된 모든 사람들—수험생들은 제외하고—의 이해관계에 이득을 주었습니다. 단 한 번의 기회에 성공이 달려 있다는 압박감은 수험생들에게 그 어느 때보다 더욱 무겁게 느껴졌습니다. 칼리지보드와 ETS는 그런 과장된 견해를 환영했습니다. 자기들의 존재가 불가결한 것처럼 보이게 했으니까요. SAT 점수는 입학 사정관들이 고려하는 다른 많은 요소 중 하나여야 한다며 (요즘도 그럽니다만) 뜨뜻미지근하게 항변하면서도 그것을 즐겼습니다. 입학처 사정관들은 구체적인 숫자가 제공해주는 길잡이에 안심했습니다. 미친 듯이 성장하는 시험 준비 산업은 실패에 대한 학생들의 두려움 덕분에 부유해졌습니다. 언론인들과 음모론자들은 칼리지보드와 ETS의 연합에서 자신들에게 유리하게 인생의 게임을 조작하는 불길한 백인들의 새로운 무리를 발견하고는 아주 기뻐했습니다.

SAT의 이모저모를 폭로하는 것은 대중의 인기에 영합하는 언론의 일상사가 되었습니다. 리즈먼과 젱크스가 예상했듯이 인종과 계층 문제의 측면에서 공격이 가해졌습니다. 언론인 데이비드 오웬은 『None of the Above_{전술한 사실 해당 없음}』이라는 책을 써서 분노하며 폭로했습니다. "기회의 균등에 관한 그들의 온갖 잔소리에도 불구하고 ETS는 특권층의 막강한 노예다." 좌익에서 나오는 공격치고는 뜻밖이었습니다. 한 세대 전에 본질적으로는 진보적 개혁의 수단으로서 도입된 시험에 대한 공격이니까요. 하지만 이 공격들은 미국의 문화 정치의 더욱 큰 불화를 아주 잘 실증해주었습니다. 구舊진보주의는 신新진보주의자들에 의해 버림을 받고 있었습니다. 이들은 코넌트의 실력중시주의적 이상을 기껏해야 망상이요, 좀 더 그럴 법한 최악의 경우에는 사기로 보았습니다. 그들이 증거로 드는 것은 학력 격차였습니다. 칼리지보드와 ETS는 모든 SAT 수험생들이 똑같은 시험을 치른다는 것을 보장한다고 했지만, 모두가 똑같은 점수를 받지는 않았습니다. 점수를 인종, 계층, 성별로 분류했을 때—머리칼 색이나 종교, 신발 크기가 아니라— 앞서 언급한 유형이 드러나기 시작했습니다. 아시아계가 백인보다 앞서고, 히스패닉은 흑인보다 앞서며, 부유층은 빈곤층보다 앞서고 여학생이 남학생보다 잘하는 시험 섹션을 제외하고는 남학생이 여학생보다 앞선다는 것입니다.

이 유형에 대한 반응을 셋으로 나눌 수 있을 것입니다. 첫째는 한 나라에서, 그리고 그룹이 아닌 개인에게 상벌이 주어지는 교육 제도에서, 그룹 수치들이 가지는 관련성은 무엇이냐고 묻는 것입니다. 둘째는 일부 수험생들은—그들이 재학하는 학교, 가정생활, 주거지역, 그들에게 제공된 사회복지 혜택, 부모와 친구들의 기대 등 때문에— 다른 수험생들에 비해 대입 준비가 미비했으며, 그 결과로 특정 대학에서 다른 대학보다 공부를 잘할 가망이 더욱 희박하다는 점에 주목하는 것입니다. 셋째는 그 시험 자체에 무언가 문제가 있다고 주장하는 것입니다.

운동가들은 셋째를 선택했습니다. 의사를 해고하고 싶었던 것이지요.

여기서부터 SAT 이야기는 미국의 단체들에게 흔히 볼 수 있는 이야기가 됩니다. ETS와 함께 칼리지보드는 운동가와 열렬한 지지자 모두의 마음에 들기 위해 고군분투합니다. 그런데 이들은 어떤 경우에도 그 단체를 마음에 들어 하지 않았습니다. ETS와 칼리지보드처럼 돈이 많고 관료적인 단체들에 대해 안쓰러운 마음이 들기는 어렵습니다. 하지만 비평가들의 환심을 사기 위해 벌이는 그들의 힘겨운 노력에는 연민을 자아내는 무언가가 있었습니다. 비평가들의 주장이 믿기 힘든 것일 경우에는 특히 더욱 그러하지요. 그 시험 자체에 실제로 편견이 내재되어 있는지 여부에 관한 실례를 찾기는 언제나 쉽지 않았습니다. SAT에 대한 집중적인 비평이라면 거의 어떤 것에든 인용되는 가장 유명한 예는 하필이면 보트 경주와 관련된, 이른바 유추 문제였습니다. 그 문제는 언어 추리 시험에 나온 것으로, 단어의 짝을 맞추는 형식이었습니다. "달리는 사람과 마라톤의 관계는 ____과 ____의 관계와 같다." 사지선다형 문제였는데, 정답은 "노 젓는 사람/레카타"였습니다. 이 문제는 가난한 학생들에게 불리하게 작용하는 편향성이 있음이 분명합니다. 보트 창고가 있는 곳에서 자라난 학생들은 이 문제의 답을 반사적으로 맞힐 수 있는 것이지요.

레가타 문제는 40년 전에 시험문제에서 빠졌는데도 여전히 문제 출제자들의 둔감함에 대한 예로써 거론됩니다. 부연하자면, 불리한 입장에 있는 학생들이 있을까 봐 모든 유추 문제들이 사라졌습니다. 1970년 이후 시험문제에 모욕적이거나 불공평한 것은 모두 빼기 위해 ETS는 복잡한 관료적 기구를 조직했습니다. 그들은 시험문제를 '항목'이라고도 부르지요.

ETS의 지침에 따르면, 시험에 포함될 문제들을 구성하기 전에 4명의 개별적인 검토자들이 모든 항목에 대한 유효성과 편향성 검사를 합니다. 그런 다음 그 항목들은 특별히 훈련을 받은 '민감도 검토자'에게로 보내지는데, 이 검토자도 수험생을 불쾌하게 할 수 있는 표현이나 암시를 샅샅이 찾아 제거하는 일을 합니다. 민감도 검토자가 특정 항목에 이의를 제기하면, 해당 항목의 출제자는 그 이의에 대한 불복상고를 올립니다. 그러면 이 문제는 다른 민감도 검토자 팀에게 넘겨져 판결을 내리도록 합니다. 그래서 마침내 학생들이 시험을 치르고 나면, 각 항목에 대한 모든 수험생들의 답들이 표로 만들어지며, 이 표는 "여러 그룹별로 [정답을 맞힌 수험생의 수에서] 과도한 차이를 보이는 경향이 있는 항목"을 식별하는 데 쓰입니다. 그런 항목이 있을 경우, "그것은 폐기되거나 개정된 다음 다시 검토 과정을 거칩니다."

1970년대 초기의 '여러 그룹'은 사회경제적 위치, 성별, 인종에 의해 정해졌지만 몇 십 년의 세월이 흐르며 이 목록에 민족을 비롯하여 다른 많은 그룹들이 추가되었습니다. 오늘날 하위 그룹에 속하는 것으로는 연장자, 장애자, 양성애자, 게이, 레즈비언, 트랜스젠더 등이 있습니다. 민감도 지침도 아주 세세합니다. 일상적인 말로 제시되는 수학 문제들에는 '불필요하게 어려운 말'이 쓰이지는 않는지 검토됩니다. 영어가 모국어가 아닌 수학의 귀재들이 실수하지 않도록 하자는 것이지요. 차트나 그래프는 점자로 만들기 어려우므로 금지되었습니다. 청각이 손상된 사람들을 지칭하는 '청각 장애자hearing impaired'라는 말보다는 '귀가 잘 들리지 않는 사람deaf and hard of hearing'이라는 표현을 쓰도록 권장됩니다. 문제 출제자들은 '정상적' 혹은 '비정상적'이라는 말들을 피해야 합니다. '남미의Hispanic'이라는 형용사는 명사[남미인]로 사용될 수 없으며, '눈이 먼blind'이라는 형용사도 역시 명사[장님]로 쓸 수 없습니다. '피부가 검은black'이라는 말도 형용사로만 쓸 수 있습니다. '펜트하우스'나 '폴로'와 같이 '일반적으로 부유한 사회계층과 관련이 있는 말'들은 어떤 것이든 역시 사용이 금지되어 있습니다. '레가타'도 금지되어 있음을 말할 필요도 없겠지요. 사치에 대한 언급이나 '정크본드'와 같은 값비싼 금융 상품에 대한 언급도 마찬가지입니다. '연세가 많은elderly'이라는 말은 연세가 많으신 분들을 묘사할 때 피해야 할 단어입니다. '아메리카America'는 미국the United States을 의미하는 말로 쓰이지 못합니다. "일반적으로 '우리we’라는 말은 문맥에서 특별히 지정되지 않을 경우에는 피하도록 한다. 막연한 ‘우리’라는 말은 흔히 현실과 대립하는 단일성에 대한 근본적인 가정을 암시한다.” 무슨 말인지 알겠지요?

문제 출제자들도 주제를 선택하는 데 있어서 똑같이 규칙에 얽매어 있습니다. 군대 이야기나 스포츠, 종교, 사냥, 진화론 등을 비롯한 ‘혼란스럽게 하는’ 소재는 건드리지 못하도록 되어 있습니다. 사실상 폭력은 완전히 논외입니다. 채식주의자들을 혼란스럽게 할지는 몰라도 예외가 허용되기는 합니다. “예를 들면, 동물들이 다른 동물들을 잡아먹는 것이 묘사되어도 먹이사슬을 논하는 것은 허용된다”라는 규정이 있지요.

지침은 갈수록 더 엄격해집니다. 남성에 대한 언급 회수는 여성에 대한 언급 회수와 균형이 맞아야 합니다. 지침을 보면 “아프리카계 미국인, 아시아계 미국인, 라틴계 미국인, 그리고/또는 미국 원주민에 관한 항목은 각기 20퍼센트여야 한다”고 명기되어 있습니다. 문제 출제자가 인종이나 민족을 명백히 드러낼 수 없는 항목의 경우에는 일반적으로 ‘다양한 그룹’과 연관이 있는 ‘대체 이름’을 사용해야 합니다. 즉, 라티샤, 후안, 마츠코 등이 그런 것입니다. 그러나 대체 이름만으로는 충분하지 않은 경우가 있습니다. 항목에 언급되는 남성과 여성의 사회적 지위도 균형이 맞아야 하기 때문입니다. 즉, 어떤 항목에 알베르트 아인슈타인을 언급할 경우, 성별의 균형을 맞춘다고 다음 항목에서 단지 에밀리나 이마니 같은 이름의 무명인을 써서는 안 된다는 것입니다. 아인슈타인에 필적하는 위치의 여성을 언급해야 하는 것이지요. 퀴리 부인이라면 아마 괜찮겠죠. 그러나 물리학자이자 우주비행사인 샐리 라이드는, 글쎄요.

매일 8시간씩 이 지뢰밭을 조심스럽게 살피며 돌아다녀야 한다는 것을 상상해보십시오! 하지만 ETS의 시험문제 출제자가 한순간 회까닥해서 구내식당에 들어가 자동소총을 난사했다는 기록은 단 한 건도 없습니다. 그들은 헌신적인 전문가들임에 분명하며 그들의 선의를 문제삼기는 어렵습니다. 제가 집 뒤의 베란다에서 그들이 낸 시험을 치를 때 저를 불쾌하게 한 문제는 단 1개도 없었습니다. 그들은 해야 할 일을 제대로 수행하고 있는 것 같습니다. 하지만 그것도 문제입니다. 시험문제 출제자들이 충족시켜야 할 요구사항들을 보면 이 시험이 왜 그렇게 따분한지를 설명하는 데 도움이 됩니다. 그들의 모든 에너지가 시험을 흥미롭게 만드는 방법을 찾기보다는 조금이라도 있을 법한 도발을 피하는 데 쓰이는 것이지요. 게다가 비평가들을 만족시켜야 한다는 압박은 끝을 모릅니다. 가령, 미국 장애인 보호법이 제정되기 오래전에 이미 이 시험의 입안자들은 신체적 장애가 있는 사람들의 편의를 도모했습니다. 이를테면 연필이나 키보드를 다루지 못하는 학생들은 그들을 대신해서 답안지에 표시를 해줄 수 있는 사람을 불러들일 수 있었습니다. 눈이 먼 수험생들은 점자로 시험을 보거나 시험문제를 소리 내어 읽어줄 수 있는 시험관을 제공받을 수 있었고요. 그러다 보니 '학습 장애'의 문제도 대두되었습니다.

1990년대부터 시작해서 운동가들은 '주의력 결핍 및 활동 과잉 장애ADHD'가 있는 학생들에게 추가의 시험 시간이 주어져야 한다는 요구를 했습니다. 그들처럼 주의가 산만하지 않은 다른 수험생과 대등한 경쟁 조건이 주어져야 한다는 것이었지요. 칼리지보드와 ETS는 그 주장에 동의했으며, ADHD가 있다고 주장하는 수험생들의 수가 급증했습니다. 그러자 이 시험 회사들은 몇 년 뒤에 드러난 데이터를 보고 놀라움을 금치 못했습니다. 더 많은 시간이 주어진 학생들의 점수가 그러지 못한 학생들의 점수보다 높게 나온다는 사실 때문이었습니다. 그래서 칼리지보드는 일조의 '매수자 위험 부담 원칙'을 적용해 그런 점수에는 표시를 하기로 했습니다. 그것은 해당 수험생이 비록 학습 장애를 주장했지만 불공평한 편의를 받았을 수도 있다는 것을 입학 사정관들에게 경고하는 표시였습니다.

운동가들은 차별 소송을 걸었습니다. 점수에 경고 표시를 함으로써 ETS와 칼리지보드가 ADHD 수험생들에게 '낙인'을 찍는다는 것이었습니다. 그들은 운동가들이 지적한 문제점을 인정하고 경고 표시하는 것을 중지했습니다. 현재 ADHD가 있다고 주장하는 수험생은 시험을 다 마칠 때까지 얼마든지 추가로 시간을 가질 수 있습니다.

관대하면서 끝이 없는 것 같은 양보는 1995년에 가장 큰 세간의 이목을 끌었습니다. SAT 섹션들의 채점 등급은 200점에서 800점 사이입니다. 그런데 제2차 세계대전 이후 평균 점수가 계속 낮아졌습니다. 언어 평균 점수는 1941년의 501점에서 1990년의 425점으로 떨어졌습니다. 같은 기간의 수학 평균 점수도 502점에서 475점으로 떨어졌습니다. 이 유감스런 동향에 대해 취할 수 있는 한 가지 반응은 고등교육의 질을 개선해서 학생들의 시험 점수를 할아버지 세대의 수준으로 높이기 위한 노력의 배가일 것입니다. 하지만 ETS는 채점 등급의 '기준을 조정'했으며, 이 결과로 과거의 425점이었던 것이 새 채점 등급에서는 501점이 되었습니다. 모두가 자동적으로 더 똑똑해졌습니다. 평균 이상인 아이들만 있는 소설 속의 레이크 워비곤° 마을도 아닌데 말입니다. 하지만 기준을 소정함으로써 최소한 70년 전처럼 많은 학생들이 평균 이상임을 보장했습니다.

이러한 조정들 중 많은 것들은 기술적인 이유에서나 공정성의 이유에서 필요했으며, 확실히 일반인의 인식을 이유로 들어 변론이 가능한 것들이었습니다. 하지만 그런 조정들을 통해 이 회사들은 뜻하지 않게도 비평가들의 근거를 강화시켜주었습니다. 학업 능력은 실재적인 것에 기초하지 않은 임의적인 개념이나 끊임없이 개고하지 않으면 안 되는 소설인 것처럼 보였습니다. 한 세대의 필요에는 적합했지만 이제는 완전히 구식이 되어버린 무엇처럼 말입니다. 칼리지보드와 ETS는 이 문제점을 인정하고 1994년 SAT_{Scholastic Aptitude Test}라는 이름을 구성하는 말에서 '능력_{Aptitude}'이라는 말을 빼기로 합의했습니다.

그것은 제임스 코넌트, 리즈먼과 젱크스와 같은 왕년의 진보주의자들을 기절시켰을 만한 놀라운 양보였습니다. 그들은 능력이란 것이 어떤 비평가기 얼마 전에 언급한 '억압 도구'라는 생각은 전혀 하지 못했으니까요. 그들은 백인 남자들이 자신들에게 유리하게 조작했다고 여겨지는 시험에서 1세대 아시아계 이민 여성이 더 좋은 시험 성적을 거두는 것은 어째서 그렇냐고 물었을 것입니다. 그 백인 남자들은 모든 사람들이 생각한 것처럼 그렇게 똑똑하지 않음에 틀림없습니다.

시험으로 학업 능력을 측정하지 못하면 그 시험을 무엇에 쓸까요?

° 개리슨 킬러(Garrison Keillor)의 소설의 배경이 되는 마을로, 모든 어린이들이 '평균 이상'인 곳.

그 회사들은 자기들의 주장이 거창한 것이 되지 않도록 애를 썼습니다. 그들은 항상 미국 국민을 학업 능력에 따라 분류한다는 거창한 의도가 있음을 부인했습니다. 그런데 사실 SAT가 사람들을 사회의 일원으로서의 가치에 따라 분류하도록 만들어졌다고 주장하는 유일한 사람들은 언론인 레먼과 오웬과 같은 SAT 비평가들이었습니다. 그들은 물론 그런 발상을 개탄스러워했지요. 페어테스트의 거창한 성명서 제목은 이렇습니다. "시험 점수와 우수성은 같지 않다." 그렇죠, 같지 않습니다. 하지만 누가 같다고 그랬습니까? ETS도, 칼리지보드도, 대입 전형에서 표준화된 시험의 중추적인 역할을 옹호하고 이 시험에 이해관계가 없으며 그 수가 줄고 있는 관측통들도 그런 말을 하지 않았습니다. 그 두 회사는 자기들이 '단일 척도'라고 부르는 것을 비난하는 책과 연구 논문을 내기도 했습니다. 단일 척도란 "사람들 중에서 '최적격자'들을 분류해내는 주요 방법은 단 하나밖에 없다"는 생각입니다.

그 대신 칼리지보드는 SAT를 통해 "성공적인 대학 생활에 필요한, 발달된 비판적 사고력과 추리력의 기량을 측정할 뿐"이라고 말합니다. 이 과업의 성공 여부를 판단하기 위해 수많은 통계와 심리 측정 연구가 행해졌습니다. (SAT는 필시 역사적으로 가장 많이 다뤄지는 학업 관련 상품일 것입니다.) 대다수의 의견은 SAT가 수험생이 대학 1학년 때 어떤 성적을 받을 것인지를 예상하는 데 꽤 효과적이라는 것입니다. SAT 점수와 고등학교 내신 평점을 모두 고려하면 더욱 정확한 예측을 할 수 있습니다. 이러한 연구 결과만 보더라도 SAT 점수는 대학의 입학 사정관들이 자기들의 학교와 궁합이 맞는 지원자가 누구인지 판단하는 데 유용한 정보가 되는 것입니다. 더욱이 큰 대학의 입학 사정관들이 2만 내지

3만이나 되는 원서들을 전형하려면 SAT는 유용할 뿐 아니라 불가결합니다.

하지만 학력 격차가—아무리 민감도를 손보아도 그 격차는 좁혀지지 않았습니다— 계속되기 때문에 SAT를 겨하시키기나 페지하려는 복소리도 그치지 않습니다. 부자인 학생들과 부모가 대학에 다닌 학생들의 SAT 점수가 더 높다는 것은 실로 부인할 수 없는 사실입니다. 법대 교수인 라니 귀니어는 그러니까 SAT는 그냥 '재산 검사'로 불려야 마땅하다고 합니다. 또 어떤 운동가는 SAT가 '학생이 사는 집의 크기'를 측정할 뿐이라고 합니다. "이제 SAT가 예측에 능한 유일한 것은 사회경제적 신분이다"라고 캘리포니아 대학의 한 학장이 〈LA 타임스〉에 말했습니다.

SAT 비평가들이 보는 문제점은 그런 격차들이 SAT 점수를 훨씬 넘어선 곳에서도 나타난다는 것입니다. 이 문제에 관한 자료들을 읽으면서 UC 산타바바라의 교육학 교수인 레베카 즈위크의 글을 접하게 되었습니다. (그녀는 앞시 인용한 귀니어 및 다른 사람들의 글을 수집한 사람입니다.) 그녀는 제가 읽은 글에서 "가족 소득과 무관한 일정 수준의 학업 성취를 찾기란 불가능하다"고 딱 잘라서 말합니다. 어떤 개혁가들은 코넌트로부터 원점으로 돌아가 대입 전형에서 SAT 점수를 '학력(성취도)검사'—코넌트가 부자 아이들이 불평등한 혜택을 본다고 말한 검사— 점수로 대체해야 한다고 말합니다. 고등학교의 내신 평점이나 학급 순위만 써서 대입 전형을 해야 한다는 사람들도 있습니다. 또 어떤 이들은 대입 전형에서 SAT 대신 여러 가지를 혼합한 수치—내신 성적과 개별 면담, 작문 시험, 고등학교 교과과정의 난이도, 과외활동의 범위 등—를 쓸 것을 제안합니다. SAT를 필수 조건으로 하지 않는 대학들은 모두 이 대안들 중에서 어느 하나를 채택합니다.

그러나 즈위크는 이 모든 기준들은 SAT만큼이나, 어떤 경우에는 그보다 더 가족 소득과 연관이 있다는 것을 발견했습니다. 높은 '학업적성검사sat' 점수를 기록하는 학생은 역시 높은 '학력(성취도)' 점수를 기록합니다. 고등학교 성적이, 중위권 내지 상위권 소득층의 자녀들의 대학 생활이 성공적이리라고 예측할 수 있는 좋은 지표가 되는 반면, 저소득층의 자녀들의 경우에는 그런 연관성이 희박해집니다. 부유한 집의 자녀들은 책을 많이 접하며 자라날 가능성이 높기 때문에—평균, 언제나 평균을 말합니다— 작문 점수도 더 잘 받습니다. 과외활동을 누릴 기회도 더 많은데, 그러기 때문에 이력서의 기재 사항도 풍부해지지요. 그들이 다니는 고등학교는 더욱 심도 깊은 교과과정을 제공하며, 공부하는 내용은 쉽지 않습니다. 학업적성검사든, 표준학력검사든, 고등학교 내신이든, 작문 시험이든, 교과과정의 난이도든, 그 어떤 것을 기준으로 보아도 학생의 순위에는 거의 변동이 없어 보입니다. 숫자를 볼 때 부유층 편향은 바꾸기가 힘듭니다.

진보 교육가들이 좌절감을 느낄 만도 합니다. 또 그들이 추구하는 이상주의를 감안하면 응당 그래야만 하지요. 하지만 그들은 불과 한 세대 전만 해도 웃긴다고 생각했을 조처들을 받아들이도록 강요받기에 이르렀습니다. 한 통계 전문가는 〈하버드 교육 리뷰〉에 쓴 글에서 SAT에 '교정 채점 방식'을 도입할 것을 제안했습니다. 다른 그룹은 SAT에서 다른 성과를 낼 뿐만 아니라, 각 그룹마다 특별히 좋은 기록을 내는 '종류'의 문제들이 다 다르다는 것이었습니다. 그러니까 그의 R-SAT

채점 방식은 각 그룹들이 잘 푸는 문제들만을 점수에 가산합니다. 그런 R-SAT 채점 방식을 적용할 경우 놀랍게도 각기 다른 소수민족 수험생들의 SAT 언어 부분 점수는 200에서 300점까지 높아집니다.

이렇게 되면 어디서 많이 본 것 같은 현상이 나타납니다. 캐러벨이 『선택받은 자』에서 보였듯이, 시험 성적이 자기들이 원하는 대로 기능하지 않았을 때 과거 명문 출신들은 빤한 짓을 했지요. 즉 그들은 숫자를 경시했습니다. 그리고 학업 적성 대신에 인격적 자질을 보기 시작했지요. 그들이 원하는 것을 찾았음은 물론입니다. 그것은 '훌륭한 가정 교육', '기개', '미국인다운 면모'와 같은 모호한 관념들이었습니다. 즉, 그 명문 출신들의 마음에 드는, 바람직하지 않은 요소들이 상대적으로 적은 계층을 배출해낼 고려사항들이었지요. 오늘날 표준화된 시험들로 인해 불균형적으로 많은 수의 아시아계와 부유한 백인들이 배출되는 것을 본 진보주의자들은 과거의 명문 출신들이 썼던 방법들을 새롭게 만들어 그것에 의지합니다. 다만 이제는 통계적 정확성의 분위기를 부여하기 위해 사회과학을 이용합니다.

칼리지보드의 마케팅 담당자들은 그 동향을 알아챘습니다. 잘 연마된 생존 본능에 충실하게도 이 회사는 행진에 짓밟히기 전에 그것에 앞장서려 애를 쓰고 있습니다. 2008년 칼리지보드 연구원들은 '인지 외적 기량'을 측정하는 표준 시험을 개발하겠다고 발표했습니다. 인지 외적 기량이란, 단순히 지적인 것의 범위를 넘어서는 무정형 속성이지요. 점수 격차를 초래함이 없이 그 속성들을 검사하고 수량화하면 대학 생활에서 성공할지의 여부와 연결 지을 수 있다는 것이었습니다. 칼리지보드가 그런 시험을 개발할 수 있다면 그것을 기꺼운 마음으로 차세대 대입 준비생들에게 팔 거라는 사실은 말할 필요도 없겠지요. 〈Inside Higher Ed._{고등교육의 안쪽}〉이라는 업계 간행물에서 "상대를 이길 수 없으면 한편이 되라"는 표제를 읽은 기억이 납니다.

칼리지보드의 계획은 대부분 미시간 주립대학의 심리학자들이 이미 이루어놓은 연구에 기초하고 있습니다. 그 심리학자들은 학생들을 검사하는 '12가지 특성 분류'를 고안해냈습니다. '일반 원칙의 지식과 숙달'은 그 12가지 중 하나입니다. 그밖에 '사회적 책임', '원만한 대인 관계 능력', '다문화에 대한 관용과 올바른 인식', '문화에 대한 이해와 호기심' 등이 있습니다. 그런데 불행하게도 이 검사로 얻은 결과들 중 어느 것도 대학 생활의 성공을 예측하는 신뢰도 면에서 SAT의 근처에도 가지 못합니다. 하지만 다른 각도에서 볼 때 그 결과들은 상당히 만족스럽습니다. 칼리지보드는 12가지 특성 분류 점수가 선별적인 대학교의 입학 전형에 사용될 경우, 흑인과 히스패닉 학생들의 입학 허가율이 2배 이상으로 뛰리라고 산정했습니다. 그런 반면, 아시아계 학생들이 차지하는 폭은 3분의 1로 줄어들 것이라고 했고요. 하지만 누가 신경을 쓰겠습니까.

이보다 더 야심찬 계획으로 로버트 스턴버그라는 이름의 심리학자가 개발한 '무지개 프로젝트'가 있습니다. 그는 과거 예일 대학의 심리학자였으며 지금은 터프츠 대학의 문리대 학장입니다. 스턴버그는 SAT를 전적으로 없애는 것을 원하지는 않습니다. 그는 이 시험에 예측적인 가치가 있음을 인정하지요. 하지만 그러면서도 거리낌 없이 더 많은 아프리카계 미국인과 히스패닉계 지원자들을 선별적인 대학에서 받아들이도록 하는 방법을 찾으려 힘쓰고 있습니다. 그럴 때 수량화할 수 있는 어떤 증거를 가지고 하자는 것입니다. 그의 목적은 "시험의 유효성을 유지하면서도 여러 그룹들이 내는 다양한 결과들 간의 간격을 좁혀 주는 표준화된 시험 척도를 만들어 내는 것"이라고 어떤 글에서 썼습니다. 이것은 일종의 역설이지요. 그는 자신이 원하는 결과가 무엇인지 압니다. 그 결과들을 얻을 수 있는 제대로 된 시험을 원하는 것뿐입니다.

스턴버그의 방법은 매우 간단합니다. 인정 많고, 또 거의 할머니 같은 진정한 지혜를 취해—사람들은 모두 어떤 한 가지는 잘한다는 것— 그것을 한계점까지 밀어 붙였습니다. 즉, 모든 사람들은 선별적인 학교에서 성공적인 대학생이 될 수 있도록 해주는, 무언가 잘하는 게 있다는 것입니다. 이것이 그의 '지능의 삼두론三頭論'의 전제입니다. 스턴버그의 사고는 하버드의 심리학자 하워드 가드너의 유명한 연구에서 영감을 얻었습니다. 가드너는 1983년 '신체 운동 감각적 지능'에서 '개인 안에서 발생하는 지능'에 이르는 일곱 가지의 인간 지능을 식별했다고 주장했습니다. 최근에는 다른 지능을 더 발견했다고 하는데, 그러면 모두 여덟 가지입니다. 앞으로 더 발견할지도 모르지요. 좀 더 겸손한 스턴버그는 세 가지로 만족했습니다. 세 가지의 기량은, 일단 수량화되기만 하면 입학 사정관들에게 SAT점수만큼이나 유용하고 인상적이리라는 것이었습니다.

스턴버그의 정의는 심히 추상적입니다. '실용적인 지능'은 "실재계의 환경에서 생각한 것을 이행하고, 적용하고, 실천하는 데 사용되는 기량"을 포함합니다. '창조적 지능'은 "창조하고, 발명하고, 발견하고, 추측하고, 가정하는 데 사용되는 기량"을 포함합니다. '분석적 지능'은 전통적인 지능 개념과, 또 SAT가 측정하는 것으로 여겨지는 학업 적성과 좀 더 비슷합니다. 그것은 "분석하고, 평가하고, 판단하고, 비교하고 대조하는 기량"을 포함하지요.

스턴버그는 그가 말하는 지능을 측정하기 위해 SAT와 유사한 선다형 시험과 그것과는 다른 '수행 능력 척도'를 결합한 시험을 개발했습니다. 이 시험에 주어지는 시간은 모두 4시간입니다. 다음을 보면 왜 그런지 알 수 있습니다. 최소한 이 무지개 시험은 SAT보다는 한층 더 생기가 있습니다. SAT 같은 선다형 섹션을 마치면 수험생에게 〈뉴요커〉의 풍자만화 5점이 주어집니다. 그러면 수험생은 그 풍자만화들에 대한 새로운 설명문을 써야 합니다. 스턴버그가 말하는 '훈련된 심사원'은 그 설명문 답안지를 5등급으로 채점합니다. 독창성, 재치, 유머, '해당 문제에 대한 적절성' 등을 평가하는 것입니다. 그런 다음 수험생들은 '문어의 운동화'랄지 '경계를 넘어'와 같은 도발적인 제목으로 단편을 써야 합니다. 이번에도 역시 훈련된 심사원들이 답안에 등급(5등급)을 매기기 위해 대기하고 있습니다.

그러고 나면 바로 비디오로 넘어갑니다. 수험생들은 일곱 가지의 짤막한 장면들을 봅니다. 일상적인 문제에 관한 것들인데, 그중에서 한 가지를 선택해서 그 문제를 어떻게 다룰 것인지 답해야 합니다. 그 답은 문제 해결에 얼마나 도움이 될지의 여부에 따라 7등급으로 평가됩니다. 그런 다음 필기시험문제를 2개 받습니다. 1개는 '상식'을 측정하고, 다른 1개는 '대학 생활'에 대한 반응을 평가합니다. (예를 들어, 까다로운 룸메이트를 만날 경우 어떻게 할 것인가? 라는 것입니다.)

마지막으로 바이오데이터biodata, 이력에 관한 부분이 있습니다. (여기서 bio는 biographical(전기)의 약자입니다.) 수험생들은 자신들이 얼마나 열심히 공부하는지, 얼마나 열심히 노는지, 학교 활동에 얼마나 열심인지 등에 관해 스스로 등급을 매기도록 합니다. 바이오데이터는 좀 더 전통적인 학업적성검사를 대체하는, 또는 보완하는 시험으로서, 거의 모든 인지 외적 시험에서 대단히 중요한 역할을 합니다. 매릴랜드 대학에서 개발한 시험에 그에 대한 전형적인 예가 있습니다. 학생들은 자신들에 대한 다양한 서술에 얼마나 강력하게 동의하는지 평가해보라는 주문을 받게 됩니다. "나는 일단 무슨 일을 시작하면 끝을 본다." "나는 내 능력을 공부로 보여주고 싶다." "나는 무언가에 대한 깊은 신념이 있으면 그 신념을 실천한다." 점수가 더 높을수록 바람직한 학생이라는 것입니다.

이러한 인지 외적 시험이 SAT와 경쟁하는 시험으로 제시된다는 것은 이상한―뿐만 아니라 믿기 어려운― 일입니다. SAT는 너무 주관적이고, 너무 수험 지도가 가능하고, 너무 부정확하고, 너무 집행하기 까다롭고, 너무 문화적 관습에 의존적이라서 뻔질나게 결함이 있는 것으로 간주되는 시험이니까요. 어쨌든 〈뉴요커〉 풍자만화에 대한 설명문 답안에서 유머를 찾을 수 있다고 가정할 때, 그것의 등급을 매기는 것보다 더 주관적인 것이 있을까요? 시작한 것은 끝을 내는지의 여부를 묻는 문제에 대한 수험 지도보다 더 용이한 게 무엇이 있을까요? (수험생이 그 질문을 공란으로 남긴다면 그것도 답이 되지요.) 그 새로운 시험의 요점이 객관성이나 정확도가 아니라 그것이 특히 인종이나 성별, 소득 수준으로 한데 묶인 개인들로부터 이끌어낼 점수라는 것을 우리가 기억할 때에만 그 시험은 타당합니다. 스턴버그는 그 점에서 소기의 성공을 거두었다고 주장할 수 있습니다. 그는 어떤 글에서 이렇게 말했습니다. "이 시험에서 그룹 간의 격차가 제로로 완전히 좁혀지지는 않았지만,

SAT와 같은 척도와 비교하면 그룹 간의 격차가 상당히 줄었다." 스턴버그의 방법에 대해 입학 사정관들이 보인 관심은 지금까지 열성적입니다.

누구든 준비 없이 우연히 심리 측정에 관한 인쇄물을 접하면 실로 지극히 이해하기 어려운 연구에서 공기 청정제처럼 떠오르는 상투적인 문구를 발견하고는 놀랄 것입니다. 스턴버그의 방대한 저작을 읽어 보면 저 같은 문외한은 거의 이해할 수가 없습니다. (SAT에서 언어로 서술되는 수학 문제보다 더 어렵습니다. 이를테면 이렇습니다. "표본분산과 모분산 사이의 차이점에 대한 카이제곱 검증이 암시하는 것은 이 항목들에 대한 표본의 분산이⋯⋯") 그러다가는 갑자기 "수집되지 않은 폴로니어스° 어록"에서나 나왔을 법한 문장이 툭 튀어나오기도 합니다. "인생의 성공을 위해서는 다른 사람들의 생각은 물론 자신의 생각까지 분석할 줄 알아야 할 뿐 아니라 생각을 생산해내어 다른 사람들로 하여금 자신들의 가치를 믿도록 해야 한다." 폴로니어스에게 사회학 석사 학위가 있었다면 이렇게 말했을 것입니다. "기량의 균형은 환경에 적응하고, 환경을 형성하고 선택하는 데 필요하다."

하지만 상투적 문구—자명한 진리—는 SAT에 반대하는 인쇄물을 보면 어디서든 발견할 수 있습니다. 자명한 진리는 독자를 살살 꼬여 안심하게 만들기 때문에 독자는 진리가 아닌 다른 것을 못 보는 수가 있습니다. 웨이크 포레스트 대학의 입학처장 마사 올먼은 자화자찬격의 진부한 말을 사용해 SAT를 지원서의 조건에서 제외하겠다는 학교

° 셰익스피어의 『햄릿』에 등장하는 오필리아의 교훈적인 아버지.

의 결정을 발표했습니다. "우리 학교는 몇 달에 걸친 토의와 연구, 심사숙고 끝에 이제 공정의 편에 서야 할 때라고 결의했습니다." 한편, 웨이크 포레스트가 시험을 선택에 맡기는 새 정책을 뒷받침하기 위해 발행한 자료를 보면 명백히 사실이 아닌 말들이 계속 나옵니다. 즉, SAT는 대학 생활의 성공을 예고하는 데 좋은 예측 변수가 아니다, 학업 적성보다는 그저 사회경제적 위치를 가리키는 지표일 뿐이다, '자격이 충분한 많은 학생들'이 대학에 진학하는 것을 가로막는 장벽이다, 문화적 편견과 인종적 편견이 게재되어 있어 제대로 기능하지 못한다, 수험 지도의 용이성 때문에 무용지물이 되었다 등등입니다. 이것들은 하나같이 모두 산더미 같은 데이터 및 상식과 모순됩니다.

시험을 선택지로 하는 학교들이 SAT를 제외할 때 사용하는 절차에 의문을 제기하는 산더미 같은 데이터도 있습니다. 웨이크 포레스트의 관계자들은 교실 밖에서의 성취, 고등학교 교과과목들의 수준, 하업적 성검사 점수, 그리고 캠퍼스에서 행해지는 면담이나 스카이프를 통한 컴퓨터 화상 면담, 또는 널리 흩어져 있는 동창생 네트워크를 활용한 면담 등에 더 많이 의존할 것이라고 말했습니다. 하지만 레베카 즈위크나 다른 연구자들이 지적했듯이, 그런 것들도 하나하나 모두 부유한 학생들에게 명백히 유리합니다. 면담조차도 그렇습니다. 중류층과 상류층의 자녀들이 처한 환경은 좀 더 폭넓은 사회적 접촉을 가질 조건이 됩니다. 따라서 침착하고 기백이 있는 태도로 면담에 임할 가능성이 그렇지 못한 학생들보다 더 높습니다. 학교에서 전문 카운슬러와의 면담이 인터넷이나 미숙한 자원 동창생들을 통한 면담보다 더욱 중요할 것입니다. 그런데 부유한 학생들만이 대입 전형 면접을 보러 웨이크 포레스트까지 여행할 시간과 돈을 쓸 수 있습니다.

어떤 방향을 택하든 진보적 입학 사정관들은 젱크스와 리즈먼이 지적한 냉엄한 현실에 부득이 의존하게 됩니다. 즉, 인생은 가난한 사람들에게 불공평하며, 이 불공평의 표시 중 하나는 전통적으로 대학교들이 지원자들에게 보상해온 기량—전통적으로 입학 사정관들이 찾으려고 하며 SAT가 측정한다는 기량—을 개발할 기회가 적게 주어진다는 점입니다. 하지만 코넌트가 70년 전에 그런 것과 마찬가지로, 대학의 교육가들은 사회의 부조리를 바로잡고자 하는 개혁 충동에 마음이 움직입니다. 다만 그들의 이상주의는 미국이 변했듯이 그 성격이 변했습니다. 코넌트 시대의 진보주의자들은 모든 학생들에게 동일하고 객관적인 시험을 치르게 함으로써 그들을 공평하게 취급하는 곳에 공정성이 있다고 말했을 것입니다. 오늘날의 진보주의자들에게—대부분의 입학처에서 일하는 사람들의 유형— 공정성은, 어떤 신입생들을 뽑는 것이 공평하다고 이미 정해놓은 대로 그들을 입학시키는 데 실패할지라도, 시험을 전면적으로 무시하는 데에 있습니다. SAT와 그들의 평판은 이 새로워진 진보주의의 희생자입니다. 그렇다고 대학교들이 수혜자인가 하면 그건 또 확실하지 않습니다.

대학 진학을 앞둔 학생들의 일상생활에서, 특히 대입 전형에 대한 걱정에 사로잡힌 가족들의 경우에, SAT의 위력은 여전합니다. 그것은 불안하게 다가옵니다. 그들의 마음을 사로잡습니다. 매년 150만 명이 넘는 학생들이 그 시험을 치릅니다. 고등학교의 카운슬러들은 그 시험을 중심으로 교과과정을 짭니다. 시험 준비 장사는 계속 흥하고 있습니다. 캐플런은 모기업인 워싱턴 포스트 컴퍼니의 유일한 이익 창출사업입니다. 모기업인 대도시 신문사가 도산하지 않도록 부양해줄 정도라면 캐플런이 대단한 수익을 내고 있다는 것이지요.

우리 아들이 캐플런에서 얻은 것 중 가장 큰 것은 그해 봄날 아침 뒷마당의 베란다에서 제가 애쓰며 풀려고 한 시험문제집이었습니다. 캐플런 과정을 시작할 때 아들아이는 시험을 치렀습니다. 한 주에 2번 학원에 갔는데 10주가 지난 뒤에 또다시 시험을 치렀습니다. 점수의 차이는 아주 미미했습니다. 학교에서 무료로 나눠주거나 인터넷에서 볼 수 있는 자료를 사용해서 수학과 어휘를 몇 번 집중해서 보기만 해도 그 정도는 했을 것입니다. 이 경험으로 아들아이는 SAT에 대한 경외심을 갖게 되었지요. 캐플런 사는 그 경외심이 장사에 좋다는 것을 잘 알고 있음에 틀림없습니다. 대입 관련 경제 부문들은 대부분 여전히 표준화된 검사의 신비로움을 유지하기 위해 전력을 다하고 있습니다.

설거지를 하고, 커피를 만들고, 개를 산책시키고, 신문의 스포츠란을 읽는 등 마음껏 쉬는 시간을 연장하고 두뇌를 재충전한 탓에 저는 점심시간이 지나서야 시험을 다 보았습니다. 10개의 섹션을 다 보는 데 약 4시간 30분이 걸렸습니다. 제한 시간 3시간 45분을 훨씬 초과했지요. 제가 시험을 마쳤을 때 아들아이가 시험을 마치고 학교에서 돌아왔습니다.

"어려웠어요."

제가 SAT를 어떻게 봤느냐고 물었더니 돌아오는 대답은 그게 전부였습니다.

"아무렴."

제가 대답했습니다. 아들아이가 핫도그 2개를 30초 만에 해치우고 나자 저는 제 시험 채점을 도와달라고 했습니다. 아들에게는 캐플런 문제집에 붙어 있는 정답을 불러달라고 하고 저는 답안지의 타원형을 들여다보았습니다. 까맣고 완전하게 채워진 타원형들, 아주 까맣게 그리고 아주 완전하게 채워진 타원형들이 별로 정확한 자리에 채워지지는 않았다는 사실이 곧 드러났습니다. 수학 섹션들을 채점할 때 아들아이가 저를 놀리고 있는지도 모른다는 생각이 든 때가 몇 번 있었습니다. 대수학에 관한 아홉 번째 섹션에는 문제가 16개였습니다. 20분 동안에 12개를 풀었는데, 이 중에서 11개가 틀렸습니다. 아들아이가 말했습니다.

"와. 그러니까, 정답을 맞힌 비율이 8퍼센트인 거네요?"

"내가 그걸 어찌 아나? 나는 백분율 계산 못한다."

제가 퉁명스럽게 말했습니다.

"그건 분명하네요."

저는 통계 처리하기 전의 제 점수는 200점에서 800점의 SAT 등급으로 환산하기 위해 계산기를 두드렸습니다. 비판적 독해 점수는 괜찮게 나왔더군요―사실은 아주 잘 나왔습니다. 수학 점수는…… 수학 점수는 밝히지 않겠습니다. 독자 여러분이 깜짝 놀라실 정도로 낮으니까요. 하지만 굳이 밝히자면, '뇌엽 절리 수술을 받은 환자' 이하의, '필리스 야구팀 팬' 이상의 수준 어딘가에 속한다는 것을 말씀드립니다. 에세이를 1에서 6까지의 등급으로 채점하는 것은 좀 더 까다로웠습니다. 칼리지보드의 지침에 따르면 에세이에서 최고 등급을 받으려면 '분명한 통일성과 매끄러운 사고의 전개'(분명하지 않은 통일성이란 뭐지?) 및 '능숙한 언어 구사력'을 보여야 하고, '효과적이고 통찰력 있는 방식으로 관점을 전개'해야 하며 '명백하게 적절한 예를 들어야' 합니다.

제 에세이에 아주 잘 들어맞는 특징들이라고 저는 생각했습니다. 6점을 받을 게 분명했지만 겸손의 미더을 살려 1짐을 뺐습니다. 좋은 에세이 점수를 가지고도 제 SAT는 30년 전에 그랬던 것과 마찬가지로 완전한 실패에 가까웠습니다. 그래도 그때는 그나마 잔디 부스러기들이라도 유리창으로 날아 들어와 그럴듯한 핑계 거리가 되어주었지요.

제가 매긴 점수가 유효함을 확인하기 위해 아들아이가 에세이를 읽었습니다. 저는 아들이 그것을 읽는 모습을 보지 않으려 했습니다. 이윽고 아들아이가 말했습니다.

"3점이에요."

"3점이라고?"

"어쩌면 2점이에요."

"말도 안 돼. 2점이라니?"

"좋아요, 그럼 4점."

"너 어떻게 됐냐?"

"지침을 읽어보세요. 시험 준비 책자들을 읽어보면 모두가 다 같은 말을 해요. 논지를 뒷받침하는 예를 3개 들어야 한다고 한다고요. 그런데 아버지는 제1차 세계대전에 관한 것 1개만 들었어요. 그리고 하도 이 얘기 했다가 저 얘기 했다가 해서 정신이 없어요."

"그건 여러 가지를 병치시키는 거야. 거기에 복잡성을 좀 도입하고 싶었던 것이지."

"게다가 아버지는 질문으로 끝을 맺었잖아요. '도토리는 어디서 생겨나는가?' 왜 굳이 질문으로 끝을 맺으신 거예요? 자신의 주장을 해야 한다고요."

저는 아들아이가 부드럽게 말하기 위해 애를 먹고 있다는 것을 알았습니다.

"잡지나 책에는 그래도 괜찮겠죠."

아들아이는 계속했습니다.

"하지만 이건 SAT예요. SAT에서 그렇게 썼다가는 어림도 없어요."

몇 주 뒤 아들아이의 점수가 이메일로 날아들었습니다. 괜찮았습니다. 제 생각이지만 제 점수보다는 좋았습니다. 어쨌든 그 아이가 머릿속으로 꼽아두던 초기의 학교 목록을 크게 변형할 필요는 없을 수준이었습니다. 안정권에 있는 학교들에 대한 가능성은 괜찮았으며, 안정권 밖의 학교들은 여전히 안정권 밖이었지요. 그와 때를 맞춰 새로운 경쟁 요소가 부엌 수다에 추가되었습니다. 저도 거의 매주 그런 자리에 참여하게 되었습니다. 이 수다늘은 파티 안에 또 파티가 있는 형국이었습니다. 대학에 진학할 시기가 된 아이들을 둔 학부모들로 이루어진 작은 모임이었지요. 우리는 토요일 밤이나 일요일 오후, 더 큰 범위의 교외 지역 거주 부부들의 집합에서 떨어져 나와 마치 우리 안 한구석에 옹송그리며 모여 있는 갓 태어난 햄스터 새끼들처럼 부엌이나 뒷마당 베란다에 모였습니다. 우리는 '부엌형 인간'들이었습니다. 동지애와 편안함을 갈구했지요. 서로 소문과 뉴스, 질문, 불평불만을 나누고, 위로와 조언, 경쟁 상대를 염탐할 기회를 추구했습니다.

SAT 점수가 도착하자 새로운 수다의 가능성이 펼쳐진 것이죠. 우리

가운데 몇 명은 아이들의 내신 평점이나 SAT에 관한 이야기를 우리의 연봉이나 집을 얼마에 샀느냐는 것과 같은 이야기처럼 생각했습니다. 일반 대화에서 내어놓아서는 안 될 것으로 취급했지요. 만일 그걸 어기면 허풍선이 내지는 그 숫자의 크기에 따라 실패자로 보이니까요. 그러나 다른 사람들은 그런 문제에 민감하지 않았습니다. 우리는 주말이 되면 부엌에 모였으며, 서브제로 냉장고의 스테인리스 문에 반사된 어른어른한 빛 속에서 그 미묘한 춤이 시작되곤 했습니다.

한 엄마가 자기 딸에 대해 이렇게 말합니다.

"이거야 원. 우리 딸아이는 프린스턴에는 원서를 보낼 생각도 안 해요. 지금으로서는 그래요. 그 SAT 점수 가지고는 말이죠. 그것으로는 그냥 말이 안 되는 거죠."

"점수가 그렇게 안 좋은가 보죠."

다른 부모가 동정을 가장하며 말합니다.

"아니, 오해하지 마세요."

그 엄마는 자기가 한 말을 스스로 정정하는 듯 서둘러 말을 끼워넣습니다.

"SAT 점수는 좋아요, 아주 탄탄하죠. 단지 프린스턴권이 아니라는 거예요. 제 말뜻은 그거예요. 우리 딸은 아마 *끄트머리*쯤일 겁니다. 간신히 조건이 된다고 할까요. 그러니까, 불가능하다는 것은 아니죠. 어쩌면 원서를 보낼지도 모르죠. 모르겠어요. 그래도 무모하다거나 그런 건 아니니까요."

뚱한 부모들도 있습니다. 충족되지 않은 기대감에, 꺾여버린 희망과 자녀들의 뛰어나지 않은 성과에 짓눌린 것이지요. 그들은 자발적으로 자기 자식의 점수를 수학부터 시작해서 그다음에는 영어, 그리고 에세이순으로 자책하며 천천히 공개합니다.

한 아이의 아버지가 말합니다.

"우리 아들은 머리는 좋은 것 같은데, 시험 점수는 엉망이에요. 시험공부를 안 해요. 공부를 시켜보려고 했죠. 캐플런 책도 사주고, 또 학원에 보내주겠다고 그랬죠. 그런데 애는 비디오게임이 더 좋은 거예요. 요즘 대학에 비디오게임 전공은 없나요? 그러면 우리 아이는 아주 두각을 나타낼 텐데 말이에요. '그랜드 세프트 오토 IV'로 일등을 할 거예요."

자녀가 상위권 성적을 낸 부모들이 바이킹 오븐에 기대어 서서 몸을 비비 꼬는 모습이 눈에 띄기도 합니다. 그들은 어떤 때는 글자 그대로 깡충깡충 뜁니다. 처음엔 자랑을 하고 싶지 않기 위해 그러는 것인지 무례하게 보이지 않으려고 그러는 것인지 표시가 별로 안 나지만 틀림이 없습니다. 하지만…… 정말이지…… 그들은 자기 딸이 모든 시험과목에서 만점을 받아 2,400점을 기록했다는 사실을 말하지 않으면 폭발할 사람들입니다. 그들은 GPA와 함께 그 점수로 햇빛이 찬란한 고지대의 다트머스나 브라운 대학은 따놓은 당상이라고 말할 것입니다. 그리고 어쩌면 (그걸 떠벌이는 것은 과한 일이지만) HYP(하버드, 예일, 프린스턴)에 갈지도 모른다고도 하겠지요. 이런 경우라면 계속 그냥 몸을 비비 꼬도록 내버려두는 것은 기분 좋은 일입니다.

"우리는 딸아이가 얼마나 시험을 잘 봤는지 알고 정말 놀랐어요."

그 엄마는 분홍색 진판델 한 잔을 들고 가장자리 둘레에 손가락을 빙빙 돌리며 그렇게 시작할 것입니다. 그러고는, 그게 몇 점인지 어서 물어봐요, 물어봐주세요, 하며 애걸하는 듯한 눈으로 좌중을 둘러볼 것입니다.

"그래요?"

제가 말합니다.

"우리 그이는 그걸 보고, 오, 저런, 이럴 수가, 라고 하더군요."

그녀는 양 발끝을 안쪽으로 모으고 갑자기 소변이 급한 것처럼 무릎을 약간 굽힙니다. 그녀는 아무 말 없이 눈으로 '그게 몇 점인지 어서 물어봐요'라고 말합니다.

"흠."

제가 말합니다.

"물론 우리 아이는 언제나 똑똑했죠."—그녀는 점점 더 낮게 무릎을 굽힙니다— "확실히 엄마보다 더 똑똑하지 않겠어요 글쎄! 제가 25년 전에 본 SAT 점수는 애 것과는 비교도 할 수 없어요."

"흠."

"물론, 애는 전반적으로 시험을 잘 봐요. 항상 그래왔죠. 하지만 이번에 이런 점수는……."

자랑으로 가득한 그녀의 방광은 이제 팽창할 대로 팽창했습니다. 사방으로 부풀어서 골반의 안쪽 벽에 부딪치며 내리눌러 치골을 압박하고 하복부 정맥을 조르고 있었습니다. 충족되지 않아 고통스런 이 욕구에 못 이겨 그녀는 그대로 석판 바닥에 주저앉을 판이었습니다.

"그러니까, 점수를 알리는 이메일이 왔을 때 저는 그걸 엿볼 수밖에 없었지 뭡니까!"

그녀는 부엌에서 그녀의 말을 듣고 있을지도 모를 다른 부모들을 애

타는 눈으로 둘러보았습니다.

"그래서 봤는데요, 저는 이런 생각이 드는 거예요, '어머나, 이게 과연 내 새끼 게 맞나? 이 점수는 도대체 어떻게 된 거야?'"

마침내 그녀는 동정의 눈길을 발견합니다. 그리고 다른 부모가 이렇게 말하는 것이죠.

"점수가……."

"2,400점이더라고요! 저는 그냥, 와! 그랬어요."

그녀는 결국 방광결석을 빼내고는 거룻배의 삿대처럼 꼿꼿이 섭니다. 고통이 확 사라진 것이죠. 그러고는 겸손한 미소를 머금고 진판델을 홀짝입니다.

저는 대학교들이 학생들을 상대로 어떻게 광고하는지 좀 더 잘 알아가고 있었습니다. 팸플릿과 뷰북, 인근 대학에서 보내는 저녁 행사 초청장 등 재래식 우편은 가장 자명한 방식이었습니다. 그만큼의 호객 행위, 어쩌면 그보다 더 많은 호객 메일이 우리 아들 이메일 박스에 날아들었습니다. 어떤 날은 하루에 3~4개를 받는다고 하더군요. 하지만 이런 것들은 우편집배원이 배달해주는 것보다는 덜 성가시고 학교에 대해 더 알려주는 바도 없습니다. 디지털 형식이든 종이 인쇄물 형식이든 제가 아는 한 그것들은 우리 아들에게 별로 깊은 인상을 주지 못했습니다.

"왜 이런 걸 제게 보내는 거죠?"

아들이 어느 날 마이애미 대학이 보낸 호객 우편물을 받고 (수사적인) 질문을 던졌습니다. 저는 그 우편물은 틀림없이 교묘히 부지불식간에 작용하는 신호로 가득할 것이며, 그 신호들은 학생들로 하여금 서둘러 플로리다행 비행기를 타고 싶도록 고안되었을 것이라고 말했습니다. 그 안에 든 카드에는 '우리는 여러분을 알고 싶습니다'라는 글자가 찍혀 있었으며, 배경 사진에는 햇볕으로 따사한 잔디에서 느긋한 시간을 보내는 학생들과 부겐빌레아 꽃과 극락조가 있는 듯한 곳에서 솟아오르는 분수가 담겨 있었습니다. 저는 그 카드를 들어 올렸습니다.

"이 카드가 뭐라고 그러냐?"

"우리는 여러분을 알고 싶습니다."

아들이 말했습니다. 저는 좀 더 자세히 보라고 했습니다.

"햇빛이 밝네요. 봄인가 봐요. 예쁜 사진 같네요."

"좀 더 잘 봐. 학생들을 봐봐."

"행복해 보이네요."

"그래."

"남자는 1명뿐이에요. 여자애들한테 둘러싸여 있고요. 여자가 4명이네요."

"이게 주는 메시지가 뭐냐?"

"'확률이 높다'는 거죠."

"그렇지? 저들은 너를 조종하려는 거야. 아주 교묘한 메시지지. 학생이 우리 학교에 오면 마음대로 골라잡을 수 있어요, 라는 것이지."

아들이 갑자기 진지해지며 말했습니다.

"아버지. 제가 생각을 좀 해봤는데요. 왜 그런지는 잘 모르겠지만 마이애미 대학에 정말 가고 싶어요."

이 학교들이 세상과 잠재 학생들에게 자기들을 알리기 위해 정교한 방식을 사용하기 시작한 것은 비교적 최근의 일입니다. 고등교육은 경쟁이 매우 심한 산업이지요. 경쟁자들은 ① 경쟁심이 강한 것처럼 보이거나 ② 산업체처럼 보이지 않으려고 애를 써왔습니다. 20년 전만 해도 입학처 직원들이 '마케팅'이라는 천박한 단어를 쓰는 일조차 드물었습니다. 그런데 2008년의 어떤 조사에 따르면 입학처장을 고용할 때 가장 중요한 자격 요건은 '마케팅 및 홍보 경력자'였습니다.

1970년대 말 인구통계와 관련된 불안감으로 당시 학장들은 머잖아 고객이 끊길지 모른다는 걱정에 휩싸였으며, 이로 인해 위와 같은 호객 행위가 생기기 시작했습니다. 마케팅 담당자로 변신한 교육자들은 고객층을 찾아야 했습니다. (그들은 곧 '고객층'이라는 용어를 쓰기 시작했습니다.) 그들은 자기들이 원하는 데이터가 쉽게 쓸 수 있도록 준비되어 있다는 것을 발견했습니다. 1970년대 초부터 칼리지보드는 PSAT에 학생 신상 설문지를 포함시켰습니다. 학생들은 시험을 보고 나서 대부분 시간을 내 설문지에 답을 합니다. 이렇게 해서 칼리지보드는 그해에 대학에 가고자 하는 학생들과 그들에 관한 많은 정보를 담은 포괄적인 명단을 보유하게 됩니다. 학생들은 주소와 평점, 민족적 배경, 학업 관심 분야, 과외활동 등에 관한 정보를 내어줍니다. 가족 소득을 어림잡아 적기도 하고 학자금 지원 신청을 할 것인지의 여부를 밝히기도 합니다. SAT의 경쟁업체인 ACT는 주로 중서부의 학생들이 보는 시험인데, 그들도 비슷한 정보를 수집합니다. 이들 두 영리 업체는 명단 정리 사업에도 진입했습니다. 다른 업계의 마케팅 담당자들은 부러워서 숨이 막힐 따름이지요. 한번 생각해보세요. 전국적으로 향후 12개월 안에 자동차를 구입할 계획이 있는 사람들의 명단을 주소와 소득 수준, 선호하는 색상과 스타일, 크기, 좌석 커버, 음향 시스템, 연비 정보 등과 함께 보유하고 있다면 많은 자동차 세일즈맨을 아주 행복하게 해줄 수 있을 겁니다. 수수료를 받고서요. 그게 바로 명단 회사들이 이 나라의 대학교들에게 제공하는 것입니다.

수수료를 주고―학생 이름 하나에 대략 30센트― 학교들은 그 회사를 고용하고 그들이 보유한 데이터베이스에서 자기들이 원하는 특징에 맞는 학생들을 검색해 명단을 추리도록 합니다. 검색 기준은 물론 학교마다 다릅니다. 입학처장들은 배스킨라빈스가 지난 50년간 아이스크림을 만들며 발견한 풍미의 수보다 더 많은 미국 10대들의 다양함을 식별해냈습니다. 농구와 비평적 글쓰기에 재능이 있는 1세대 히스패닉계 남학생, 물리학에 관심이 있으며 공동체 봉사에 헌신적인 부유한 아프리카계 여학생, 높은 수학 점수와 외국 유학을 동경하는 남동부 출신의 백인 남녀 신앙인 등등.

모든 검색 기준들이 다 그렇게 심원할 필요는 없습니다. 한 아이비리그 학교는 고득점 SAT에 내신 평점이 A+인 학생들을 찾은 다음 지역별, 희망 직업별 및 대여섯 가지 다른 요인별로 목록을 추립니다. 가령 4년제 대학에 다니기를 원하는 고득점 학생들만을 찾는 것입니다. 아무리 우수한 학생이라도 그 학생이 미용 전문가가 되기를 희망한다면 브라운 대학으로서는 그런 학생에게 신경 쓸 필요가 없는 것이지요.

몬태나 주립대학은 평균 B 내지 그 이상의 내신 성적을 가진 학생들 중에서 동계 스포츠를 좋아하는 학생들을 찾고자 할 수 있습니다. (타당한 추론: 남부 선벨트 지대의 학생이 스노보드 때문이 아니라면 몬태나의 학교에 가고자 할 이유가 어디 있을까요? 승마 때문일 수도 있겠지만요. 그러면 마학

馬學에 관심이 있는 학생도 검색 기준에 포함되겠죠.) 자연 과학자를 교육시킬 시설이 없는 인문 단과대학은 언어 부문의 성적이 높은 고등학생들을 원하되 수학 성적은 무시할 것입니다. 전국적인 범위에서 학생들을 모집할 법하지 않은 작은 침례교 대학은 캠퍼스에서 반경 200마일 내에 거주하는 고등학생 중 침례교인의 명단을 삽니다.

입학처장들은 검색 기준을 아주 미세하게 더 구분해서 개인적인 성향에 관한 질문들도 탐색해볼 수 있습니다. 한 설문은 학생들에게 '캠퍼스 환경'에 대한 선호도를 묻습니다. 학생들은 '보수적(마약과 술을 엄격히 금하고 이를 시행하는 캠퍼스)', '중도('합리적인 행동 규범'이 준수되는 캠퍼스)', '자유주의적(공공연하게 마리화나를 사용하는 캠퍼스)' 중에서 한 항목에 표시를 할 수 있습니다. 기독교 학교인 페퍼다인 대학은 첫 번째 그룹을 선택한 학생들의 명단을 살 것이고, 리드 대학교와 같은 실험적인 학교는 세 번째 그룹의 학생들 명단을 사겠지요.

명단에 대한 경쟁이 너무 극심해지다 보니 이제 학교들은 10년 전까지만 해도 하지 않았을 짓을 하고 있습니다. 즉 10학년(고1)의 명단을 사는 것입니다. 이 순진한 눈을 껌벅거리는 아이들은 너무 변하기 쉽고, 너무 취향이 획일적이어서, 지극히 정교한 표적 마케팅을 쓴들 그들에게서 확실한 반응을 기대하기 어렵다고 생각된 지 오래입니다. 어떤 입학처장들은 약간 기겁을 하며 그런 것을 '섬뜩한 검색'이라고 부르기도 하고, 또 어떤 이들은 원조 교제라고 부릅니다. 그래도 그들은 어쨌든 그런 명단을 사지요. 궁극적으로 검색 대상 연령이 어느 선까지 내려갈지 알 수 없습니다. 캣 코헨의 딸은 지금 유치원 준비반에 다니는데, 이메일을 확인해보는 게 좋을 겁니다. 성공적인 대학교는 뭐든지 첫째입니다. 제대로 된 명단을 검색하고 그것을 사는 데도 첫째, 뷰북으로 아이들을 공략하는 데도 첫째, 캠퍼스에 초청하는 데도 첫째, 원서를 보내는 데도 첫째, 입학 허가를 통보하는 데도 첫째, 뿌리치지 못할 등록금을 제의하는 데도 첫째입니다.

거대하고 수익성이 좋은 기생 산업이 여기저기 부풀어 올랐다가 터져 나와 대입 전형이라는, 부풀어오르는 종기 같은 숙주에 들러붙었습니다. 광고 문안 작성자, 그래픽 디자이너, 인구통계학자, 행사 기획 전문가, 통계 조사원, 사진가, 심지어는 색상 전문가까지 발송 우편물의 내용과 시기에 대해 입학 사정 위원회에 자문을 합니다. 아이들의 주의 집중 시간이 문자 언어에 대한 포용력과 함께 감소됨에 따라 표어와 구호는 갈수록 더욱 중요해졌으며, 또한 돈이 많이 들게 되었습니다. 매년 수십 만 달러라는 돈이 학교의 정수를 세상에 알릴, 간결하고 함축된 완벽한 대여섯 글자를 지어내는 재능이 있다고 여겨지는 전문가들에게 쓰입니다.

〈US 뉴스〉의 특집호에 이런 것이 실린 것을 보았습니다. "성공하는 개성" 또 "개성 있는 성공". 이미 다 잊어버렸습니다. 오래전에는 거창한 라틴어 문구 하나로 족했지요. 예일대는 '룩스 에트 베리타스(Lux et Veritas: 빛과 진리)'에 헌신적이었으며, 노스웨스턴 대학은 '콰에쿰쿠에 순트 베라(Quaecumque sunt vera: 진리라면 어떤 것이든)'를 추구했습니다. 지금 21세기에는 대학 졸업생들이라도 그런 구절들을 소리 내어 읽어볼 생각조차 하지 않을 것입니다. 포스트모던 시대가 도래하면서 전형적인 진리에 관한 그 모든 주장들은 아주 수상쩍게 보이기에 이르렀지요. 결국 오늘날의 교훈校訓들은 로큰롤 발생 초기에 작곡가들이 노래 제목을 고를 때 사용하던 것과 같은 아주 기초적인 원칙을 따릅니다. 로큰롤은 전적으로 10대들을 타깃으로 삼은 최초의 대중 영리 산업이 었죠. 좋은 노래 제목에는 단순한 단어들, 인칭 대명사 한둘, 긴박감과 소속감을 주는 현재형 동사들이 사용되었습니다. "She Loves You(그녀는 당신을 사랑해요)." "Baby It's You(사랑스런 그대, 그건 당신이에요)." "Be My Baby(내 애인이 되어주오)." "You Baby(내 소중한 당신)." 모두 클래식들이죠.

최근의 대학들이 내거는 모토들이 그렇습니다. "그대여, 당신은 우리와 맞아요(올리베트 대학, '그대여'는 제가 추가했습니다)", "당신이 속하는 곳(배리 대학교)", "어디 가십니까?(베다니 대학교)", "모두가 중요한 곳(하워드 페인 대학교)", "여기야말로 그곳입니다(텍사스 A&M)". 다음과 같이 어떤 것들은 아주 약삭빠릅니다. "학위로 미래를 바꾸세요(휴스턴 대학교)". 또 어떤 것들은 아주 불가해하고 음울하지요. "뭐가 정말로 중요하냐고요?(더뷰크 대학교)". 하지만 완선히 결정되어 변하지 않는 모토는 없습니다. 대학들은 모조 보석 장신구를 고르듯 모토를 사서 한번 써보고는 곧 다른 것으로 옮겨갑니다.

몇 년 전 아이다호 대학은 "여기에서는 어디든 갈 수 있습니다"라는 모토를 마음에 들어 했지요. 그랬다가 다른 학교들도 그런 자랑을 한다는 것이 분명해졌습니다. "여기서 출발하면 어디든 갈 수 있어요"의 여러 변형이 테네시의 벨몬트 대학에서 캔자스의 엠포리아 스테이트 대학, 매사추세츠 베이 칼리지에서 걸프 코스트 칼리지에 이르기까지 여러 학교에서 사용되고 있었습니다. 이 지리적인 다양성이 암시하는 바는 그 모토의 내용과는 달리 여기든 저기든, 아무데서나 출발해도 다 갈 수 있다는 것이지요. 많은 돈을 들인 후에 아이다호 대학은 "열린 공간, 열린 마음"이라는 모토를 정했습니다. 하지만 그것도 일시적이었죠. 제가 최근에 본 바에 의하면 그 열린 공간이란 것을 버리고 "앞서가 남기는 유산"을 택했습니다.

어떤 입학 사정관이 언젠가 제게 말했습니다.

"우리가 하는 일은 귀천의 혼합이지요. 우리는 정말 이 아이들을 위하는 마음을 가지고 있어요. 정말입니다. 어떻게 그러지 않을 수 있겠어요? 젊은이들의 이성과 지혜를 개발하고 정신을 양육하는, 그런 모든 일에 종사하는데요. 한편 우리는 마케팅 활동을 벌이지요. 우리의 상품을 정말 팔고 싶다는 겁니다."

동종의 직업을 갖고 있는 다른 많은 사람들과는 달리 그녀는 최신 입학 전형의 영리적 수단들에 대해 거리낌이 없었습니다. 그녀는 뷰북을 들고 그게 어떤 식으로 작용하는지 설명했습니다. 저는 매달 저희 집에 폭포수처럼 쏟아져 들어온, 스테이플로 묶여 펄럭이는 큰 책자들에 그렇게 많은 주의와 정교함이 들어갔을 줄은 꿈에도 생각하지 못했습니다. 1970년대 고등학교 졸업반이었을 때 저는 옥시덴털 대학에 정보를 요청하는 편지를 보냈습니다. 결과적으로 그 학교는 제 모교가 되었지요. 그리고 한 주가 지나자 두꺼운 카탈로그가 배달되었습니다. 크림색 종이에 인쇄된 그것은 페이지마다 활자로 빽빽했습니다. 강좌 설명, 개인적인 추천의 글, 학과별 목표 선언문, 학자금 정보, 저명한 교수들의 약력 등이 있었지요. 자전거를 타거나 배낭을 들어 올리는 학생들의 흐릿한 흑백사진 몇 장만이 지면을 할애받아 실려 있었는데요, 분위기를 알 수 있는 것으로는 그것들이 유일했습니다. 오늘날의 고등학생들에게 그러한 책자는 최면술사가 흔드는 시계 같은 작용을 할 것입니다. 당신은 잠이 옵니다, 잠이 옵니다, 그러다가 10초 만에 굴굴 잠이 들게 되는 그런 것 말입니다. 1974년에 제가 그랬습니다.

오늘날의 뷰북은 지난 30년간의 대입 전형 변천을 아주 잘 말해주는 상징이라고 그녀는 말했습니다. 이제 관건은 브랜드를 구축하는 것입니다.

브랜드가 뭐냐고요? 라고 그녀가 묻더니, 브랜드는 입학 사정 위원회에서 젊은이들의 마음속에 심기를 바라는 정신적 인상에 일관성을 부여하는 메시지의 건축입니다, 라고 말했습니다. 그러면 브랜드를 어떻게 구축하느냐고요? 활자체가 시각적인 신호를 주는 역할을 합니다만, 언어가 아닌 컬러와 이미지로 합니다. 어떤 뷰북이든, 거기서 아무 페이지나 뜯어보세요. 그래도 그게 어떤 학교의 뷰북에서 뜯은 것인지 식별할 수 있을 것입니다. 컬러 팔레트가 열쇠입니다. 신중하게 선택해야 합니다! 뷰북에 라임 그린을 쓰면 웹사이트에도 라임 그린을 쓰는 게 좋아요. 제가 라임 그린이라는 소리에 주저주저하자 그녀는 그 색이 갈수록 인기 있는 색이라고 주장하며, 그것은 약속과 젊음을 말해주는 색이라고 하더군요. 컬러 팔레트를 우습게 보지 마세요. 라임 그린 학교였던 것이 며칠 뒤에 보라색 학교가 되면 곤란해요.

뷰북은 모든 페이지가 똑같으면서도 다 다릅니다. 모든 페이지는 앞장과 같은 스타일이지만 계속 새로운 정보의 층이 쌓이기 때문입니다. 기숙사 생활에 관한 페이지, 해외 유학에 관한 페이지, 인근 지역사회에 관한 페이지 등이 있으니까요. 그리고 각 페이지는 '행동을 촉구'해야 합니다. '이 수신자 부담 전화로 거세요.' '우리의 웹사이트를 방문하세요.' '이러한 특별 행사에 초청합니다.' 아이들이 시간을 쓰도록 하세요. 그들이 계속 페이지를 넘기도록 하세요.

학교의 특징을 말하지 말고 혜택을 말하세요. 학교에 대해 말하지 말고 학생들에 대해 말하세요. 학생들에게 직접적인 화법을 써서 말하세요. 교수 대 학생 비율이 1 대 10이라는 것을 뽐내지 마세요. 그 대신 이렇게 말하세요. "대단히 낮은 교수 대 학생 비율 때문에 독창적인 연구를 할 수 있는 기회가 더 많습니다!" 학급의 크기를 말하지 말고 "우리 학교의 친밀한 수업 분위기는 여러분이 대학원 공부를 할 때 유리한 입장에 서게 할 것입니다!"라고 하세요. 소장 도서가 1백만 권인 우리의 도서관은 크고 새로 지은 건물이라는 식으로 말하지 말고 "우리의 첨단 정보 검색 시스템을 통해 21세기의 직장이 주는 도전에 대비할 수 있을 것입니다!"

학생들에게 무언가 공짜로 생길 거라는 생각이 들도록 만드세요. "이 카드를 반송하면 다음과 같은 우리 학교의 새 브로슈어를 보내주겠습니다. '입학처장이 여러분에게 숨기는 열 가지 비밀.'" 비밀을 듣기 싫어하는 사람은 없지요. 그리고 아이들은 사진을 좋아합니다. 사진은 컬러와 같아요. 신중하게 선택해야 합니다. 과거의 뷰북을 보면 한결같이 '나무 한 그루에 3명'이 있는 사진이 있었어요. 교정의 사각 안뜰 안 오래된 떡갈나무의 가지에 여학생 둘에 남학생 하나, 또는 남학생 둘에 여학생 하나가 앉아 있습니다. 이는 뷰북을 받아볼 대상에 따라 달라집니다. 아주 따분하지요. 지금은 사진사가 항상 대기하고 있습니다.

어느 날 아침 눈이 멋지게 쌓이거나 가을의 단풍이 장관을 이루었을 경우 학교들은 사진사를 불러 그 사진을 찍게 합니다. 재학생 사진을 찍을 때는 카메라를 정면으로 바라보게 하세요. 독자를 끌어들이도록 말입니다. 사교와 참여의 느낌을 주는 것이지요. 함께 모여 있는 학생들! 함께 공부하는 학생들! 함박웃음을 웃는 학생들! 이 학교는 신나는 곳이다! 사진들은 한 장 한 장 모두 여러분 학교에 대해 말해줍니다. 과학 전공 학생들 속에 파묻혀 좀 예술적인 타입을 원하면 질그릇을 빚는 예쁜 여학생 사진을 싣는 것입니다. 남학생들이 필요하면 미식축구팀의 경기 사진을 싣는 것이죠. 가급적이면 진흙 범벅인 사진으로요. 남학생들은 진흙을 좋아하거든요.

뷰북에 정보를 실을 필요가 있겠다고 생각되면 그래도 좋아요. 다만 정보는 유용한 것을 짤막하게 조금씩 주어야 합니다. 숫자 목록도 괜찮습니다. "2003년 이후 풀브라이트 장학생: 10! 캠퍼스 내 풀장의 수: 6! 학교 식당의 영업시간: 24!"와 같은 식으로요.

브랜드를 만드는 작업은 훈련을 필요로 합니다. 훈련은 입학처에서부터 시작되지요. 직원들에게 묻는 것입니다. 만일 당신의 학교를 자동차로 대표한다면 어떤 자동차로 하겠습니까? 벤츠? 유고? 지프? 시골에 위치한 대학이라면 다용도 포드 익스플로러가 좋겠지요. 튼튼하고, 실용적이고, 투박하니까요. 줄리아드나 커티스와 같은, 매우 선별적이고 아주 비싼 학교들은 스스로를 람보르기니라고 생각해도 좋겠지요. 특권적이고, 정교하고, 고급이고, 세심한 관리를 필요로 하니까요. 직원들을 모두 참여시키도록 하세요. 부처장 중 1명은 렉서스라고 하는데 다른 부처장이 셰브롤레 트럭이라고 하면 골치 아프게 되는 거죠.

마지막으로 한 가지만 더 말하자면, 장점을 살리도록 하세요. 자명한 말이죠? 그런데 많은 자명한 것들이 잘 인식되지 않습니다. 좀 둔한 학장들이나 교수들의 경우는 특히 그렇습니다. 그러면 툴레인 대학 이야기를 해드리죠.

물론 이것은 허리케인 카트리나 전의 일입니다. 툴레인 대학은 장점을 살리지 못했기 때문에 몇 년 동안 실적을 내지 못하고 있었습니다. 뷰북이 말해주는 것은 도서관의 학생들, 연구실의 학생들 등 학업에 관한 것뿐이었지요. 모든 학장들과 교수들이 그것을 고집했습니다. 우리 학교는 이미 노는 학교로 평판이 나 있으니 훌륭한 학구적 측면을 강조합시다, 라며 말입니다. 따분한 뷰북을 보는 학생들은 스르륵 잠이 들겠지요. 아니나 다를까, 원서의 수는 줄고 SAT 점수는 낮아지며 등록금 수입은 감소했습니다.

그러다가 새로 부임한 학생처장이 브랜드 대행사를 불러들였습니다. 그들은 대학생, 지원자, 고등학생을 상대로 표적 집단 면접을 실시했습니다. 그러자 무엇을 해야 할지가 바로 그들의 눈에 들어왔습니다. 여보세요, 여기는 다름 아닌 뉴올리언스 아닙니까! 라는 것이었습니다. 결국 그들은 즉각 마르디 그라°의 특징적인 색상을 쓰고, 풍부한 문화유산, 다양성, 검보 수프, 전차, 재즈, 프렌치쿼터의 밤 등 뉴올리언스의 이모저모를 담은 많은 사진들을 담은 뷰북을 만들어냈습니다. 그러자 반응이 곧바로 오기 시작했지요. 상승 곡선을 그래프에 표시하면

° 매년 2~3월 사이에 열리는 뉴올리언즈의 축제. 거리 공연과 퍼레이드, 가장 무도회 등으로 진행된다.

아마 아이스하키용 스틱 같을 것입니다. 똑같은 기준의 검색에 똑같은 학생 명단이었지만 브랜드를 달리한 것입니다.

뷰북 발송에 대한 회답률이 쭉 상승했습니다. SAT 점수도, GPA도 상승했습니다. 학급에서 상위 10퍼센트에 드는 학생들이 예전보다 더 많이 지원했습니다. 그래서 〈US 뉴스〉의 차트에서 순위가 높아졌습니다. 학자금 지원을 필요로 하지 않는, 전액 등록금을 내는 학생들의 수가 예전보다 훨씬 더 많아졌습니다.

왜냐고요? 부유한 학생들이 뉴올리언스에서 사는 게 멋지겠다고 생각하게 된 것이지요. 학생들은 다른 생각이지만 부모들은 오직 대학교에 관한 것이라고 생각하고 학비를 대주는 것이고요. 좋은 학교라는 것만으로는 충분하지 않습니다. '뉴올리언스에 있는' 좋은 학교라야 하는 것이지요. 이제 상품을 팔 수 있게 된 것입니다.

입학 사정관들은 여행을 많이 합니다. 말을 퍼뜨려 고객들을 자기네 지붕 아래로 끌어들이기 위해 고등학교를 방문하고, 대학 진학 설명회에 참석하고, 갈리시 나이트college night와 같은 각종 자체적 행사를 개최합니다. 20년 전만 해도 입학 사정 위원회는 구입한 명단에 있는 모든 학생들에게 순회 행사 스케줄을 발송했지요. 대개 수신자가 어디에 살건 상관하지 않고 전국 행사들이 모두 적힌 동일한 카드를 보냈습니다.

요즘에는 그러한 방식이 아주 조야하게 보이지요. 이제 표적이 된 학생들은 그들이 사는 지역에서 있을 행사만 적힌 개별 초청장을 받습니다. 봉투에 든 그 초청장들에는 RSVP(부디 회답 주시기 바랍니다)가 찍혀 있는데, 마치 클럽의 만찬 파티에 초대되는 것 같지요. 초청장에는 그

행사가 기회로 표현됩니다. 그들의 학교에 대해 알 수 있을 뿐 아니라 미래의 동급생, 인근의 졸업생, 그 지역 학생들의 지원 서류들을 처리할 입학 사정관 등을 만날 기회라는 것입니다. 어쩌면 입학처장까지도! 연구 조사에 따르면 RSVP 카드는 필수적입니다. 그로 인해 수신자가 의무감을 느낀다는 것이지요. 특히 그런 것을 받아보지 못했던 고등학생들로서는 우쭐한 기분이 드는 것입니다. 그 카드에 기재 사항을 적어 반송하지 않으면 찝찝하고, 또 그것을 보내고 나면 어쩔 수 없이 가야 한다는 생각이 드는 것입니다.

그 방법은 물론 우리에게도 먹혔습니다. 한동안은 그랬지요. 우리가 네 번째 칼리지 나이트에 갔을 때 수확체감의 법칙이 시작되는 것을 느꼈습니다. 그간 우리가 참석했던 다른 설명회들과 마찬가지로 그 칼리지 나이트도 준準교외에 위치한 어떤 호텔의 대연회장에서 주중에 열렸습니다. 새로 지은 호텔들의 '대연회장grand ballroom'은 부적절한 명칭입니다. 그것들은 그저 지하실을 위장했을 뿐이지요. 주차장에서 호텔로 들어가면 위로 올라가지 않고 밑으로 갑니다. 에스컬레이터를 이리저리 타고 밑으로 또 밑으로 내려가면 광대한 공간이 나옵니다. 아른아른 빛나는 샹들리에, 금박 테두리가 둘린 이동식 벽, 호화로운 무늬의 카펫은 라스베이거스를 엉성하게 흉내 낸 인상을 줍니다. 착각은 오래가지 않습니다. 천장이 낮고 축구장만치 큰 방 안에 펌프질되어 들어오는 냉각 공기, 비상계단 출입구 뒤에 있는 보일러의 웅웅 우르르 하는 소리 속에 있으면 자신이 실제로 어디에 있는지 기억하지 않을 수 없지요. 아주 빛이 나는 지하실에 있다는 것을 말입니다.

그곳은 고등교육 관련 행사를 하기에는 이상한 환경입니다. 하지만 다시 말하면 그것은 귀천의 혼합입니다. 도널드 트럼프가 실내악 페스티벌을 후원하기로 한 것과 같다고나 할까요. 그날 밤 참가자의 수는 큰 장소를 필요로 했습니다. 부모를 운전기사로 둔 고등학생 1,000여 명이 교외 구석구석에서 몰려들었습니다. 주최하는 학교들 중에는 프린스턴과 하버드도 있었습니다. 그것을 보니 왜 그렇게 많은 사람이 몰려들었는지 알 수 있었습니다. 무슨 이유인지는 알 수 없어도 그 두 아이비 대학이 스스로를 낮춰 우리의 대표적 주립학교인 '큰 주립대학'까지 합류하도록 한 것이었습니다. 지역 주민들을 존중해서인지 노블리스 오블리제의 제스처에서 그런 것인지 짐작할 수 없었습니다.

우리는 '큰 주립대학' 때문에 거기에 갔습니다. 우리 아들은 1주일 동안 잠을 못 자며 치른 기말시험을 마친 직후여서, 그 아이에게 가자고 설득시킬 수 있었던 유일한 방법이자 또 제가 가보고 싶었던 유일한 이유는 '큰 주립대학' 입학 사정관을 만나 호의적이고 오래 기억될 인상을 줄 가망이 있으리라는 것이었습니다. 최소한 그러한 행사에 항상 비치되어 있는 방명록에 이름이라도 남길 수 있지 않겠느냐고 저는 말했습니다. 학교를 방문하거나 설명회에 감으로써 호기심이나 관심의 증거는 지원자의 서류에 올라갈 것이며, 그러면 그게 유리하게 작용할 수 있다는 말을 거듭해서 들은 바가 있기 때문이었습니다. 입학 사정 위원회는 자기네 학교를 좋아하는 지원자들을 좋아한다는 것이죠.

우리는 대연회장 밖의 인파를 헤치고 주최하는 학교들의 테이블 앞으로 갔습니다. 테이블에 이르러서 보니 방명록은 없었습니다. 반겨주는 입학처 직원도 없었습니다. 뷰북 더미들만 달랑 고아인 양 불안정하게 쌓여 있었습니다. 아들이 어깨를 들썩하며 말했습니다.

"이름을 기록할 데가 없네요."

"저들은 우리가 여기 참석했다는 것도 모를 거예요. 아무런 의미가 없어요."

그러고는 돌아서 에스컬레이터 쪽으로 갔습니다.

"집에 가는 게 좋겠어요, 안 그래요? 아셨죠?"

우리는 대연회장에 들어가 앞에서 가까운 곳에 자리를 잡았습니다. 입학처장들은 연단 위에 마련된 안락의자에 앉아 있었습니다. 안락의자 양쪽에는 작은 탁자들이 있고 그 위에는 램프들이 불을 밝히고 있었는데, 알라딘을 그리도 많은 곤경에 빠뜨린 것과 같은 모양의 램프들이었습니다. 그들이 앉아 있는 자리 뒤편으로는 파워포인트를 위한 대형 스크린이 펼쳐져 있었습니다. 그곳에 온 사람들은 이례적으로 조용한 것 같았습니다. 대다수 부모들은 지나치게 열심인 표정들이었습니다. 마치 금방이라도 연단에 뛰어올라 그 램프들을 잡아채 알라딘처럼 문질러댈 것 같았습니다. 무심해 보이는 사람들도 있었습니다. 직장에서 금방 퇴근한 엄마들, 양복 차림에 넥타이를 느슨하게 풀고 셔츠 소매를 걷어붙인 아버지들, 그들은 블랙베리를 조작해 이메일을 스크롤해서 보면서, 다른 집 아이들로 빽빽한 그 장소가 아닌 그들이 선호하는 다른 세상과의 접속을 유지하고 있었습니다. 아들아이가 말했습니다.

"저는 이런 게 싫어요. 제 자존심에 좋지 않아요. 여기 있는 애들은 전부 저보다 똑똑해요."

"허튼소리. 네가 그걸 어떻게 아냐?"

"그냥 알 수 있어요."

아들은 고개를 끄덕여 통로 건너편에 앉은 아이를 가리켰습니다. 옛날 느라마 〈괴짜 교수The Nutty Professor〉에 나오는 제리 루이스처럼 보이는 아이였습니다.

"아, 저 아이, 그럴지도. 하지만 다른 아이들이 반드시 다 그렇지는 않아."

그러고 보니 제 아들은 '큰 주립대학' 추리닝 상의를 입고 있었습니다. 보기보다는 꾀가 많았어요. 그런데 그런 사실을 재발견할 때마다 제가 왜 거듭 놀라워했는지 모르겠습니다. 어쩌면 그렇게 놀라도 그때마다 금방 잊히기 때문이었는지도 모르겠습니다. 아들은 잡지를 꺼내 무릎에 펼쳐놓고 읽기 시작했습니다.

"너 〈매드MAD〉지 읽니?"

"아뇨, 그냥 바라보는 거예요. 네, 읽고 있어요."

입학처장들이 앉아 있는 연단까지는 20보도 안 되었습니다.

"누가 보면 어떡하려고? 저 사람들에게 다른 아이들이 모두 너보다 똑똑하다는 것을 알리는 데는 아주 탁월한 방법이로구나."

아들은 제 말을 무시하고 재미있는 어떤 게임쇼 패러디에 몰두했습니다. 저는 뷰북을 훑어보며 희망이 사그라지는 것 같았습니다. 프린스턴의 신입생 중 상위 25퍼센트의 SAT 언어 점수는 790 또는 800점 만점이라는 것이었습니다. 저는 아들의 옆구리를 팔꿈치로 툭 치고 그 통계 수치를 손가락으로 가리켜 보여주었습니다.

"프린스턴에는 지원하지 말아야겠군요."

아들이 말했습니다. 발표가 시작될 무렵 아들은 다른 패러디를 읽고 있었습니다. 빌 오라일리에 관한 것이었는데 코웃음을 치지 않으려고 참으면서 읽더군요. 하버드의 입학처장이 먼저 발표하고, 그다음이 프린스턴이었습니다.

"우리가 이 모든 걸 몇 번이나 들었죠?"

아들이 고개를 쳐들며 말했습니다. 그전에 참석했던 세 차례의 설명회에서도 세 학교가 소개되었습니다. 제가 말했습니다.

"9번."

우리는 잠자는 중에도 (글자 그대로 그랬죠) 그 발표들의 핵심들을 하나하나 읊을 수 있었을 겁니다. 방대한 도서관, 활기찬 운동경기, 견문을 넓히는 해외 유학, 수많은 학생 클럽, 풍부한 유기농 식품, 겨울에는 아늑하고 봄의 향기로 가득한 공기로 통풍이 잘 되는 기숙사. 그럼요, 우리 ______에서는, 하며 교수들은 자기네들 학교의 노벨상 수상 연구를 공유하자며 학생들에게 강요하다시피 했습니다. 1 대 1의 학생 대 교수의 비율이 제시되는 등 평균 학급 크기는 지극히 작았습니다. 실로 너무 작아서 어떤 때는 학생이라고는 교실에 1명뿐일 수도 있었습니다! 스크린에 비쳐지는 사진 중에 녹음이 우거진 사각형 안뜰과 학생들로 빽빽한 운동장, 발돋움하고 서 있는 남자 무용수들과 연구원 가운 차림에 고글을 쓴 여학생들의 모습이 보였습니다. 똑같은 사진들을 유펜 설명회에서 봤는데? 스탠퍼드 설명회에서도 봤는데? 미국의 모든 사립대학교들이 똑같은 사진 대행사를 고용했던 것이지요.

아이비리그 대학들의 순서가 끝나자 '큰 주립대학'의 입학처장이 발표하기 위해 일어났습니다. 약간 압도당한 듯했습니다.

"10년 전만 해도 제가 하버드와 프린스턴과 함께 이 연단에 서리란 것은……."

그의 목소리는 점점 작아졌습니다. 그는 학교 자랑을 하면서 아이비리그 대학들과 경쟁하느라 애를 먹었습니다. 그들은 해외 분교들을—제 기억이 맞는다면 이탈리아의 토스카나, 영국의 켄싱턴 가든스— 자랑했지만 그는 델라웨어의 레호보스 비치에서 멀지 않은 체서피크 베이에서 한 학기를 보낼 수 있는 가능성을 언급했습니다. 하버드와 프린스턴이 각각 400여 개의 학생 클럽과 단체를 자랑한 반면, '큰 주립대학'은 300개라고 했습니다. 아이비리그 대학의 기부금 재원으로만 가능한 것과 같은 학자금 지원은 없지만 가족 소득이 연 20만 달러 미만인 학생에게는 등록금을 과감하게 삭감해준다고 했습니다. 그는 주 정부가 보조하는 '큰 주립대학'의 등록금은 보조금이 없이도 경쟁적인 액수라고 지적했습니다. 어쨌든 보조금은 제공하지 못한다고 했습니다.

"학급 크기를 말하자면, 글쎄요, 우리 학교의 학급은 85퍼센트가 50명 미만입니다."

음식과 기숙사 생활은 어떤가요? 하고 어떤 부모가 물었습니다. 그는 자신의 발을 내려다보았습니다.

"우리는 주립대학입니다. 리츠 호텔이 아니죠. 음식은, 학교 음식이죠. 기숙사 방은 대개 콘크리트 벽의 방 하나를 룸메이트 1명과 같이 쓰는 정도일 것입니다."

저는 그 입학처장의 솔직함에 놀라면서 아들아이에게 보라고 팔꿈치로 옆구리를 툭 쳤습니다만 아무런 반응이 없었습니다. 잠들어 있더군요.

그런데 그것은 왠지 단순한 수면 이상인 듯했습니다. 그것은 몸이

뻣뻣해지고 감각이 없어지는 병과 같은 수면이었습니다. 감각이 완전히 몰수된 상태였습니다. 의식불명이 되어 머리는 절구질을 하면서 편도를 드러내고 있었습니다. 우리 자리가 연단에서 아주 가까웠던 터라, 저는 불현듯 공황의 징후를 보이며 창자가 뒤틀리는 느낌이 들었습니다. 아들은 아직은 앉아 있었지만 거의 쓰러진 자세였습니다. 저는 뒤를 돌아다보았습니다. 앞뒤로 좌석들을 채운 젊은이들이 고개를 바짝쳐들고 있더군요. 모두 정신을 바짝 차리고 주의를 기울이고 있었습니다. 우리 아들 말고 자는 학생은 없었습니다. 우리 바로 앞에 앉은 부모들이 눈을 가늘게 뜨고 몸을 구부린 채 블랙베리의 밝은 화면을 들여다보고 있었습니다. 그러니까 우리 아들은 송신탑처럼 우뚝 솟아 튀어 보였습니다. 저는 다시 옆구리를 쿡 찔렀습니다. 여전히 반응이 없었습니다. 다시 찔렀습니다. 그랬더니 "왜요?" 하고 아주 크게 소리치더군요. '큰 주립대학'의 입학처장이 자기 자리에 다시 앉아 있었을 때였습니다. 아들이 "왜요?" 하고 다시 물었습니다. 연단의 입학처장이 고개를 돌려 우리를 응시했습니다. 저는 그가 외계인 공포 영화에서 인간의 몸을 가로챈 기분 나쁜 외계인 같다는 상상을 했습니다. 지구에서 마지막으로 남은 인간을 가리키며 공포에 질려 고글 같은 눈을 크게 뜬 외계인 말입니다. 제가 서둘러 아들을 데리고 대연회장 출입구로 걸어갈 때 계속 우리를 쳐다보는 그의 시선이 느껴졌습니다.

"이런 데 오는 건 이게 마지막이에요."

아들이 에스컬레이터에 오르며 말했습니다. 저 역시 그게 옳다고 확신했습니다.

물론 우리가 마지막으로 가보았던 칼리지 나이트로 판매의 계절이 막을 내린 것은 아닙니다. 학교에 가보는 일이 남았습니다. 우리는 그 일을 계속 미뤘습니다. 봄이 끝날 무렵 한 친구의 생일 파티에 갔는데, 거기서 다른 때와 다름없이 부엌청 인긴들과 함께 있게 되었습니다. 한 아버지는 아들을 데리고 세 번째 대학에 다녀온 지 얼마 안 되었다고 했습니다. 그의 아들은 우리 아들과 같은 나이였습니다. 저는 그의 부지런함에 놀랐습니다. 그는 겨울방학 동안 그의 아들과 탐색적인 대화를 길게 나눴다고 하더군요. 그것을 바탕으로 자기 아들의 관심 분야와 선호하는 대학의 목록을 작성한 다음 아들에게 그것을 보여주고 수정할 게 있으면 하라고 해서 최종적인 승인을 받았다는 것이었습니다.

"너무 이래라저래라 하는 것처럼 보이고 싶지 않았어요. 어차피 자기 자신의 장래에 관한 거니까요."

그는 그 목록을 가지고 입학 안내 책들을 보고, 적합한 학교들을 선정한 다음, 그 학교들을 지도에서 짚어보았으며, 아들의 프로필에 맞는 학교들의 느낌이 어떤지 보기 위해서는 세 차례의 자동차 여행이 필요하겠다는 결론을 내렸다고 했습니다. 그의 아들이 선호하는 분야의 공부를 알고 나서 그는 인터넷에서 수강 과목 편람을 보았다고 하더군요. 거기서 선택한 해당 과목의 교수들에게 이메일을 보내 청강 허락을 요청하기도 했답니다.

"모든 걸 그 녀석한테 일임했으면 집에서 한 발자국도 안 나갔을 거예요."

그가 말했습니다. 이러한 과정을 거치고 나자 각 여행을 위한 일정이 두텁게 쌓였습니다. 설명회 참석, 캠퍼스 구경, 학생들이 주로 드나드는 곳에서 밥 먹기, 그리고 물론 청강할 수업에 들어가보는 일이 포함되어 있었습니다. 계획이 없어 비는 시간에는 교수들의 연구실을 방문하는 것으로 채울 수 있었답니다.

"그런데 지난주에 돌아와서 이 녀석이 한다는 말이 글쎄, 고등학교를 졸업하고 1년만 쉬겠다지 뭡니까. 천만의 말씀이죠. 제가 볼 때 아이들의 장래는 그냥 저들한테 맡겨두기에는 너무 중요하거든요."

여름이 되어 학기가 끝났을 때 우리는 학교에 가보는 일을 더 이상 무시할 수 없었습니다. 이 지칠 줄 모르는 세심한 부엌형 아버지의 유령이 『크리스마스캐럴』에 나오는 말리의 유령처럼 쇠사슬을 찡그렁찡그렁하며 제 주변을 맴도는 기분이었습니다. 계속 그런 사람들과 만나는 것은 제 잘못이었습니다. 대학을 찾는 과정에는 그냥 가려져 있어도 좋을 부모들의 단층면이 드러나게 하는 무언가가 있습니다. 저는 사실 저보다 더 대입에 대해 걱정하고 고민하고, 대입의 신비에 대해 곰곰이 생각하는 부모가 세상에 또 있을까 했습니다. 하지만 최소한 한 달에 한 번은 저보다 더 조직적이고, 더 많이 알고, 무엇이 어떻게 돌아가는지 사정에 더 훤한, 보스 기질이 있는 부모들을 만났습니다. 그들은 저보다 더 많은 것을 아이들에게 투자하고 있는 걸까요? 저보다 더 성실한 걸까요, 아니면 그냥 더 미친 걸까요?

미쳐서든 고상해서든 저는 그 부엌형 아버지를 흉내 낼 마음은 없었습니다. 그 대신 이미 계획해둔 여행에 대학 방문을 덤으로 끼워넣었습니다. 뉴잉글랜드에 사는 친구 방문, 시카고에서 있는 결혼식, 그리고 일로 캘리포니아에 출장 갈 계획을 세워두었었거든요. 그리고 간혹 주말을 이용해 집에서 가까운 대학교들을 당일치기로 방문하기로 했습니다. 그렇게 해서 15개 학교 정도는 가볼 수 있으리라 기대했지요. 그러나 열 군데를 가고는 중단했습니다. 그 학교가 그 학교 같아지기 시작했거든요.

학교 방문은 학교마다 다 똑같았습니다. 그 학교늘에 갔던 기억이 꿈에 본 것처럼 떠오릅니다. 방문자 주차장에 차를 세우면 경찰모를 쓴 80대의 사내가 손을 흔들어 정문을 통과하도록 합니다. 캠퍼스의 보안을 처음으로 접하는 순간이지요. 그리고 우리의 도플갱어 같은 사람들이 떼 지어 가는 길을 따라 입학처로 갑니다. 짜증난 표정의 아버지, 투지만만해 보이는 엄마, 그 뒤에 뚝 떨어져서 아이팟과 문자에 정신을 팔며 따라오는 1명이나 2명의 10대. 입학처 사무실에는 더 많은 도플갱어들이 기다리고 있습니다. 입학처는 캠퍼스에서 가장 근사한 건물 안에 있지요. 그 건물들은 베란다가 아늑해 보이고, 학교 설립 당시에 지어진 각진 벽돌 건물이나 석회암 건물, 또는 전형적으로 미국적인 미늘벽 판자를 댄 건물이거나 그랬습니다. 부모로부터 눈치를 받거나 어떤 때는 슬찍 떠밀린 아이늘은 접수처에 다가가 이름을 기재합니다.

이윽고 우리는 어떤 방으로 갑니다. 그 방에는 앉을 자리를 찾으려는 사람들보다 좌석 수가 15~16개는 적습니다. 꿈결같이 부연 실내에 오버헤드 프로젝터가 눈에 띕니다. 하지만 그럴 리가, 오버헤드 프로젝터라니? 그건 내가 학교 다닐 때 이해하지 못하던 가혹한 강의에서나 쓰이던 것인데? 아니, 노트북 컴퓨터겠지. 그것은 스크린 앞의 책상에 고정되어 열려 있었습니다. 슬라이드 쇼든 파워포인트든 키만 누르면 시작할 수 있도록 말이죠. 한 입학 사정관이 남녀 학생 둘과 함께 들어옵니다. 그리고 곧 설명회가 시작됩니다. 여러분의 성적표에서 우리가 가장 주의를 기울이는 것은 어떤 과목이냐 하는 것입니다. 여러분이 어려운 과목에 도전했는지의 여부를 보고 싶은 겁니다. 입학 사정관이 그렇게 말하자 부모의 질문이 따릅니다. 가중된 평균 평점weighted grade-point average°을 받습니까, 아닙니까? AP는 몇 학점을 받아야 합니까? 옆문이 열리더니 학교를 안내할 학생들이 줄지어 들어옵니다. 뭐가 그리 재미있는지 전부 까닭 없이 흥겨워하는 분위기 속에서 그들은 각자 자신을 소개합니다. 방안에 있던 사람들이 작은 그룹으로 나뉘고 드디어 학교 구경이 시작됩니다.

이 가이드들은 아주 활기찬 학생들입니다. 윙크와 웃음으로 가득합니다. 입학처의 일이 명랑하고 사교성 있는 젊은이들을 끄나 봅니다. 어딜 가든 예외 없이 그런 이유에 대해 부모들은 서로의 지론을 교환하며 시간을 보냅니다. 입학처의 일이 마케팅 전공자와 세일즈맨에게 맞는 직업이라는 것을 우리들은 알아가고 있었습니다. 세일즈맨들은 공통적으로 쾌활한 유전자를 가지고 있습니다. 매년 봄 이상에 찬 눈빛을 발하며 입학하는 수천 명의 어린 학생들이 마음속에 고이 품은 꿈을 학교에 들어오면 여지없이 무너뜨리게 되는데, 그런 발랄한 성격이라야 자기가 선택한 행위의 결과로 인해 가슴 아파하는 것을 막을 수 있기 때문입니다. 입학처에서 몇 년은 일을 해야 비로소 엔도르핀이 남김 없이 걸러지게 됩니다. 입학처에 전화벨이 울리면 그것은 필시 슬픔이나 공포나 분노에 사로잡힌 사람입니다. 흔히 학부모들이죠. 그런 경

° 같은 과목이라도 좀 더 난이도가 있는 과목(AP)을 수료한 학생에게는 가산점을 주는 평점 산정 방식.

우에 요리 전문가 레이첼 레이와 같은 말씨를 유지하는 능력은 대단히 귀중합니다.

"우리 가이드 학생들은 대본대로 하는 게 아닙니다." 입학처장이 가이드들을 불러들일 때 그렇게 말하기 마련입니다. 가이드늘은 발을 끌며 걷는 사람들을 인도하기 위한 우스개 행동이 뒤로 걷기라는 것을 누구한테 들어서 할 필요가 없습니다. 뒤로 걷기는 가이드들이 걷는 방식이죠. '구경꾼들의 주의를 사로잡기'라는 기술이 그렇게 불립니다. "학생들은 집에서 따라하지 마세요." 어떤 가이드는 그렇게 말합니다. "여기 오신 어머니들이 제가 절벽에 떨어지기 전에 주의하라고 알려주시겠죠." 또 어떤 가이드는 그렇게 말합니다. "걱정하지 마세요, 여러분. 저는 머리 뒤에도 눈이 달렸거든요. 그런데 머리를 깎아야겠어요!"

학생 클럽이나 단체가 500개, 250개, 475개 이상이랄지 그렇게 많이 있답니다. 적어도 그중 하나는 괴상하고 빈정대는 놀림조의 이름을 가지고 있습니다. 가령 '몹 바커의 제자들', '행진하는 이기 스투지와 차우더 소사이어티', '몽고메리 번스 펜클럽' 등과 같은 이름의 클럽이 있습니다. 우리 학교에는 아카펠라 그룹이 12개, 17개, 13개 있습니다. 다른 학교보다 많아요. 하지만 여러분에게 맞는 그룹을 찾지 못하면 신청서를 작성해서 학생과에 가져오세요. 그러면 1주일 만에 기금을 받을 수 있습니다. 아주 간단해요. "원하는 클럽을 찾지 못하면 하나 만드세요"라는 구호에서 그치지 않습니다.

캠퍼스에서 할 것은 많습니다. 어떤 때는 너무 많다는 생각이 듭니다! 주말이 되면 학생 클럽에서는 개봉 영화를 상영합니다. 우리 학교의 무대예술과는 전국에서 상위 5위권에 들어요. 이 중에 무대예술과에 들어갈 생각이 있는 분 계세요? 잘됐군요. 마틴 스코세이지, J. J. 에이브럼스, 웨스 앤더슨이 영화학과, 연극 수업, 예술 페스티벌에 2년 전에 와서 강연을 했는데, 학교가 아주 훌륭하다고 했어요.

파티에 관심이 많다면 우리 학교는 최고예요. 하지만 여기는 다름 아닌 대학교예요. 이 주는 음주 연령이 21세고요. 우리 학교는 법률을 가볍게 보지 않아요. 하지만 학생은 어쩔 수 없이 학생이라는 점도 잘 알고 있어요. 결국은 각자의 판단에 달린 문제인 거죠. 분별력만 잘 행사하면 걱정할 게 없어요. 여기에 보시는 것은 '푸른 불 비상 전화 시스템'입니다. 여러분이 교내 어디에 있든 30미터 안에 푸른 불 비상 전화가 있습니다. 안전은 캠퍼스의 최우선순위입니다. 우리 학교는 안전 문제를 매우 심각하게 취급합니다. 도서관에서 늦게까지 공부할 경우, 경비를 부르면 기숙사까지 안전하게 바래다줄 겁니다. 캠퍼스 버스는 주중에는 새벽 2시까지 운행하죠.

여기서 해리 포터가 언급됩니다. 자기들의 '오래된 대식당'이 호그와트 같다거나, 지난해의 신입생들이 투표해서 자기들을 여러 문중으로 나누기로 결정했다거나, 자기네 대학이 금년 가을에 연례 퀴디치 경기를 개최하기로 했다거나, 사회학과의 학과장이 '볼드모트와 제국주의적 정체들의 차별화'에 대한 세미나를 가르치고 있다거나 하는 이야기들이 나오는 것입니다. 저기에 제 룸메이트가 있네요. 저 친구는 의예과 과정을 밟고 있어요. 우리 학교는 전공과목이 212개나 되죠. 하지만 여러분이 전공과목을 만들 수도 있어요. 해당 학과장과 지도교수, 학생주임의 승인만 받으면 됩니다. 핵심 교육과정이 있다고는 하지만 엄격하지는 않아요. 저는 애완동물 심리학 과목을 수강하고도 자연과학 분야 필요조건을 채웠어요. 제 친한 친구의 형은 비교문학을 전공해서 졸업했는데 셰익스피어는 전혀 하지 않아도 됐대요. 친구 아버지가 뭐야? 하고 놀랐답니다.

클럽 스포츠는 26개 또는 19개 또는 38기가 있다고 하며 모두 다 전국 순위에 올라 있다고 합니다. 가이드는 계속 말합니다. 체육관이 아주 근사해요. 작년에 저 암벽 등반 연습용 인공 벽을 설치했어요. 자쿠지(거품 욕조)도 넣었는데, 여기서 안 보이지만 중서부, 남부, 로키 산맥 인근 주의 대학들 중에서 가장 큰 겁니다. 저것은 미식축구팀 전용 식당이에요. 죄송한데요, 거긴 들어갈 수 없어요. 저기요, 거긴 들어가시면 안 돼요. 쿼터백, 러닝백, 농구팀의 파워 포워드가 지난 학기에 저와 같이 애완동물 심리학 수업을 들었어요. 멋진 친구죠. 절친한 사이라거나 그런 건 아니지만요.

푸드 코트가 아주 근사합니다. 다 둘러보고 난 다음에 저기서 점심 식사를 하실 겁니다. 샐러드 바는 저기 보조 도로에 있는 '홀 푸드' 슈퍼마켓에 있는 것보나 더 커요. 나무 타는 냄새가 나죠? 피자 오븐의 불을 때는 거예요. 채식, 코셔 음식, 자연식 등 마음대로 선택할 수 있어요. 스시는 아주 신선해요. 여기서 일하는 사람들은 모두 좋은 사람들이죠. 어떤 분들은 30년이나 여기서 일했대요.

지금까지 보신 게 이 학교의 모든 겁니다. 정말 독특하죠. 이런 대학은 또 없어요.

물론 정말로 독특한 학교들도 있습니다. 한번은 영향력 있는 사람들이 많이 모인 디너파티에 갔습니다. 철학과 교수, 몸값 비싼 변호사 두어 명, 어떤 대중잡지의 에디터, 대중적인 역사가 등이 참석한 자리였습니다. 우리는 대학 이야기를 하고 있었습니다. 제가 있으면 사람들이 그런 이야기를 하도록 강요당하기는 하지만요.

철학과 교수는 몇 가지 숨길 수 없는 표시를 보고 누가 어떤 종류의 대학을 나왔는지 곧잘 알아맞힐 수 있다고 했습니다. 한 변호사는 대화 중에 대학 얘기가 나오면 원칙적으로 자기가 어떤 대학을 다녔는지 말하기 거부한다며 말을 이었습니다.

"그건 계층에 관한 것인데 저는 그것을 영속시키기를 거부합니다. 저는 다른 사람들에게 그런 질문을 하지 않아요. 다른 사람이 제게 그런 질문을 하기 원하지도 않아요. 그것은 아무런 의미도 없는 차이를 강화시키는 미묘한 방식일 뿐이에요."

에디터가 동감을 표했습니다.

"저도 단연코 대답하기를 거부해요. 그 얘기가 나오면 저는 그냥 화제를 돌립니다. 대학은 제 인생의 전환점이 되었고, 제 스스로, 제 방식대로, 제가 누구인지를 분명히 알게 해주었어요. 하지만 제가 어떤 대학교를 갔든 그건 마찬가지였을 거예요. 그러니 제가 어떤 대학교는 나왔는지는 아무런 관련이 없는 것이죠."

교수가 말했습니다.

"아하, 그러니까 두 분은 하버드를 나오신 게로구먼요."

물론 그의 말이 맞았습니다. 하버드는 세상에서 가장 유명하고 가장 존경받는 학교입니다. 하버드에 입학한다는 것은 일종의 우애적 이해관계에 들어가는 것입니다. 이 우애 조직의 구성원은 그런 우애나 유대라는 것은 존재하지 않는다고 항상 부인합니다. (누구든 일단 들어가기만 하면 졸업합니다. 하버드는 학교가 선택한 사람은 그 누구도 실패하는 것을 허락하지 않거든요. "하버드에 들어가는 것이 어려울지 모르지만 성적 불량으로 퇴학당하기는 더 힘들다"는 옛말이 있지요.) 그러나 고등교육이 대중적인 현상이 됨에 따라 하버드의 우애적 이해도 변했습니다.

"어떤 면에서 보면 과거의 하버드에는 사람들이 더 다양했네."

제 친구가 언젠가 제게 말했습니다. 평생 하버드 출신들과 비즈니스를 한 친구입니다. 그의 태도는 냉소적이기보다는 좀 더 분석적이었습니다.

"과거에는 신입생들의 공통점이라야 명문가 출신이라는 것밖에 없었어. 하지만 그 혈통이라는 것은 아주 사소해서 온갖 인간 유형의 놀라운 다양성을 볼 수 있게 해주지. 그래서 진짜 운동가도 있고, 심각한 얼간이들도 있고, 천재도 몇 명 있고, 술꾼도 몇 명 있고, 아무 짝에도 쓸모없는 놈도 있었지. 평균 지능을 가진 사람의 퍼센티지가 매우 높았어. 그때만 해도 하버드는 그런 식으로 미국을 반영했던 거야. 지금두 명문가 출신들이 많이 입학하기는 하지. 여러 세대에 걸쳐 하버드에 다닌 가문들의 자제들이. 그런데 오늘날 하버드에 들어가는 아이들의 대다수는 혈통, 인종, 계층과 같은 것보다 훨씬 더 중요한 특성들을 공유하고 있지. 좀 더 깊이 들여다보면, 본질적 요소라는 것을 보면 말야, 그 학생들은 전부 서로 아주 닮았어. 모두가 다 성취하고, 집중하고, 분투하고, 성공하고, 경쟁하고, 최고가 되려는—또는 최소한 권한을 갖고 있는 사람들에 의해 최고라고 표명되고자 하는— 똑같은 욕구를 가지고 있지. 그리고 그들은 모두 어떻게 하면 중요한 사람들의 마음에 들 수 있는지 파악하고 있다네."

물론 하버드 졸업생들은 이 말에 동의하지 않습니다. 그들은 새 시대의 하버드는 실력중심주의의 개가라고 말하기 좋아합니다. 제 친구가 말했습니다.

"그게 아니라. 특정 유형의 개가야."

저는 세상에서 가장 유명한 브랜드 중 하나인 하버드가 스스로 어떻게 상표화하는지 알고 싶었습니다. 뉴잉글랜드를 돌아보기 위해 보스턴에 도착했을 때 우리 아들은 하버드에 가보고 싶은 마음이 없다고 고집했습니다. 다음 날 아침 우리는 찰스 리버를 건너 하버드 입학처 오픈 하우스를 향했습니다.

아내와 제가 옥스퍼드 스트리트를 따라 걸어가는데 아들과 딸은 보통 때보다 한참 뒤에 처져서 따라왔습니다.

"저는 하버드에 안 가요."

아들이 말했습니다.

"들어서 알고 있어."

제가 말했습니다.

"저도요."

딸이 말했습니다.

"야, 뭘 그래. 재미있을 거야. 하버드 아냐, 하버드!"

아내가 엄마처럼 말했습니다.

입학처는 오래된 험악한 벽돌 건물이었으며 전면에 돌로 된 베란다가 있었고 거기에 굵은 기둥이 서 있었습니다. 타라 영화관을 엄격한 칼뱅 교도들이 지었다면 그렇게 지었을 것입니다. 회의실은 사람들로 금방 들어찼습니다. 뒤의 벽에 죽 서 있는 사람도 있었고 자리가 없어 문밖에 서서 보는 사람들도 있었습니다. 우리는 먼저 비디오를 보았습니다. 스피커에서 이런 말이 흘러나왔습니다.

"얼굴의 모자이크를 이루는 이 모든 사람들이 하버드를 집이라 부릅니다."

그 얼굴들은 자신들의 고향을 밝혔습니다. 아디스아바바로부터 오마하, 바그다드, 보이시, 맨해튼, 무스파이, 몬태나. 물론 저는 지명들을 전부 알아듣지 못했습니다만 요점은 분명했습니다. 우리는 세계 곳곳에서 온 평범한 사람들입니다. 그러니 여러분도 가만있지 말고 하버드에 지원하세요, 라는 것이었지요.

그러더니 토미 리 존스의 얼굴이 불쑥 화면에 나타났습니다. 그는 하버드를 나온, 또 하나의 평범한 할리우드 영화배우지요. 하버드 재학 당시 그의 룸메이트는 훗날 평범한 부통령이 된 앨 고어였습니다.

"어떤 사람들은 자기가 그다지 똑똑하지 않다거나 부자가 아니라거나 성적이 좋지 않다거니 하는 이유로 지원을 하지 않습니다만, 그건 실수입니다."

존스가 말했습니다. 무명의 어린 학생이 기숙사 방에서 칫솔질을 하는 장면이 나왔습니다.

"루즈벨트 대통령이 하버드에 다녔을 때 바로 이 싱크대를 썼습니다. 여러분은 어떤 싱크대를 쓸까요?"

그다음 한 연속적인 장면이 이어졌습니다. 마리아치를 노래하는 사람들, 힙합 아티스트들, 예비군, 요요 마. 요요 마는 연주에 혼을 담는 듯 눈을 감고 첼로를 연주했습니다. 그다음에는 어떤 민족인지 알 수 없는 평범한 젊은이가 아무도 자기 말을 믿지 않으리라는 것을 암시하는 숨 가쁜 말로 이야기를 늘어놓더군요. 자기가 한번은 교수와, 즉 하버드 교수와 커피를 마시기 위해 커피숍에서 만난 적이 있다는 이야기였습니다. 그다음에는 할리우드 영화감독 마이라 나이어가 필름 편집실에 앉아 있는 장면이 비쳤습니다. 그녀는 이렇게 말했습니다.

"사람들은 하버드 신화를 가지고 태어나나 봅니다. 하지만 저는 사람들이 지원해야 한다고 생각합니다. 잃을 것은 없어도 모든 것을 얻을 수 있으니까요."

다음은 "바닷가재 어부의 아들"입니다. 고된 노동으로 손이 딱딱해진 소년이었습니다. "그는 자신이 입학 허가를 받으리라 생각하지 않았습니다." 존스가 말했습니다. "그래도 어쨌든 지원을 했습니다. 그것은 간단하지만 현명한, 인생을 바꾸어놓은 결정이었습니다." 비린내 나는 그물과는 영원히 작별하게 된 것입니다.

비디오 상연이 끝나자 입학처 부처장이 어른어른 안으로 들어왔습니다. 그녀는 침착하고 말을 잘하는 학생 둘을 데리고 들어왔습니다. 학생들은 '이곳에서의 대학 생활'에 대해 말했습니다. 교과과정은 "놀랍다"라고 했지만, 재빨리 "특정 과정을 고수하라고 요구하지는 않는다"라고 분명히 말했습니다. 엄격한 핵심 졸업요건의 시대는 이미 오래전에 끝났다고 덧붙였고요.

주변을 돌아보니 참석자 구성이 그때까지 우리가 참석했던 다른 설명회와 달랐습니다. 절반 이상이 아시아계더군요. 그리고 아이들은—우리 아이들조차— 야구 모자를 쓰거나 티셔츠 차림이 아니었습니다. 많은 부모들이 메모를 하고 있었습니다. 그들의 질문은 간략하고 날카로웠습니다. 복수 전공에 관한 질문, 의예과 학급의 크기, 각종 학위의 학점제 등에 관한 것이었지요. 저는 그 학부모들이 기관총 같은 대답에 실망하지는 않았을까 했습니다. 그 대답들은 다른 학교의 입학 처장들의 대답과 동일했습니다. 하지만 이번에는 좀 더 기계적이었죠. 하버드 대학에는 400개가 넘는 학생 클럽과 활동이 있고, 그래도 마음에 맞는 클럽이 없으면 새로 하나 시작할 수 있으며, 그러면 학교가 보조금을 준다고 했습니다. '아놀드 슈워츠네거 감사 소사이어티'라는 클럽도 있다더군요. 아카펠라 모임은 13개라고 했습니다.

AP 과정에 관한 질문이 나오자 처장은 언짢아하는 기색이 약간 엿보였습니다. 어쩌면 슈워츠네거 대목에서 아무도 웃지 않아 기분 상했는지도 모르죠. 한 부모가 고등학교의 AP 과정 학점을 얼마나 인정해 주는지 알고 싶어했습니다. 처장이 말했습니다.

"전혀 인정하지 않습니다. 하버드는 하버드 과정이 아닌 학점을 인정하지 않아요."

조기 입학 지원서 마감일은 언제입니까?

"하버드에는 조기 입학 전형이 없습니다."

그녀는 GPA와 SAT 성적, 합격률에 대한 질문들을 신속히 처리했습니다.

"하버드는 대략 2,000명 정도를 합격시킵니다."

그녀는 그중 몇 백 명은 합격을 거절한다며, 그래도 추가로 합격시킬 수 있는 지원자들이 재능이 있기 때문에 "불합격한 지원자 중에서 다시 2,000명을 뽑아도, '그다음에' 또 2,000명을 뽑아도 하버드의 교수들의 만족도는 달라지지 않을 것입니다." 지원자 2만 7,000명 중에 3,300명은

SAT 수학을 800점 만점 받았으며, 또 2,500명은 언어에서 만점을 기록했다고 하더군요. 그리고 3,000명은 고등학교 수석 졸업자라고 했습니다.

"하지만 입학처는 숫자나 통계나 점수 같은 것으로 움직이지 않아요. 여기 하버드에서 숙소 공급은 보장되어 있습니다. 솔직히 말해서 다른 무엇보다 우리의 전형을 움직이는 것은 1,652라는 숫자입니다. 기숙사에서 신입생들이 사용할 수 있는 침대의 숫자입니다. 당연히 하버드는 지적으로 뛰어난 사람들에게 큰 관심이 있습니다. 하지만 수학에 약한 사람도, 쓰기에 약한 사람도 늘 받아들여요. 저라면 점수가 낮다고 해서 하버드에 합격할 가능성이 전혀 없다고 지원 대상에서 하버드를 제외시키지 않을 겁니다. 지원해보지 않고서는 절대로 모르는 것이죠."

광둥어 억양이 심한 남자가 그녀의 말을 가로챘습니다.

"대물림은요?"

"무슨 말씀입니까?"

"몇 학급 정도가 대물림입니까? 부모가 하버드를 나온 학생 말입니다."

"아, 저는 그건 모릅니다. 우리 학교가 그런 정보를 관리하는지조차 잘 모르겠군요."

그럼 그냥 추측이라도, 하고 그는 물러서지 않았습니다.

"추측은 하지 않는 게 좋겠어요."

"그러니까 그걸 알 길이 없다는 겁니까?"

그가 믿기 어렵다는 과장된 말투로 말했습니다.

"그런 통계가 없다고요?"

그의 옆에 앉은 작고 다부진 그의 아내도 처장을 응시했습니다. 그 집

아들은 눈을 감은 채 고개를 수그리고 있었습니다. 처장이 말했습니다.

"내물림은 하버드가 고려하는 많은 요인들 중 하나일 뿐이에요. 저는 '대물림은 다친 사람을 도울 수는 있어도 죽은 자를 살려내지는 못한다'라고 말하고 싶습니다."

그녀는 거북하게 웃었지만 부부는 여전히 빤히 바라보기만 했습니다.

"질문에 답하세요."

다른 아버지가 발언했습니다.

"나중에 그 정보를 알아내 알려드릴 수도 있을 겁니다."

그녀는 두 손을 맞잡고 꼬며 말했습니다. 그리고 한쪽 발을 뒤로 뺐습니다.

"어서요."

또 다른 부모가 폭동의 분위기를 풍기며 말했습니다. 그녀는 항복하기 전에 잠시 잠자코 있다가 입을 열었습니다.

"제가 그걸 말해야만 한다면 30퍼센트, 어쩌면 35퍼센트 정도일 겁니다."

충격으로 잠시 조용하다가 장내가 술렁거리기 시작했습니다. 그 수치는 우리가 방금 전에 본 비디오의 평등주의와 일치하기 어려운 것이었거든요. 그 수치는 전통적인 아이비리그의 장자 상속제를 생각나게 하는 것이었습니다.

웅성거림이 커지는 중에 다른 아버지가 손을 들었습니다. 처장이 재빨리 그를 가리켜 말하라고 했습니다. 화제를 학자금 지원을 위한 하버드의 무진장한 재원에 대한 것으로 돌릴 기회를 잡았습니다.

하버드는 여러분 모두가 지원하기 바랍니다, 라고 그녀는 말하고 있는 듯했습니다. 물론 여러분 모두 합격시킬 수는 없어요. 하지만 하버드는 다양성에 상당히 헌신적입니다. 그래서 가급적 많은 사람들에게 하버드에 들어올 가망이 있다고 생각할 기회를 주고 싶습니다, 라고요.

우리의 가이드는 그룹별로 우리를 데리고 하버드 안뜰로 갔습니다. 그것은 어땠냐 하면…… 하버드 안뜰 같았습니다. 즉 그것은 모든 대학교의 사각형 안뜰에 깃든 플라톤적 이상, 우리가 직접 가서 본 다른 모든 캠퍼스들이 이룩하기를 희망하는 비전이었습니다.

"제 어깨 너머 저기 오른쪽을 보세요."

가이드가 집게손가락으로 뒤를 가리키며 말했습니다. 약간 언어장애가 있는, 살이 찌고 진지한 학생이었습니다.

"저기가 토미 리 존스와 앨 고어가 같이 쓴 방이 있는 곳입니다. 이층이에요. 기숙사에 들어갈 때 자기가 쓸 방을 썼던 인사들 명단을 받는데, 근사한 거 같아요. 제 친구 하나는 빌 게이츠가 쓰던 방을 배정받았어요."

우리는 45분 동안 다 둘러보고 하버드 안뜰로 돌아왔습니다. 거기에 존 하버드의 동상이 있지요. 권태로워하는 군주처럼 보좌에 구부정하게 앉아 있습니다. 가이드는 동상의 발가락을 가리켰습니다. 사람들이 하도 문질러 대서 아주 반짝반짝했습니다. 그가 말했습니다.

"사람들이 존의 왼쪽 발가락을 문질러 만져주는 것은 100년의 전통입니다. 세계 각지에서 관광객들이 여기를 찾아서 저 발가락을 문질러주지요. 하지만 좀 웃겨요. 우리 학교 학생들의 최근 전통은 발가락을 문지르는 게 아니라 거기에 오줌을 싸는 거거든요."

우리는 뉴잉글랜드에 다녀온 뒤로 대학교에 가보는 일을 일절 중단했습니다. 그걸 즐긴 사람은 우리 가족 중에 저밖에 없었던 것 같습니다. 게다가 아들아이의 호불호도 역시 그로 인해 달라진 것이 없는 것 같았습니다. 학교는 개학했고 원서 접수 미감일은 암운을 드리우며 다가오고 있었습니다. 그러면서 가으내 부엌에서의 대화는 캠퍼스 방문에 관한 이야기, 옛날 우리 때와는 어떻게 변했는가 하는 이야기, 얼마나 변했으며 왜 변했는가 하는 이야기가 주종을 이루었습니다.

변화의 가장 큰 관건은 돈이었습니다. 지난 30년의 눈부신 풍요는 암벽 등반 연습용 인공 벽, 경기장과 극장, 김이 모락모락 나는 끈적끈적한 피자를 나무로 불을 때 구워내는 오븐, 고대 바빌론의 궁정 정원사가 감탄할 만한 조경이 보여주고 있습니다. 2008년 여름, 세계 금융 제도가 휘청거렸어도 미국 대학의 캠퍼스에서는 건설 회사의 기중기들이 쉬지 않았습니다. 어떤 학교를 가보아도 덤프트럭들과 시멘트 믹서들이 패튼 장군의 제3군단처럼 캠퍼스를 휩쓸었습니다. 가슴을 조마조마하게 한 그해 연말의 통계를 보면, 번창하고 새 인력을 고용한 유일한 부문은 의료보험과 고등교육뿐이었습니다.

알코올과 마약은 가이드에게나 방문자에게나 아직도 캠퍼스의 관심사임이 분명했습니다. 20세 젊은이들에게는 물론 그런 자녀를 둔 부모들에게 섹스도 관심사였습니다. 하지만 1970년대의 자유사상은 말끔히 청소되어 신경을 쓴 조경처럼 정돈되어 통제되고 있습니다. 섹스는 약과 정치 문제로 장식되었습니다. 가이드들이 캠퍼스의 활발한 LGBT(레즈비언, 게이, 양성애자, 성전환자) 사회에 대해 자주 말을 했습니다. 그들은 평등을 위해 투쟁하고, LGBT 바깥의 사회에서 '탐색'하고 '의문'을 갖는 사람들을 적극적으로 모집한다고 했습니다. 윌리엄 앤드 매리 대학교에는 〈입술: 여성 성징의 표현〉이라는 학교 잡지를 푸드 코트에 비치해놓고 학생들이 점심을 먹으며 볼 수 있도록 했습니다. 섹스에 관해 물으면 그들은 교내 진료소와 '훌륭한 생식 관계 서비스'를 자랑하기 일쑤입니다. 우리가 다트머스에 갔을 때는 공교롭게도 대대적으로 홍보된 '제2차 연례 캠퍼스 성 검사'라는 것이 끝난 직후였습니다. 그것은 어떤 자극을 주기 위한 것이 아니라 깨끗한 생활이라는 고결한 대의를 위해 기획된 것이었습니다. 전단지에 이렇게 씌어 있었습니다. "성 문제 전문가가 무료 시범을 보여줍니다!"(저는 학교라도 입장료를 받는 것은 불법인가, 하고 생각했습니다.) 콘돔도―"야광의 향내 나는 콘돔"― 공짜로 주었습니다. 새 '덴틀 댐'°도 마찬가지였습니다. 경품을 나눠준 다음에는 '윤활제 시식'이 있을 예정이었더군요. "재미있을 겁니다! 그리고 벤 앤 제리 아이스크림도 맛보세요."

전단지에 그렇게 씌어 있었습니다.

제가 나이가 들었나 봅니다. 제가 대학에 다녔을 때만 해도 성에 관한 시범에 오게 하기 위해 사람들에게 공짜 아이스크림을 줄 필요가 없었거든요. 하지만 그런 뇌물이 왜 필요한지 이해할 수 있을 것 같습니다. 영어에서 '덴틀 댐'이라는 말처럼 성적 욕구를 저하시키는 말은 없지 않을까요?

° 구강 성행위 때 성병 보호용으로 사용하는 얇은 라텍스.

7장 정말 완벽한 에세이

　부모가 된 사람 치고 인생이란 설계에 결함이 있다는 것을 모르는 사람은 없습니다. 디자인이 제대로 안 되었다는 것을, 작든 크든 여러 가지 측면에서, 특히 아이를 낳아 키우는 문제와 관련해서 생각해볼 수 있습니다. 작은 예를 하나 들겠습니다. 유사 이전에 발생한 인간이라는 종의 유전자에 새겨진 어떤 충동 같은 것이 있어서 그런지 아이들은 꼭 저녁 식사 직전에 더 법석을 떱니다. 저녁 요리를 하느라 좀 조용했으면 좋겠고 가장 집중을 해야 하는 바로 그 순간에 말입니다. 자기들을 굶기지 않기 위해 그러는데 말이죠. 그냥 굶겨버리고 싶을 수도 있지만요. 그보다 큰 예를 들겠습니다. 인생은 30대 초반, 또는 20대 후반을 직업적으로 입지를 다지는 시기로 규정합니다. 또한 그 똑같은 시기를 자식을 낳고 키우기에 가장 적기라고 합니다. 직업적으로 위치가 튼튼해지고 안정되어 자식들에게 더 많은 여가 시간을 할애할 수 있게 될 무렵이면 그들은 이미 집을 떠나 있는 것입니다. 그러면 혼자 우두커니 앉아 지난 시간에 대해 그게 다 뭐였지 하게 되는 것이지요.

　이와 같은 설계상의 결함은 미국 고등교육 제도 여기저기에 침투해 있습니다. 어찌된 일인지 인생은 대입 에세이 제출 마감일을 연초로 하도록 해놓았습니다. 고등학생 자녀와 함께 마지막으로 집에서 보내는 연말연시 명절마저 어김없이 불쾌한 것이 되도록 짜놓은 것입니다.

마감일이 가까워 오는 몇 주 동안 저는 그때까지 대입 지원 절차가 매끄럽게 진행되고 있다는 생각에 스스로 놀라워했습니다. 다른 집 부모들이 말하는 질풍노도의 순간도, 이빨을 갈고 머리칼을 쥐어뜯는 순간도 없었으니까요. 크리스마스가 다가와서야 저는 에세이 작성에 대해 우리 아들이 왜 그렇게 평온했는지 알게 되었습니다. 아예 쓰지 않았던 것입니다.

"금방 써요."

아들이 말했습니다. 저는 시간이 별로 많이 남지 않았다고 지적해주었습니다. 흔히—우연히— 그렇듯 논리는 아들 편이었습니다. 금방 쓴다고 했는데, 그것을 쓸 시간이 얼마 안 남았기 때문에 맞기는 맞는 말이었죠. 1월 중순이 되어 마지막 에세이까지 모두 발송하고 나니 천지만물이 내쉬지 않고 참고 있던 숨을 한꺼번에 내쉬며 평온을 찾는 듯했습니다. 그때 어떤 학생의 엄마가 제게 말하기를 자기는 딸과 함께 3개월 동안 꼬박, '방과 후 매일, 그리고 주말마다' 에세이를 썼다고 하더군요. 제가 말했습니다.

"저희는 3개월분 일을 했어요. 12일 동안에요."

에세이 마감일이라고 했지 지원서라고 하지 않았습니다. 대입 지원서는 15분이면 작성할 수 있는 무해한 설문지입니다. 다만 개인적인 수필이라는 폭발물과 한데 묶일 뿐이죠. 학부모들이 대입 지원서를 쓰는 일은 끔찍하며 접수 마감일이 대부분 연말이나 1월 1일 또는 2일인 것은 부당하냐고 말합니다. 그때 그들이 의미하는 것, 그들이 분개하는 진짜 원인은 에세이에 대해 생각하고, 그것을 쓰는 과정에서 겪는 트라우마입니다.

물론 에세이가 대입에 새로운 것은 아닙니다. 1930년대에는 대학교들이 학생의 글 솜씨를 보고자 할 때 고등학교 수업 시간에 쓴 글의 샘플을 요구하는 것이 일반적이었습니다. 1950년대에 들어서자 대부분의 지원서는 학생의 간략한 자기소개서와 왜 그 대학교를 선택했는지를 설명하는 글을 요구했습니다. 저는 그것을 쓸 때—"내가 [지원하는 학교 이름]에 가고 싶은 이유"— 한 단락을 쓰고 나자 더 이상 위선을 부릴 것이 없었습니다. 하지만 입학처는 굳이 더 많은 것을 요구하지 않았습니다.

SAT 논란은 에세이의 중요성을 더 높이기만 했습니다. 몇 년 전의 어떤 연구 조사에 따르면, 입학처장들은 입학 여부 결정을 내리는 데 있어 에세이를 세 번째로 중요한 요소로 꼽았습니다. SAT 점수와 내신 평점 다음으로 중요하며 추천장과 과외활동보다는 훨씬 더 중요하다고 했습니다. '총체적'으로 평가를 하는 사람들은 다른 점수가 똑같을 경우 에세이로 순위가 결정되기도 하고 시험 점수가 낮더라도 점수는 높지만 에세이가 시시한 학생들보다 유리할 수 있다고 말합니다.

따라서 입학처들은 에세이에 굶주려 있습니다. 선별적인 학교에 지원할 때 3개 이하로 어떻게 해볼 수 있는 경우는 드뭅니다. 공통 지원서를 보면 2개의 에세이를 요구합니다. 공통 지원서는 모든 학교에 공통적으로 보낼 수 있는 것으로 인터넷에서 다운 받을 수 있으며, 갈수록 더 많은 학교들이 자기네 고유 지원서 대신 그것을 받아들이고 있습니다. 1개는 간략한 정보를 소개하는 것이며, 다른 1개는 길고 더 힘이 듭니다. 대부분의 학교들은 공통 지원서를 받지만, 자기네 추가 설문지의 작성과 함께 더 많은 에세이를 요구합니다. 길이는 500자에서 1,200자 정도지요. 500자는 얼마 되지 않지만, 아무것도 쓸 말이 없으면 지루하고 긴 장편소설 『미들마치』처럼 보일 수 있습니다.

이 문제는 입학처 직원들이 인정하는 것보다 더 일반적입니다. 지금까지 보아왔듯이 입학처 직원들은 쾌활한 사람들이기 쉽습니다. 태어날 때부터 기분 좋게 해주는 세로토닌에 흠뻑 젖어 있고 카페인에 절여진 사람들이죠. 그들은 고등학교 졸업반 학생들도 그래야 한다고 생각합니다. 그 업종에서 에세이 질문은 '프롬프트'라고 불립니다. 의미심장한 용어지요. 질문의 목적은 정보를 이끌어내려는 것이 아니라 자극을 주려는 것입니다. 다시 말해서 학생들을 언어의 터보건 썰매 비탈 코스 꼭대기에 앉히고 툭 밀어서 500자에 이르기까지 계속 요란하게 소리를 지르며 내려가게 한다는 것이죠. 프롬프트는 어떤 학생들에게는 효과가 있지만 그렇지 않은 경우도 있습니다. 어떤 아이들은 천성적으로 좀 더 프롬프트에 민감하지만, 어떤 아이들은 기둥에 매달아놓고 프롬프트의 채찍질로 자국이 부어오르도록 때려도 음절 하나도 못 뱉어냅니다. 그렇게 과묵한 데는 많은 이유가 있을 것입니다. 둔한 것인지도 모릅니다. 부끄럼을 많이 타거나 생각이 없을 수도 있지요. 상상력이 없을 수도 있고, 자신이 다른 사람들보다 흥미롭지 않다고 생각할 수도 있을 것입니다. 이러저러한 이유로 단순히 자신에 대해 말하기를 싫어하는지도 모릅니다.

그렇다면 그들은 망한 것이죠. 한때 더 큰 일반 문화에서 과묵함은 미덕이었습니다. 그런데 지금은 의심을 받는 원인이거나 정신장애의 증거일 수도 있습니다. 그것은 현대의 중고등학교에서는 분명한 장애입니다. 학습계획안에 1980년대와 1990년대의 '자부심 갖기 운동'의 흔적이 여전히 남아 있기 때문입니다. 글쓰기 숙제는 흔히 아이들로 하여금 자신들의 감정에 담겨 있는 것을 쏟아내는 계기입니다. 역사적 사건(여러분이 체로키 인디언이라면 잭슨 대통령에게 무어라 말하겠습니까?)이든, 예술 작품(이 작품을 보면 슬픕니까, 행복합니까?)이든, 소설이든, 노래든, 시사 문제를 논하든 다 상관없습니다. 꼬박 12년 동안 이런 교육을 받은 아이들은 약간의 프롬프트만 주어져도 학교 교육의 핵심에 있었던 주제인 '자기 자신'에 대한 생각을 거침없이 쏟아냅니다.

대입 에세이는 그런 경험을 고등교육으로 연장하는 것입니다. 저는 대학교들의 웹사이트를 서핑하다 보니 프롬프트의 전문가가 되었습니다. "여러분을 아는 사람이 여러분에 대해 무엇을 알게 되면 놀랄 거라고 생각하십니까?", "여러분 인생에서 난처해지기를 거부했던 순간에 대해 말해보십시오." 질문이 지원자와는 상관없는 외부의 사건이나 사람들에 관한 것이라면—제일 좋아하는 선생님이나 책이나 영화에 관한 것이라면— 그 질문은 금방 다음과 같이 주요 종목으로 되돌아갑니다. "그것이 여러분의 정체성에 어떤 영향을 미쳤습니까?", "여러분에게 중요한 노래나 책에 대한 여러분의 생각과 감정을 쓰고, 그 작품이 여러분에게 응답하는 대화를 만들어보십시오."

에세이의 계절이 다가오면서 저는 대입 가이드북들의 새로운 하위

장르를 발견했습니다. 지원서 에세이만 다루는 책들입니다. 마감일이 점점 다가오기에 저는 그 책들을 일부러 아무렇게나 집에 널려 있도록 했습니다. 우리 아들이 호기심에서든 공포감에서든 그것들을 집어 보았으면 해서였지요. 하지만 며칠이 지나도록 그것들은 있던 자리에 그대로 있었습니다. 고의적이고 가시 돋친 방치였습니다. 침실에서 화장실로 가는 마룻바닥에 지뢰밭처럼 펼쳐놓아도 그보다 더 조심스럽게 피할 수는 없었을 겁니다. 햄버거처럼 포장해두었더라도 아마 건드리지 않았겠지요.

그게 오히려 다행스러웠는지도 모릅니다. 그렇잖아도 그 책들은 에세이에 대한 아들아이의 열의를 더 저하시켰을 것이기 때문입니다. 어느 날 저녁 저는 위스키 한 잔을 따라 가지고 앉아 그 책을 옆에 쌓아두고 들춰보기 시작했습니다. 거기에도 끊임없는 모순의 법칙이 풍부히 작동하고 있더군요. 어떤 책에서는 이국적인 것—가령 해외여행과 같은—이 다른 에세이들 가운데 더 돋보일 것이라고 하는데, 다른 책에서는, 캣 코헨이 조언했듯이, 입학 사정 위원회는 외국 여행이라면, 특히 부모의 돈으로 간 것이나 학교가 후원해서 간 것이라면, '아주 지긋지긋해 한다'며 염세적인 한숨을 내쉬며 말하듯 했습니다. 어떤 책은 '직관'을 기술하라고 요구했습니다. 그런데 또 어떤 책은 직관형 에세이는 쉽게 도가 지나칠 수 있다고 하더군요. 그래야만 한다면 직관의 젖을 짜십시오, 하지만 젖소가 고통스러워하며 음매 하고 울기 전에 젖통에서 손을 놓으십시오, 라는 것입니다.

저자들과 조언을 하는 사람들은 몇 가지 사항에서는 의견이 같아 보였습니다. 먼저 에세이는 대입 지원 절차에서 지원자가 전적으로 통제할 수 있는 부분이니 '그 기회를 망치지 말라는 것'입니다. 둘째, 내신 성적과 SAT 점수만큼 중요하지 않으니 '마음을 느긋하게 먹으라는 것'입니다. 셋째, 열정을 보여야 하며, 또 자기 자신에 대해 열정적이 되라는 것입니다. "여러분에게 가장 좋고 여러분이 가장 좋아하는 주제는 여러분 자신입니다." 칼리지보드가 간행한 책의 조언입니다. "에세이에 쓸 수 있는 가장 큰 강점은 여러분이 적어도 17년에 걸쳐 그 주제를 잘 알아왔다는 점입니다…… 여러분은 이미 그 주제에 대해 알 필요가 있는 것을 모두 알고 있습니다…… 전쟁, 소설, 실험, 소네트 등에 관해 쓸 수 있다면 여러분 자신에 대해 쓰기는 간단할 것입니다."

저는 그게 진실과 정반대라는 생각이 들었습니다. 자기 자신에 관해 쓰는 것은 간단할지 모릅니다. 그러나 자기 자신에 관해 '잘' 쓰는 것은 별개의 문제입니다. 유치원 때부터 계속 모든 선생들이 자신에 관해 쓰라고 들들 볶았을지라도 자신에 관해 잘 쓰는 것은 오직 가장 뛰어난 작가들만이 해낼 수 있는 솜씨입니다. 몽테뉴는 그것을 할 수 있었습니다. 그리고 지난 400년에 걸쳐 그의 뒤를 이은 운이 좋은, 근면한, 재능 있는 작가 몇 백 명 정도만이 그것을 해낼 수 있었습니다. 그러니 학생이 취할 수 있는 타개책으로는 책략에 만족하는 길뿐입니다. 에세이 안내서들이 제공하는 모범 에세이들을 보니 그것을 쓴 학생들은 있음직하지 않은 파란만장한 인생을 산 것처럼 보였습니다. 정신적인 깨달음, 결정적인 고비, 전환기, 깜짝 놀랄 계시, 깊은 개인적 갈등이 놀라운 속도로 해소된 경우 등 이 모든 것이 넘기는 책장마다 500자 이내에 담겨 있었습니다. 들뜬 자화자찬에서 거의 자포자기적인 낙담에 이르기까지 무절제하게 극단 사이를 왔다 갔다 했습니다. 그런 극적인 사건들 중 무엇이 진짜로 있었던 일인지 누가 알겠습니까? 한 가지 확실한 것은, 지원자들은 입학 사정 위원회가 원하는 것을 제공하고 있었다는 사실입니다.

어떤 책에서 해버포드 대학의 입학처장은 이렇게 썼습니다. "대입 지원 과정 전체는 사실 자기 탐색의 과정이여, 에세이는 개인적인 모험담을 글로 쓰는 방식이다. 그것은 하나의 요약이며, 카타르시스일 수도 있다…… 자신의 일부분을 다른 사람들에게 보여주어야 한다." 하지만 왜 그래야 하죠? 자기도취에 대한 다른 문예적 대안이 없는 것도 아닌데 말입니다. 입학처는 지원자들에게 현시대에 관한 화제나 역사적인 사건에 관한 설명문식 에세이를 쓰도록 할 수 있을 텐데요. 논증을 하게 하거나 간략한 인물 촌평을 하게 하거나 직접 목격한 최근의 사건을 기술하도록 할 수도 있을 텐데 말입니다. 이렇게 좀 더 알맞은 프롬프트가 간혹 눈에 띄기는 합니다. 가령 최근까지만 하더라도 '큰 주립 대학'은 단순히 "여러분이 원하는 주제를 아무것이나 정해서 그에 관해 쓰십시오. 그에 대한 여러분의 반응은 한 페이지로 제한하십시오"라고 주문했습니다. 듀크 대학도 그와 비슷한 방식이었습니다. 하지만 그러한 질문들은 명백히 만족스럽지 않습니다. 왜냐하면 많은 입학 사정관들이 에세이를 지원자들의 창의성을 이끌어낼 기회로 보지 않고 자신들의 창의성을 뽐내는 기회로 보기 때문입니다. 이 점에서 시카고 대학의 입학 사정 위원회는 악명이 높지요. 그들이 내어놓는 질문들은 스스로 기발한 매력이라고 인지하고 있는 게 틀림없으며 기념비적이기까지 합니다.

이름 그 자체에는 신비스런 실체가 있다. 자기 자신과 같은 이름을 가진 사람에게 뜻하지 않은 동류의식을 느끼는가 하면 그 이름이 자기가 생각했던 것만큼 자기 것이 아니라고 생각하면 불편한 마음이 될 수도 있다. 자기가 자기 이름을 선택하는 사람은 기의 없다. 요청하지도 않았는데 주어진다. 발음이나 철자가 어색한 이름일 수도 있고, 복잡한 가족사나 자신이 모르는 누군가를 암시하는 이름일 수도 있다. 이름과 화해를 해야 하는 경우도 있고, 이름이 연상시키는 것을 누리는 경우도 있다. 이름과 이름 짓기, 여러분의 이름, 그 이름과 여러분과의 관계에 대해 깊이 생각해보시오.

자기 이름과의 관계에 대해 생각해보고 싶지 않은 지원자는, 자기 자신의 희로애락에 속하는 삶에 관해 질퍽대는 것을 싫어하는 지원자는 어떡하라는 것일까요? 하루는 캣 코헨과 대입 에세이에 관한 이야기를 나눴습니다. 자기 고객인 학생의 지원서가 입학처에서 대기자 명단에 오를 경우, 그것은 종종 그 학생이 에세이를 쓸 때 '충분히 깊이 파지' 않았기 때문이라고 하더군요.

"아드님에게 깊이 파야 한다고 말하세요. 가장 내밀한 생각을 써야 한다고요."

그녀가 말했습니다. 저는 그 말에 오싹했습니다. '그 아이는 열일곱 살 먹은 애예요!'라고 그녀에게 말하고 싶었습니다. 열일곱 살짜리 남자애들에게 내밀한 생각이란 없습니다. 설령 있다고 해도, 여러분이나 저나 그게 뭔지 알고 싶지 않을 것입니다. 어쨌든 입학 사정 위원회가 그런 요구를 한다는 것은 좀 무례한 일입니다. 자기들이 뭔데 열일곱 살 먹은 아이들에게 카타르시스를 강요한다는 거죠? 결국 아이들은 그냥 대학에 가려고 지원하는 것이지, 자기들에게 청혼하는 게 아니잖아요. 이것은 총체적 접근의 표시였습니다. 즉, 지원자가 무엇을 했는지를 아는 것만으로는 충분하지 않다는 것이죠. 그들은 지원자가 어떤 사람인지 알고 싶어 합니다. 그것은 비교적 최근의 발상입니다. 베이비 붐 세대의 특징적인 것이죠. 강박적인 자기 노출의 시대가 시작되기 전에는 과거의 행위가 그 사람의 현재라고 생각되었지요. 그 사람이 성취한 것으로 판단했습니다. 나머지는 남들이 알 바 없는, 가족이나 친구들에게만—그나마 본인이 그러고자 할 경우에만— 보여주는 사생활이었습니다.

하지만 에세이 질문들로 알 수 있는 것은 그것만이 아닙니다. 대학에 대한 이 새로운 발상의 취지를 대입 지원 절차의 여러 단계에서 명료하게 볼 수 있습니다. 즉, 그것은 대학이 '변화의 장'이 되어야 한다는 것입니다. 입학 안내서에서 '변화'라는 말을 1개 찾을 때마다 1달러씩 받을 수 있다면 그 돈으로 우리 아들의 대학 교육을 시킬 수 있을 정도입니다. 이런 입장에서 볼 때 고등교육은 단순한 계약이 아닙니다. 학교에 일정량의 돈을 내기로 합의하고—또는 부모가 일정량의 돈을 내기로 합의하고— 그 대가로 학교는 지식을 전해주고, 그 계약이 모두 지켜졌음을 증명하는 졸업장을 주는 것은 단순한 계약인데 말이죠. 하지만 대입 에세이는 학교가 여러분의 돈을 원할 뿐 아니라 여러분의 모든 것을 원한다는 것을 분명히 말해줍니다.

대학의 의미가 머리를 지식으로 채우기보다는 인간을 새로이 변화시키는 것이라는 점에 모두가 동의한다면 어떤 수준의 참견과 무례라도 적절하다는 것이지요. (오해하지 마세요. 학교들은 여러분의 돈도 원합니다.)

크리스마스가 다가왔습니다. 우리 아들은 에세이 작성을 더 이상 피할 수 없었습니다. 아들이 에세이를 쓸 때는 항상 표시가 났지요. 거실의 가족 공용 컴퓨터 앞에 금방이라도 날아갈 듯한 태세로 앉아 있었습니다. 다리를 쫙 벌리고 의자에 살짝 걸터앉아 있는 자세인데, 왼쪽 다리는 약간 뒤로 구부리고, 몸통은 키보드와 모니터로부터 45도 정도 돌아가 있습니다. 그리고 오른발은 아래위로 피스톤 운동을 하지요. 과거 분사가 하나라도 떨어지면 그게 폭탄인 양 그대로 달아날 태세입니다. 어떤 때는 고개를 뒤로 젖히고 앉아 있어서 머리가 의자 등받이 뒤로 달랑달랑 매달린 꼴이었죠. 눈은 뜨고 있었지만 멍해 보였습니다. 간혹 끙끙대는 신음 소리를 냈는데, 마치 창작의 불길이 달아오르는 용광로의 깊숙한 곳에서 끓어오르는 듯했습니다. 물론 그건 아니었시요.

"제 자신에 대헤 쓰는 게 싫어요."

어느 날 오후 제가 옆으로 지나가는데 아들이 이를 악물고 말했습니다. 공통 지원서에서 아들이 선택한 질문은 "특별한 의미가 있는 경험이나 성취, 위험을 무릅쓰고 부딪친 일, 여러분이 겪은 윤리적 딜레마와 그것이 여러분에게 미친 영향을 평가"하라는 것이었습니다. 저는 아들에게 제가 산 책 중에서 『성공적인 대입 에세이 100개』라는 책을 던져주었습니다. 바야흐로 강요하는 것이었죠.

"영감을 얻을 수 있을지 몰라."

제가 말했습니다. 아들은 머리를 갸웃하더니 미심쩍은 표정으로 그 책을 손에 들고 들척였습니다. 그때 저는 영화 〈2001: 스페이스 오디세이〉의 첫 장면에서 유인원이 오벨리스크에 다가가는 장면을 떠올렸습니다. 아들은 쿵쿵거리는 것 말고는 다 했습니다. 책장을 넘기다가 이윽고 어떤 에세이에서 멈추더니 소리 내어 읽더군요.

"이것은 두 문화 사이에서 겪은 괴로움에 관한 이야기입니다……."

아들은 머리를 절레절레 흔들더니 몇 페이지 더 넘겼습니다.

"제가 네 살 때 제 형 티미가 죽었습니다……."

아들은 잠잠해지더니 거의 속삭이듯 말했습니다.

"뭐에 대해 쓰죠?"

그리고 저를 쳐다보았습니다.

"아버지 이혼하시면 안 될까요?"

"안 돼."

"그러면 쓸 거리가 생길 텐데. 제가 에세이를 다 쓰고 나서 도로 엄마와 합치시면 되잖아요."

"웃기지 마."

"제가 도심의 빈민가에서 자랐더라면 좋았을 걸 그랬어요."

"맘에 없는 말하지 마."

"마약 중독자가 되었더라면."

"아직 시간이 있잖아."

아들의 이마가 책상에 가까워졌습니다.

"저는 교외에 사는 백인 소년입니다. 저는 행복합니다. 저희 가족도 행복합니다. 제 동생 티미는 죽지 않았습니다."

"너는 티미라는 동생이 없잖아."

"그러니까요. 그럼 뭐에 대해 쓸까요?"

저는 눈앞에서 직관 형성의 전개 과정을 보고 있었습니다. 자신의 내면에 대해 쓰는 것을 불편하게 생각한다면, 자신의 외면적인 삶이 행복하고 인격을 형성하는 재난이 없는 삶이었다면—여기서 기억해야 할 것은, 미국은 가급적 대다수가 재난이 없는 삶을 살도록 건설되었다는 것입니다— 다른 수가 없는 것입니다. 지어내는 것이죠. 이 책략은 여러 형태를 취할 수 있습니다. 아무것도 없는 데서 무언가 꾸며낼 수 있겠죠. 입학 사정관들은 그런 일은 좀처럼 없다고 합니다. 그리고 그런 에세이가 있다고 해도 그것을 알아볼 수 있다고 합니다. 그럴지도 모르죠. 하지만 그보다는 좀 더 일반적이고 덜 부정직한 방법이 있습니다. 실제로 자신에 있었던 일을 쓰되 자기 것이 아닌 다른 목소리로 그것을 극적으로 해석해서 쓰는 것이죠.

저는 이것을 〈리더스 다이제스트〉식 요구 조건으로 생각하게 되었습니다. 〈리더스 다이제스트〉의 기사들은 다음과 같은 다양한 항목 아래 실렸습니다. 극직인 현실, 내 인생이 바뀐 날, 역경을 이긴 승리, 내가 가장 잊지 못하는 인물. 그 기사들에 소개되는 사건들은 균형이 잘 잡힌 서술 방식에 따라 전개되다가 끝에 가서는 믿기지 않을 정도로 깔끔하게 결말지어집니다. 〈리더스 다이제스트〉의 방식대로라면 훌륭한 직관으로 풀리지 않을 인생의 문제는 없었습니다. 대입 에세이도 똑같은 논술 방법을 구걸합니다. 우리 미국의 대학들은 10대들로 하여금 〈리더스 다이제스트〉의 기고가가 되라고 청하는 것이지요.

아들은 머릿속에 분류되고 요약되어 있는 두드러진 경험의 기억을 더듬다가 급우들과 캠핑 여행을 갔던 일을 쓰기로 정했습니다. 그때 내

구력 테스트―수영, 사이클링, 하이킹―를 받았는데 자기가 규정 거리를 포기하지 않고 수영한 3명 중 하나이며, 나머지는 모두 중간에 지쳐서 라이프가드의 배에 올라 호숫물을 뚝뚝 흘리고 있었다는 것이었습니다. 그때 아들아이는 뿌듯한 얼굴로 집에 돌아왔는데, 저는 그것을 생생히 기억합니다. 아무튼 부모의 이혼도 겪지 못하고, 다문화의 정체성 위기도 없고, 형제가 죽을 일도 없는 상황에서는 그 경험이 가장 유망한 이야깃거리 같았습니다. 전면적인 날조에는 미달하지만 말입니다.

신음을 하고 천장을 쳐다보고 몸을 뒤틀기를 얼마나 했을까, 드디어 에세이가 하나 생겨났습니다. 어느 날 저녁 아들은 출력한 카피를 제 무릎 위에 놓았습니다.

"그리 잘 되지는 않았어요."

겸손이 아니었습니다. 제한 글자 수 500자에 한참 못 미쳤습니다. 문장은 단편적으로 본론에서 벗어나고 있었습니다. 걷잡을 수 없이 체계가 없었고 모든 게 서로 들어맞지 않았으며, 생각들이 여기저기 흩어져 있는 것이 흡사 그 녀석 방 같았습니다.

진짜 문제는 에세이의 내용이 충실하지 않다는―그러니까 자신에게 충실하지 않다는― 것이었습니다. 제가 아는 한 실제로 있었던 일을 정확히 묘사하긴 했습니다만, 강조하거니와, 자기 목소리가 아닌, 다른 목소리로 그것을 이야기했습니다. 에세이 속의 소년은 그 경주를 끝까지 마치려 기를 썼고, 끝에 가서는 기진맥진했지만 자부심을 느꼈습니다. 끝까지 가지 못한 급우들을 동정했습니다. 시대를 초월하는 인내와 투지의 가치를 배웠다고 했는데, 거기에는 엄숙한 진지함이 있었지만 유머는 전혀 없었습니다. 규격화된 직관이었죠.

하지만 저는 진실을 알고 있었습니다. 그것은 남성적인 진실이었습니다. 아들은 시대를 초월한 인내의 가치를 알게 해줘서 그 경주를 기억한 것이 아니었습니다. 거기서 승리했기 때문에 승리를 기억한 것이죠. 친구, 라이벌이 모두 포함된 급우들과 경쟁해서 확실하게 이겼으며, 결승점에서 승자의 춤을 출 권리를 쟁취했던 것입니다. 하지만 아들은 그것을 에세이에 쓸 수 없다는 것을 알고 있었습니다. 저도 그 생각이 옳다고 생각했습니다. 어떤 종류의 열정은 입학 사정 위원들의 마음에 들지 않을 것입니다. 그래서 아들은 다른 속임수를 썼습니다. 즉 그들이 원하는 것을 추측해서, 그것을 완전히 허위도 아니고 굴욕적이지도 않은 방식으로 쓰는 것이었습니다.

"불완전한 문장이나 형편없는 구성은 둘째 치고라도 그걸 읽으면 너 같지가 않아. 이 모든 감상적인 말이 진심이냐?"

"네, 물론이죠."

아들이 컴퓨터 모니터를 바라보며 말했습니다.

"네가 그 말 하는 걸 들어줄 수가 없구나."

"헛소리니까 그렇죠."

저는 제안을 했습니다. 아내도 보탰습니다. 아들은 마지못해 키보드 앞에 앉아, 왼쪽 다리를 뻗치고, 상체는 약간 비틀고, 한쪽 다리를 떨면서 고쳐 쓰기 시작했습니다. 그다음 이틀 동안 아들의 그런 모습이 자주 눈에 띄었습니다. 그렇게 '위대한 분출'은 시작되었습니다. 저희가 아는 고등학교 3학년 자녀를 둔 모든 가정에서 반복되는 고통스러운 과정이지요. 부모들은 아이들이 한마디 한마디 초고를 쓰고 또 쓰는 과정에서, 고집스런 자식의 내면으로부터 무언가 내보일 만한 것을 이끌어내기 위해 끌어주고, 잡아당기고, 끄집어내는 가운데 최대한 자신들이 움직이지 않게 단단히 중심을 잡는 것이지요. '분출'은 저항에 부딪치고 신경은 날카로워질 대로 날카로워집니다. 우리의 온화한 제안은 점점 굳어져 명령으로 변했고, 다시 쓰기 꺼려 하는 아이의 마음은 노골적인 저항으로 응결되었습니다. 크리스마스는 왔는데 집안의 공기는 짜증과 자기방어와 반反연말연시적 적대 감정으로 충만했습니다. 딸아이는 집중포화에 휩쓸릴까 봐 거실 근처에는 얼씬도 하지 않았습니다.

어느 날 밤 저는 제 친구 롭에게 전화를 했습니다. 그 친구의 아들도 우리 아들처럼 강제적으로 다그쳐야 에세이를 쓸 수 있는 듯했거든요. 롭은 사흘 동안 꼬박 아이를 들들 볶아 공통 지원서의 에세이를 끝내도록 했다고 말했습니다.

"그래서 우리의 관계가 손상된 것 같네, 정말이야."

그가 지친 목소리로 말했습니다.

"영원히 남을 손상은 아닐지도 모르지. 몇 달만 지나면 모든 게 정상 아니면 정상 비슷한 상태로 돌아오겠지. 하지만 지금은, 녀석이 원망하는 마음을 가지고 있더군. 우리들한테 완전히 진절머리가 난 거야. 우리도 그 녀석한테 진절머리가 났고. 아까 내가 녀석이 컴퓨터 앞에 앉아 있기에 내가 옆에 가 앉았더니 내게서 반사적으로 떨어지더군."

아들과 저도 그와 같은 벼랑 끝에서 깊은 골을 내려다보며 비틀거렸습니다. 하지만 녀석이 마침내 저항을 포기했습니다. 더 이상의 저항이 무익하다는 것을 깨달은 게 틀림없었습니다. 제 엄마나 저나 어디로 없어지지 않으리라는 것을 깨달았겠죠. 우리가 관심을 접을 것 같지 않아

보였을 테죠. 입 다물고 가만히 있지도 않으리란 것도 알았을 테고요.

아시반 제가 말하지 말아야지 하는 것들도 있었습니다. 말해보았자 파괴적이기만 할 것들이죠. 에세이 때문에 치러야 하는 이 의식에 대해 생각하면 할수록 더욱 이치에 닿지 않았습니다. SAT를 헐뜯고 그 절차를 아예 없앨 방법을 모색하는 대입 전형 전문가들을 인터뷰한 적이 있습니다만, 그들의 내세우는 근거는 SAT로는 성공적인 대학생이 될 수 있는 자질을 정확하게 측정하지 못한다는 것입니다. 그러면 '나에 관한 에세이'로는 무슨 자질을 측정할 수 있을까요? 글 솜씨와 논리적 사고력을 포착하고자 한다면 그렇게 멜로드라마 같은 수단을 통하지 않고서도 가능할 것입니다. 그러기는커녕 대입 에세이는 수학적 사고와 언어 능력을 넘어 개인적인 자질을 보장했습니다. 어떤 특징들은 적절한 만큼만 사용하면 충분히 매력적이었습니다. 참신한 방식으로 감정이 넘쳐흐르는 아이들, 감탄할 만하게 열렬한 아이들, 전형적으로 미국적인 모범생 등은 당연히 에세이를 잘 쓸 것입니다. 하지만 에세이는 다른 특징들도 보상합니다. 자아도취, 과시 행위, 위선, 그리고 일부 사람들이 낯선 사람들 앞에서 몸을 꼬면서 빙빙 돌림으로써 느끼는 불건전한 전율도 보상할 것입니다. 이 특징들 중에서 어떤 것이 학업 적성이나 학업의 성공을 예측할 수 있을까요?

저는 그것을 어디에서나 보았습니다. 제 친구가 하버드에 대해 이렇게 말했지요. 그 체제는 특정 부류의 학생들에게 '특혜'를 준다고요. 그러니 그런 부류의 학생이 아닌 학생에게 최선의 경로는 그런 부류인 척하는 방법을 찾는 것이었습니다.

저는 제가 세심한 주의를 기울이는 데—아들이 에세이를 제대로 쓰게 하겠다는 강박적인 결의—에는 또 다른 이유가 있었습니다. 제가 아들에게 도움이 된다는 느낌을 갖게 했거든요. 저는 자기를 관찰하는 타입이 아니라서 당시에는 그것을 인정하지 못했을 것입니다. 가을이 지나가는 가운데 두 살 터울인 우리 아들과 딸은 나이티를 냈습니다. 두 아이들은 자라서 독립을 추구하고 있었으며, 그들에게는 마땅히 그럴 권리가 있었죠. 주말만 되면 둘 다 집에 없었습니다. 친구들과 만나 점심이나 저녁을 먹는다든지, 친구네 집에서 자고 온다든지 그러다가 일요일 저녁에야 다시 나타나 전통적으로 가족이 모두 모여 먹는 피자로 식사를 하고 제각기 방에 들어가 숙제를 하는 것이었습니다. 저는 그 변화에 적응하지 못했습니다. 갑작스럽게 저하된 가족 신진대사 작용에 말입니다. 지난 17년 동안 아이들을 중심으로 활동하며 알차게 보내고 나서 불시에 원치 않은 폐물이 된 느낌이었습니다. 외출하려고 옷을 싹 빼입었는데 정작 갈 데는 없는 것과 같다고나 할까요. 언제나 그랬듯 우스갯소리를 하고, 조언을 해주고, 숙제를 확인해주고, 점심을 만들어주고, 간식을 권하거나 차로 어디든 데려다주기 위해 대기하고 있었는데…… 그런데, 누가 있지?

대입의 광기란 얼마나 이상한지요! 제가 들인 그 모든 감정과 돈과 시간은 결국 제가 그런 일이 생기지 않았으면 하고 간절히 바라던 결과를 낳았습니다. 하지만 부모가 된다는 것은 그런 거지요. 나는 그 사람이 없으면 못 살 것 같은데 그 사람이 나 없이도 살 수 있도록 준비시키고, 스스로를 부인함으로써 자아를 실현하는 것, 바로 그것입니다. 위대한 분출은 그전의 방식대로 도움이 되어보려는 시도였습니다. 그런데 그것이 결국 아들아이를 들들 볶아 괴롭히는 꼴이 되고만 겁니다.

아들의 에세이는 개고를 거듭할수록 점점 더 따분해졌으며, 그럴싸한 맛을 잃어갔습니다. 저는 제가 손을 봐준 것이 잘못된 탓이라는 생각이 들기 시작했습니다. 아들은 자기 나름대로 진략을 이리저리 바꿨습니다. 뚱하고 짜증스러워하다가 나중에는 열심히 우리 부부의 기분을 맞추고자 하더군요. 우리의 제안을 마구잡이로 수용할 정도였습니다. 아내의 제안대로 고친 다음 제가 그것에 대해 다른 제안을 하면 다시 고치고 나서, 다시 아내가 그것을 고치면 또 그대로 따라가는 식이었습니다. 그래서 결국 그 에세이는 다중 인격 장애로 엉망이 되었습니다.

어느 날 오후, 네 번째든가 다섯 번째 개고한 에세이를 읽고 나서 제 신경이 날카로워졌습니다. 그래서 개를 데리고 산책을 나갔다가 역시 개를 데리고 산책 나온 이웃과 마주쳤습니다. 그는 아이비리그 대학 출신이었으며 모교의 동창생 전형 위원으로서 지원 서류를 읽는 일을 했습니다. 가장 유망한 원서에 표시를 하고 재검토 여부가 필요 없는 탈락 원서를 분리해냈습니다. 우리 개들이 서로 열심히 냄새를 맡는 동안 저는 그에게 에세이에 관해 물었습니다. 에세이에서 무엇을 주안점으로 삼느냐고요. 그가 말했습니다.

"그냥 아름다운 글을 바랄 뿐이에요."

저는 괜히 질문했다 싶었습니다. 아름다운 글, 그것은 뛰어넘기 불가능한 장애물이었죠. 제가 말했습니다.

"너무 어려운 요구 아닌가요? 우리 아이는 똑똑하고 착합니다. 그 아이를 데려가는 학교는 복이 터진 겁니다. 하지만 우리 아이의 심미적 감각은 아직까지 다른 능력만큼 개발되지 않았어요. 네, 언젠가 개발될지도 모르죠. 하지만 우리 아들의 미적 감각은 멀리 3점 골 지점에서 때맞춰 넣는 점프슛을 보고 감탄하는 수준에 머물러 있을 뿐이거든요.”

제 이웃은 어깨를 으쓱했습니다.

“에세이는 연습이에요. 학교는 지원자가 무언가 인상적인 것을 ‘세공細工, craft’할 수 있는지 그 여부를 알고 싶은 겁니다.”

세공이라고? 그는 명사를 동사로 쓰는 단어 중에서 제가 가장 싫어하는 말을 썼습니다. 요즘에 가만 보면 세공이라는 말을 안 쓰는 사람이 없습니다. 변호사는 변론 취지서를, 영화감독은 영화를, 교사는 학습 계획안을 세공한다고 합니다. 가장 최근에는 어떤 입학처장이 신입생들을 ‘세공한다’고 말하는 것을 들었습니다. 그러니까 저는 그 말이 고등학생들을 상대로 사용되는 것에 놀라지 말았어야 합니다. 대입 지원자들이 이제는 장인인 것이죠. 집에 돌아와 보니 아들아이는 아직 세공을 하며 신음하고 있었습니다. 이웃과 만나고 나서 저는 에세이가 문학적이어야 한다는 확신이 생겼습니다.

마침 저는 〈리더스 다이제스트〉에 몇 차례 글을 기고한 바가 있었습니다. 그곳 편집자들은 ‘인 메디아스 레스’식의 도입을 좋아했습니다. 이야기를 중간부터 시작하는 것이지요. 사건 발생순으로 서술하기보다는 중간부터 시작함으로써 극적인 효과를 높이는 것입니다. 대화로 글을 시작할 수 있다면 더 좋다고 했습니다. “독자를 계속 긴장하게 하세요.” 언젠가 〈리더스 다이제스트〉 편집자가 제게 해준 말입니다.

제 얼굴이 야심의 빛으로 환한 것을 보더니 아들아이는 거들떠보지도 않던 에세이 안내서를 얼른 집어 들었습니다. 제가 말했습니다.

"이제 알았다. 지금까지 했던 것 전부 잊어버리자. 중간부터 다시 시작히는 거야. 그런 식으로 네 얘기를 하는 거야."

아들의 어깨가 축 처졌습니다.

"처음부터 전부 다시 쓰라고요?"

"아름다운 글이 되게 하는 거야. 그 시합의 처음부터 쓰는 게 아니라 거의 끝나는 부분부터 시작하는 거지. 라이프가드가 이야기하는 것으로 에세이를 시작해보자. 그런 다음 처음으로 되돌아가서 이야기를 하는 거야."

아들은 마치 제가 다시 그 장거리 수영을 하게 한 것처럼 저를 쳐다보았습니다. 제가 말했습니다.

"그건 '인 메디아스 레스'라고 불리지."

"in medias res, 사건의 중간이란 뜻이잖아요. 라틴어. 저는 그 과목을 3년 동안 들었어요."

"그렇게 하면 독자들이 계속 긴장하게 된다."

그러고 보니 에세이 안내서늘에 실린 많은 글들이 그런 묘책을 사용하고 있었습니다. 이야기의 중간으로 바로 돌입하되, 정신을 바싹 차리게 하는 대화로 시작하는 것입니다. 그런 식의 에세이가 너무 많은 것을 아닐까? 진부한 수단을 가지고 섣부른 짓을 하는 것은 아닐까?

다음번 개고는 여섯 번째인가 그랬습니다. 새 도입부는 훨씬 더 좋았습니다. 제가 그 말을 하자 아들은 어깨를 으쓱했습니다. 그리고 열의를 보인다는 전략을 버렸습니다. 제가 몇몇 구절을 다듬고 두어 문장을 바꿔주었죠. 그전의 개고에 첨가되었던 익살스러운 말은 잘라냈습니다. 우스갯소리는 억지로 지어낸 듯했죠. 아들이 제가 휘갈겨 쓴 수

정사항을 보았습니다.

"아버지가 쓴 걸 빼셨네요, 그 우스갯소리요. 그건 아버지가 생각해 낸 거잖아요. 그리고 마지막 줄에 바꾼 그 단어도 아버지가 쓴 거고요. 그 줄 전체가 아버지가 쓴 건데요. 아버지는 아버지가 쓴 것을 고쳐 쓰고 계신 거예요."

무언가 새로운 것을 시도해야 할 때가 된 듯했습니다. 아들과 저와의 사이가 냉각되어 갈라질 위험에 있었으니, 그러기 전에 냉각된 상태를 풀어야 했습니다. 저는 에세이 초고를 캣 코헨에게 보여줄까 생각했습니다. 그녀로서는 그때가 연중 가장 바쁜 때라는 것을 알고 있었습니다. 하지만 서로 안면이 있다는 것을 이용하고 싶지 않았고 또 그녀가 수수료를 청구할까 봐 걱정이 되기도 했습니다. 생각이 거기에 이르고 보니 남은 것은 한 가지, 구글 검색이었습니다.

'대학 지원서'라는 말로 검색을 했더니 결과가 6,400만 건이었습니다. 그래서 인용 부호를 씌워 검색 범위를 좁혔더니 그렇게 많지는 않았어도 여전히 말도 안 되게 걷잡을 수 없는 6만 5,000건이었습니다. 화면을 스크롤하고 클릭하는데, 해도 해도 끝이 없었습니다. 모래언덕을 오르는 기분이었습니다. '칼리지 컨피덴셜' 웹사이트 링크는 모두 무시했습니다. 수많은 웹사이트들이 걱정이 휩싸인 학부모들과 학생들의 관심을 끌려 하고, 그들의 돈을 짜내려는 '교정' 서비스를 광고했습니다. 수수료를 내고 자기가 쓴 에세이를 업로드하면 그것을 누군가가 보고 만지작거리는 것이죠. 그리고 웹의 어딘가 어두운 구석진 곳에서 일하는 익명의 교정자가 그것을 다시 쓰도록 하는 것입니다. 저는 그런 조직에게 일을 맡겨본 학부모를 단 한 사람 봤습니다. 하지만 공급을 보아 하니 수요가 많은 모양이었습니다.

닷컴 붐이 한창이었을 때 통상적으로 웹은 상업의 서부 미개척지라고 일컬어졌습니다. 투기꾼, 대형 투자가, 야바위꾼, 무모한 사업에 덤비는 사람 등 온갖 종류의 기회주의로 들끓었죠. 10년이 지났습니다. 인터넷 거래는 광고업자들도 소비자가 믿으리라는 기대없이 판촉 경품 공세를 벌이는 새벽 4시의 케이블 TV에 가까워졌습니다. 교환들은 항상 잠도 자지 않고 대기하고 있습니다. 우연히 보게 되는 어떤 웹사이트들은 어디에 근거지가 있는지 짐작할 수 없습니다. 이 사람들은 누구일까요? goodessaytopics.com이라는 곳에 이런 말이 있습니다. "대입 지원 에세이는 여러분이 앞으로 받을 과제물 중에서 가장 중요하고 결정적인 종류의 에세이일 것입니다. 여러분의 미래가 그것이 성취한 결과에 달려 있기 때문입니다. 대입 지원의 주요한 목적은 여러분의 독특하고 진정한 성격을 드러내고, 글 솜씨와 생각을 일관되게 조직하는 능력을 보여주고, 논리적으로 글을 구성하고 모든 생각을 사실대로 표현하는 것입니다."

저는 영어가 제2언어인 학생이 구글 검색을 하다가 다음과 같은 엉터리 영어를 보고 그대로 베끼는 게 아닐까 싶어 낙담스러웠습니다. "이런 생각이 브레인스토밍하고 여러분이 가장 흥미로워하는 사항들을 그 생각에 추가하십시오. 이 대입 지원 에세이 주제들은 여러분에 프롬프트를 주어 여러분의 에세이에 적용할 여러분의 주제와 관련된 신선하고 인습에 얽매이지 않는 생각을 줄 것입니다[엉터리 영어 그대로 번역]." 적어도 '프롬프트'라는 말은 썼네요.

흔히 볼 수 있는 약장수 수법과 판촉 과잉이 난무했습니다. 바깥세상의 자본주의와 다른 게 하나도 없는 것이지요. 여기에도 미끼 상술이 인기 종목이었습니다.

"하버드에서 교육받은 편집자!"라며 클릭해서 들어오라는 광고가 요란했습니다. 저는 얼간이처럼 그것을 클릭했습니다. 그러자 대입 에세이를 운영자에게 보내면 하버드의 찰스 강변 두뇌파들이 교정을 봐줄 것이라고 했습니다. "하버드에서 교육받은 편집자"라고 광고한 웹사이트를 좀 더 파고들어갔더니 그것은 "아이비리그에서 교육받은 편집자"로 강등되더군요. 마치 하버드가 세상에 내어놓는 세련된 조정팀 출신의 문장가와 브라운 대학에서 고전하면서 시를 쓰며 마리화나 피우는 멍청이 사이에 큰 차이가 없다는 듯 말입니다. 거기서 더 들어가 보니 그것은 "세상에서 가장 뛰어난 편집자"로 바뀌었습니다. 어떤 학교 졸업자인지는 아무런 언급이 없었고요. 미끼는 확인할 길이 없이 모호해졌습니다. 세상에서 가장 뛰어난 편집자라는 건 누구의 판단으로 그렇다는 것일까요? 하지만 이 말을 한번 생각해봅시다. 세상에서 가장 뛰어난 편집자가 돈 많은 부모를 가진 불안한 고등학생들을 상대로 장사하는 수상한 웹사이트에서 대입 지원 에세이나 대필해주고 있을까요? 필시 아닐 겁니다, 라는 것이 제 추측입니다.

미끼는 계속 다른 것으로 전환되었습니다. 저는 '에세이 교정 서비스 패키지'라는 것을 구입하기로 결정했습니다. 세상에서 가장 뛰어난 편집자 중 한 사람이 1,200자 미만의 에세이를 48시간 안에 교열해주는데, 수수료는 154.99(!)달러였습니다. 제가 그것을 선택하자마자 그것의 가치를 더 높여줄 만한 제의를 알리는 다른 창이 튀어나왔습니다. 정가 154.99달러의 1,200자짜리를 사면 두 번째 에세이는 그 가격의 절반에 해주겠다는 내용이었죠. 그것은 마치 새벽 4시에 무얼 사면 무얼 공짜로 준다는 식의 광고와 다를 바가 없었습니다. 이를테면 지금 본 상품을 주문하면 할증 수수료 없이 이 강아지를 보내드리겠습니다, 라는 것과 같았습니다. 계속 '예!'라는 버튼을 클릭하다 보면 어쩌면 우리 집에 하버드 영문학 전공자를 개인지도 교사로 보내줄지도 모를 일이었습니다.

저는 에세이 한 편에 대한 서비스만 사기로 했습니다. 그것은 1,200자/48시간/154.99달러였습니다. 제 바보짓을 2배로 부풀릴 특가 상품을 사지도 않았는데 벌써 제 자신이 어처구니가 없다는 생각이 들었습니다. 그래서 곧바로 제 결정을 재고하기 시작했습니다. 제가 도를 넘어섰는지에 대한 갈등이 아니라, 여기서 위험을 무릅쓰고 앞으로 더 나아갈 수 있을까 하는 문제였지요. 교열 서비스를 이용하는 것은 윤리적으로 문제가 없는 듯했습니다. 바보짓일지는 몰라도 부도덕한 짓을 아니었습니다.

칼리지보드의 가이드 잭사노 지원자들에게 조언하기를 학교 선생님들이나 부모 또는 친구에게 에세이를 보여주고 고칠 게 있는지 물어보거나, 다듬어달라거나, 명확하게 만들어달라고 하는 게 좋다고 했습니다. 하지만 바보짓의 제곱은 어떻게 하죠? 어떤 비교문학 전공자가 고친 자국으로 장식된 교정된 초고를 받느니 돈을 조금 더 써서, 분명히 비윤리적인 무언가를 이용하는 것은 어떨까요? 아예 완성된 에세이를 사는 것은 어떻겠습니까?

이 시점에서 이미 여러 가지 상품들을 접했거든요. 그것들은 얄팍하게 위장되어 인터넷의 좀 더 수상한 구석에 있었습니다. 이 인터넷 거래는 심야 케이블 쇼라기보다는 어두컴컴한 뒷골목 같았습니다. 건물 입구에서 그물코 스타킹에 하이힐을 신은 다리를 드러내고 있는 여자들과 대형 쓰레기통 뒤에 웅크리고 있는 바바리코트 차림의 사내들이 있는 뒷골목, 고객이 대가를 치르기만 하면 원하는 것은 무엇이든 팔 준비가 되어 있는 그런 사람들이 서성이는 뒷골목 말입니다. 미끼 상술 이상으로 그들의 수법은 성공적인 마약 장수의 비행이 진화한 형태 같았습니다. 먼저 그런 사이트들은 교정과 교열을 제공합니다. 해로울 것이 없어 보이지요. 그런데 몇 번 더 클릭하면, 그보다는 돈을 조금만 더 써서 '모범적인 에세이 개발 서비스'를 받을 생각이 없느냐고 물어봅니다. "우리의 팀은 브레인스토밍에서 완성된 상품에 이르는 전 과정에 걸쳐" 여러분의 에세이를 "세공"하는 데 "길잡이 역할"을 할 수 있습니다. "개개인의 요구에 맞춘 샘플 에세이"는 "여러분의 대입 에세이가 필요로 하는 것을 모두" 갖춰줄 것입니다. 우선 "여러분의 개인적인 정보"로 "글의 윤곽"을 잡아줍니다. 그러면 이것을 바탕으로 "여러분이 의견을 투입"하면 "아이비리그 교육을 받은 편집자들" 덕분에 여러분의 에세이는 "매력적이고 사적인 이야기"가 될 것입니다. 또 아이비리그 출신이라는군요.

여러분이 돈을 내면 우리는 쓰레기를 씁니다. 아주 간단한 이야기 아니겠습니까? 그런데 오직 두 군데 말고는 '대필'이나 '표절'이라는 말은 어디서도 보이지 않았습니다. 또 학생이 그것을 자기가 쓴 글인 것처럼 제출했다가 겪을 수 있는 심각한 결과에 대해서는 아무런 언급이 없었습니다. '에세이 개발'과 같은 완곡한 표현은 그 문제를 회피함으로써 고객의 양심을 깨끗하게 해주는 것이죠. 그런데 그 깨끗한 양심은 비싼 값을 치러야 합니다. 제가 발견한 첫 서비스는 1,800달러를 요구했습니다. 여기에는 "우리의 아이비리그 출신 작가와의 개별적인 전화 상담"이 있고 나서 이틀 후에 꼼꼼하게 마무리된 에세이가 '털썩' 여러분 이메일 박스에 배달되는 서비스가 포함됩니다. 이때 고객의 심정은 분출될 준비가 되어 있는 것이죠. 750달러 범위에서 제공되는 서비스도 있었습니다. 가격이 높아질수록 익명 대필자의 교육 정도(하버드에서 밑으로 덜 중요한 아이비리그 학교들에 이르기까지)는 더 인상적이었습니다. 저는 마침내 '도어웨이 러닝'이라는 서비스를 발견했습니다. "미국 최고의 기관을 나온 공인된 작문 전문가"로 이루어진 스태프라고 겸손히 주장하는 곳이었습니다. '기관'이라면 메이요 의료원이나 브로드무어 병원°도 배제할 수 없겠지요. 아무튼 199달러라는 액수는 제가 쓸 수 있는 범위이지만, 그래도 터무니없이 비쌌습니다. (제 지출 가능 범위는 '제일 저렴한' 수준에서 시작해 위로는 '싼' 수준 내지는 '별로 비싸지 않은' 수준까지입니다.) 어쨌든 저는 전액 지불하기로 결정했습니다. 저로 하여금 SAT를 치르게 한 것과 같은 실험 정신과 발견의 진취적 기상에서 내린 결정이었지요. 물론 저는 그렇게 해서 얻은 에세이를 사용할 생각은 없었습니다. 호기심 때문이었어요. 아들을 도와주는 과정에서 기왕이면 가급적 다양한 대입의 양상을 탐구해서 이 나라와 이 시대, 그리고 궁극적으로는 우리 자신들에 관해 좀 더 깊은 이해를 얻고 싶었습니다. 물론 너무 많은 돈이 들지 않는 범위 내에서요.

° 정신장애가 있는 흉악범을 치료하는 곳.

그러나 언제나 그렇듯이 저는 먼저 설문에 답해야 했습니다. 에세이 작가들에게 개인적인 정보를 알려주고 나서 며칠 있으면 "대입 전형에서 가장 중요하게 취급되는 요인들을 강조한 완벽하고 개인적인 진술서"가 벤저민 버튼처럼 성숙된 형태로 배달되는 것입니다. 물론 우리 아들은 제 작은 실험을 격려하지 않았지요. 저는 나름대로 입학 사정관들이 원하는 것이 정확히 무엇인지 알 수 있는 가장 확실한 길은 도어웨이의 상품을 써보는 것이라고 판단했지만 말입니다. "공인된 작문 전문가"보다 입학 사정관들의 취향 및 그들이 좋아하는 '세공'된 작문에 더 익숙한 사람이 또 있을까요? 그들은 어쨌든 대리로라도 입학 사정관들의 마음에 들기 위한 일을 하고 있으니까요.

아들은 그게 시간 낭비라고 생각했습니다. 인터넷의 익명성에 가려진 낯선 사람들의 도움을 거부하는 것은 아들에게는 정직의 문제였으며 또한 자부심이 문제이기도 했습니다. (그 둘은 종종 구별하기 힘들죠.) 아무튼 아들은 거실의 가족 공용 컴퓨터 앞에 앉아 있고 저는 제 노트북 컴퓨터로 설문에 답했습니다. 그리고 수영에 관한 부분은 기억에 의존했습니다. 놀랍게도 설문의 질문은 25개밖에 되지 않았습니다. 게다가 그중 많은 질문은 중복적이었습니다. "이 학교의 어떤 점에 끌렸습니까?"라는 질문이 있는데 "무엇 때문에 이 학교에 다닐 마음이 들었습니까?"나 "왜 대학교에 가기를 원합니까?"라는 질문이 있고, 또 다른 질문 몇 개 뒤에는 "대학에서 무엇을 얻고자 합니까?"라는 질문이 있었습니다. '열정'과 '관심사'에 관한 질문이 중복되기도 했습니다. 또 '가족생활'과 '가정생활', '기량'과 '능력', '과외활동'과 '방과 후에 밖에서 하기 좋아하는 일'도 마찬가지였습니다. 설문지 자체는 이제 대학에 들어가 시험 답안지를 채워야 할 학생들에게 귀중한 교훈을 주었습니다. 즉 모든 것을 2번 반복하라는 것이었죠.

설문에 대한 답이 끝나자 수수료 지불 화면으로 넘어갔습니다. 저는 신용카드 번호를 입력했습니다. 인터넷 쇼핑이 시작되던 10년 전만 해도 아마존에 신용카드 번호를 입력하는 것조차 미덥지 않게 생각했는데, 이제는 대입 지원서를 가지고 부정행위를 하도록 돕는 일이 직업인 사람들에게 기꺼이 카드 정보를 보내게 됐습니다. 진보한 것이죠.

사흘만 기다리면 완벽한 에세이를 받게 된 것입니다. 아들이 지원하는 학교 대부분의 접수 마감일과 같은 날에 도착할 예정이었습니다. 그동안 아들은 8개 학교가 요구하는 추가 에세이를 써야 했습니다. 최소한 1개의 추가 에세이를 써야 했는데 어떤 학교의 경우에는 2개를 써야 했습니다. 수영 에세이는 만족스럽지도, 불쾌하지도 않은 어떤 형식에 때려 맞춰지느라 이제 완전히 녹초가 되었습니다. 이제 보충 에세이미다 그 나름의 고통을 불러일으켰습니다.

"학교들이 별걸 다 참견하네."

어느 날 저녁 아들이 낮은 목소리로 화내는 소리가 들렸습니다. 한 학교는 다른 사람들 앞에서 임무 수행에 실패한 경험을 이야기하라고 요구했습니다. 아니나 다를까, 그 경험에서 자기 자신에 대해 무엇을 배웠냐는 것이었습니다. 숨 막힐 노릇이죠! 그런 질문을 할 수 있는 입학 사정 위원회는 가학적이거나 병적인 호기심이 있다고 할 밖에요. 이런 프롬프트로 무엇을 프롬프트하겠다는 것일까요? 10대 아이들에게 굴욕감을 주는 게 목적이라면 그런 거 말고도 좀 더 직접적인 방법이 있을 텐데요.

"여기까지 찼어요."

제가 아내에게 스트레스를 얼마나 받고 있느냐고 하니까 아내가 손
으로 목을 가르는 시늉을 하며 그렇게 말했습니다. 물론 주야장천 컴
퓨터 모니터 앞에 앉아 있는 것은 우리가 아니라 아들이었지만요. 아들
은 주먹을 쥐었다 폈다 하며 움찔거리다가 기절이라도 한 것처럼 키보
드에 이마를 대고 있기도 했습니다. 그 모든 게 노트르담 대학의 입학
사정 위원회가 그들의 멋있는 학교에 들어오면 4년 동안 무엇을 하기
바라는지;;;..;'/ㅌㅌㅍㅊ퓽ㅇㅇㅇㅠ.,ㅠㅊㅍㅠ——ㅜㅜ..,..,..ㄹㄹㅇㄴ
ㅓㅓㅓㅓㅓㅓㅠㅠㅠㅠㅠ—————ㅠㅜ,,ㅠ;;아들의 에세이를 읽도록 하기
위해서였습니다.

그 어떤 것도 부모와 자식 간의 신비스러운 연민의 관계를 끊지는
못합니다. 아이가 외풍에 오싹하면 부모는 그것을 보고 감기에 걸립니
다. 물론 아이도 감기에 걸리죠. 하지만 아내와 저는 스트레스를 풀 데
가 있었어도 아들에게는 그게 없었습니다. 칵테일이 그거죠. 도어웨이
러닝으로부터 완성된 에세이를 받기로 한 바로 전날 저녁, 우리는 독
한 술잔을 기울였습니다. 반짝이는 크리스마스트리 불빛과 차츰 꺼져
가는 벽난로 불 앞에서 그다음 날이면 도착할, 구매에 대한 지불이 완
료된 에세이로 유발된 철학적 대화를 나누었습니다. 에세이를 대필 작
가에게 대신 쓰도록 해서 그것을 지원 서류와 함께 제출하는 것은 물
론 표면적으로 보면 부정직한 행위였지요. 그것은 사실 어리석음으로
의 환원은 아닐까요? 우리 가족을 포함한 많은 가족들이 참여하고 있
는 그 장난의 극단적인 형태는 아닐까요? 에세이는 '교열(또는 편집)' 과
정의 어느 지점까지가 지원자의 글일까요? 수정 사항으로 뒤덮여가는

에세이는 어느 시점에서 원래의 모습을 상실하는 걸까요? 역사적 유품 수집가들은 에이브러햄 링컨이 한때 소유했다던 유명한 도끼 이야기를 즐겨 합니다. 그것은 링컨이 죽은 뒤에 몸통이 3번 교체되고 자루는 2번 교체되었는데도 몇 백만 달러에 팔렸다는 이야기 말입니다.

제가 보기엔 대입 지원 마감일이 가까워지면서 미국 전역에서 비슷한 일이 벌어지고 있었습니다. 우리 집의 경우에는 아내와 제가 제안한 새 문장 삽입과 대체 단락, 여기저기 집어넣은 직관적 표현, 단어와 어조의 변경 등을 아들은 모두 수용했습니다. 우리를 잠잠케 하려는 것이었죠. 이제 적어도 아들이 쓴 에세이 몇 개에는 그런 것들로 상당량 채워져 있음에 틀림없었습니다. 제가 이 문제를 제 친구들 앞에서 꺼냈더니 모두 거북해하는 눈치였습니다. 그러나 롭만은 예외였습니다. 그가 말했습니다.

"나는 우리 애의 형편없는 문장 몇 개는 그냥 내버려뒀어, 아무렴. 그래야 그 아이가 쓴 티가 날 테니까. 게다가 그래야 어느 정도 자기가 썼다는 느낌을 가질 수 있으니 말일세. 하지만 말이야, 나 원, 그 녀석이 쓴 것 중 어떤 것은 그대로 보내게 할 수가 없더군. 무엇보다 도무지 글이 앞뒤가 안 맞아서 말이야."

우리 아이들의 장래는 그 아이들에게 맡기기에는 너무 중요하다는 것이죠. 제가 그 이야기를 꺼내자 아내가 말했습니다.

"오, 제발 그만 좀 해요."

아내는 독일인과 프랑스인의 피가 섞였는데도 철학적 사색이라면 짜증을 냈습니다. 우리 아들을 대학에 보내는 문제에 있어서는 한층 더 그랬습니다. 아내는 제가 아는 직업적 글쟁이들을 대부분 다 압니다.

그런데 그들 중 몇몇 수입 좋은 작가들의 글이 원래 그대로 출간되는 일은 거의 없습니다. 그들의 글은 보호적인 편집자들에 의해 톡톡 쳐서 털썩 내리치고 납작하게 펼치고 또다시 반죽됩니다. 쉽게 말해서 개고되는 것입니다. 그리고 그 편집자들은 작가가 원고료를 수령하고, 대개 겸손함이 없이 갈채를 받는 반면 익명으로 남죠. 그녀가 그런 작가들을 언급했습니다.

"어째서 기사들에는 ○○와 ○○의 이름만 언급될까요? 그 이유를 말해 줄까요? 그래도 그 기사들은 작가들의 것이기 때문이죠. 안 그래요?"

"엄밀히 말하자면."

"네. 그럼 이 에세이들도 우리 아들 거죠."

우리 부부는 전면적인 사기만 아니라면, 아들이 '큰 주립대학'에 들어갈 가망을 높이는 일이라면 허튼 짓까지 포함해 무엇이든 관대하게 봐 줄 참이었습니다.

도어웨이의 에세이는 그다음 날 제 메일박스에 도착했습니다. 그것은 영화 평론가들이 메릴 스트립의 연기에 대해 늘 말하는 '계시'였습니다. 익명의 작가가 쓴 2장 분량의 에세이에는 제가 에세이 가이드 책자들을 보며 질색하던 모든 짜증나는 특징과 꾸밈이 다 들어가 있었습니다. 저도 제가 무엇을 기대했는지 모르겠습니다만, 제가 생각할 수 있는 것은 오직 '그러니까 실제로 이게 입학 사정관들이 원하는 것이로군'이라는 것이었습니다. 세부 사항들은 생생하고 믿기 어려운 것으로 강화되었습니다. 강을 횡단하는 수영은 강 둘레를 도는 것이 되었고, 물에 빠지지 않고 성취한 결과는 수영 챔피언 마이클 펠프스의 감동에 버

금가는 것이 되었더군요. 설문에 대한 답을 할 때 저는 아들이 과부인 이웃의 잔디까지 깎아준 이야기를 언급했는데, 그것은 대필 작가의 손을 통해 '지역 공동체 봉사'의 한 예로 부풀려졌습니다. 아들은 "노인들의 정원 일이나 다른 잔일들을 도움으로써 지역 공동체를 섬기는" 사람이 된 것입니다. 아들이 '구세군의 정원 봉사대'라는 것을 시작하기라도 한 것처럼 보였습니다.

그 에세이는 한 소년의 인생을 조감한 것이었습니다. 3,000미터 상공에서 희망 사항의 구름을 통해 내려다본 10대의 인생이었습니다. 과장된 형식이라지만 세부 사항들은 일반화로 뒤덮여 상실되어 있었습니다. 세부 사항은 그냥 세부 사항으로 그쳐야 할 때가 있습니다. 하지만 여기서는 모든 세부 사항들이 구름같이 부풀부풀한 산문을 통해 무언가 거창하며 그 자체를 훨씬 초월하는 것의 상징이 되어 있더군요. 수영은 인습과 순응의 물결에 맞서는 자주적 정신이었습니다. "내 인생에서 도전적인 일이 한 번씩 지나갈 때마다 나의 불굴의 정신은 더욱 강해졌다." 그리고 수영 동작 하나하나는 면학의 상징이 되었습니다. "수영 동작 하나하나에 집중하듯이 나는 열심히 근면하게 공부해서, 한 걸음 한 걸음 나아가며 이 학교의 학업 분위기에 귀중한 기여자가 될 준비가 되어 있다." 걸음, 수영 동작—하기는 그런 거창한 주제들이 작용하고 있는데 뒤섞인 비유쯤이야 어떻겠습니까? 그러나 한편, 어쩌면 그 대필 작가는 우리 아들이 물 위를 걸을 수도 있다는 것을 암시하려 했는지도 모르죠.

그거야 기적이겠지만 아주 잘 어울렸습니다. 그도 그런 뜻으로 말했지만 우리 아들은 훌륭한 지원자였으니까요. 이 에세이는 자화자찬으로 작렬했습니다. 에세이 안내서들에 예로 실린 것들과 같았습니다. 문장 하나하나에 작은 허풍의 악취탄이 탑재되어 있었습니다.

"나의 개인적 특성인 힘과 투지와 인내…… 나는 또한 긍정적인 가치관과 미덕과 성격상의 특성을 가지고 있으며…… 나는 신체적으로나 정신적으로 단단히 뿌리를…… 나의 개인적 특성인 힘과 인내…… 나는 존중심을 갖추고…… 나의 튼튼한 협력 정신과 팀워크 솜씨는……."

제가 만일 입학처장이라면 그렇게 뽐내는 에세이를 보고 그 학생을 받아들일지 한 대 때려줄지 잘 모르겠습니다. 하지만 우리의 대필 작가가 입학 사정 위원회가 좋아할 마법의 주문을, 또는 암호를 알고 있다는 데는 의심의 여지가 없었습니다.

"나는 문제를 푸는 데 다양한 사람들과 협력해서 일하는 것을 자랑스럽게 생각할 것이다…… 나는 다양한 학생들과 함께하고자 한다…… 다양한 학업 분위기 속에서 더욱 큰 도전적인 일을 맞이할 준비가 되어 있으며…… 역사와 외교와 문화적 다양성을 향한 나의 열정……."

이 에세이에서는 오십 글자마다 '다양'이라는 말이 나왔습니다. 실제로 세어봤어요.

그 이메일은 설명서에 첨부되어 왔습니다. 그 설명서에는 역시 실질적이든 도덕적인 차원에서든 표절과 그에 따른 위험에 대한 말은 전혀 없었습니다. 이 에세이는 겉으로 보기에 그대로 제출해도 좋도록 되어 있었습니다. 둘둘 묶어 리본으로 장식해 행운의 학교로 발송하기만 하면 되는 것이었죠. 저는 제 작은 실험이 200달러를 들인 보람이 있는 것이었다고 스스로 설득하고자 했습니다. 제가 그렇게 구매한 에세이는 그 모든 가이드북 속에 예로 수록된 에세이들과 비교해서 별로 다를 바도 없었고 더 나쁘지도 않았거든요. 그것을 보고 저는 에세이 문화에 대한 제 견해를 확인했습니다. 과장된 기대, '열정'에 대한 요구, 침입적인 질문 등으로 인해 대입 전형 과정은 이미 에세이 작문을 사기로 변질시켰습니다. 그리고 누군가에게 돈을 주고 내필하게 하는 것은 사기에 사기를 치는 방법이 되었을 뿐이었습니다. 또한 그 에세이를 통해서 저는 아들이 애를 쓰고 아내와 제가 다듬어주려고 한 에세이들을 새롭게 보게 되었습니다. 즉, 아들이 쓴 에세이들이 돈 주고 산 에세이보다 더 낫다는 것이었습니다. 돈을 주고 산 에세이를 읽으면서 저는 걱정이 불시에 해소되는 것을 느꼈습니다.

그 에세이를 보여주자 아들은 획 훑어보고는 어깨를 한 번 으쓱하더니 그것을 옆에 놓았습니다. 아들은 그간 에세이를 하나 더 써서 저더러 읽도록 했습니다. 아들이 좋아하는 질문을 찾아 그것에 대해 쓴 것이었습니다. 그 대학교는 자아의 진창 속에서 질퍽거리라는 주문을 하지 않았습니다. 그를 더욱 강하게 하고 개방적으로 만든 또 하나의 환희의 순간을, 굴욕의 순간을, 깨달음의 순간을 찾아내도록 요구하지 않았습니다. 관용과 근면이라는 널리 인정된 기량을 모 대학교의 놀랍도록 아름다운 캠퍼스에서 적용하는 데 헌신하는, 좀 더 다양한 개인 어쩌고저쩌고 하는 그런 것을 말하게 하는 요구 말입니다.

우리 아들이 좋아한 질문은 조지타운 대학이 요구한 것이었습니다. 합격하기는 좀 무리라고 여겨지는 학교였죠. 달콤하지만 먼 꿈이었어요. 거기에 가야겠다는 아들의 열의는 지원 요건의 타당함에 의해 불이 붙었습니다. 그들은 최근의 국제적 위기 하나를 선택해서 그것에 대해 쓸 것을 요구했습니다. (그렇다면 쓸 것이 많죠.) 그런 다음 그에 대해 어떤 조치를 취하면 좋을지 제안하는 글을 쓰라고 했습니다. 아들은 그 것을 해방의 기회로 삼아 곧바로 작업에 착수하여, 아덴만의 돌연한 해적 행위의 창궐에 대해 쓰기로 했습니다. 당시에 그것은 언론에 많이 보도되는 문제였습니다. 아들은 해적에 관해 조사를 하고, 그들의 극악무도함을 전거로 제시하고, 그들의 전략을 헤아렸습니다. 그리고 하루인가 이틀 후에 그놈들을 소탕하는 3단계 작전을 짰습니다. 그리고는 그것을 〈이코노미스트〉지의 논설위원처럼 자신만만하게 제시했습니다. "이 위기는 전 세계 공동체가 즉각 다음과 같은 조처를 취해야만 피할 수 있다." 그들은 항상 이런 식으로 말하죠.

"정말 잘 썼구나."

제가 말했습니다. 진심으로 그렇게 생각했죠. 아들의 산문은 명료하고 논증은 치밀했으며 입증 자료는 풍부했습니다. 문장들은 논리적인 순서를 따라 이어지다가 타당한 결론에 이르렀습니다. 그 모든 직관적 깨달음과 굴욕, 정신적인 돌파구를 모두 합친 것보다 이 500자 에세이로 이 아이가 어떤 대학생이 될지 더 잘 알 수 있었습니다. 아들이 말했습니다.

"마치 방학 같아요. 그 바보 같은 질문들에 답하지 않아도 되니까요."

잘은 모르겠습니다만, 그렇다고 아들에게 묻지도 않을 것인데요, 그 '조지타운 방학'은 일종의 전환기가 된 것 같았습니다. 이틀을 남겨두고 아들은 에세이를 몇 개 더 써야 했습니다. 에세이 프롬프트들은 불쾌하거나 무의미한 것—"우리 학교가 어떤 에세이 질문을 제시하면 좋을지에 관한 에세이를 쓰십시오”—이 아니면 여전히 어이가 없었습니다. 하지만 아들은 자기 방식대로 답했습니다. 아내나 제가 어떻게 생각할지, 또는 입학 사정 위원회가 어떻게 생각할지에 관해 덜 걱정하는 빛이 역력했습니다. 기승전결의 깔끔한 이야기를 좋아하는 저는 이것이 우리 아이 자신의 직관적인 진실 파악의 결과라고 생각하고 싶습니다. 하지만 그 아이가 갑자기 느긋해진 것은 다른 대안에 허비할 시간이 없었기 때문일 가능성이 더 높죠. 그 이유가 무엇이든, 나머지 에세이들은 아들처럼 곧잘 저를 웃게 만들었습니다. 논지는 더 예리했고 거창한 단어의 수는 훨씬 적었습니다. 저라면 다르게 썼겠지만 이제 부모가 손질해주기에는 너무 늦었습니다. 게다가 저는 마침내 그 에세이들이 아들 것이지 제 것이 아니라는 것을 인지하게 되었습니다. 어딘가 진짜가 슬며시 스며들었으며, 압력이 가해졌을 때 뭉친 근육이 풀어지듯이 긴장은 해소되었습니다. 저는 인정하고 싶지 않았지만 캣 코헨이 지난해 겨울에 해준 말에는 분명 무언가 가치 있는 것이 있었습니다. 그것은 일부 대입 안내서에 반복되어 나타났습니다. 즉 대입의 시련은—저는 다시 이 말에 주춤했습니다만— 개인의 성장 과정처럼 보이기 시작하고 있다는 것입니다.

1월 1일 밤은 마지막 광란의 밤이었습니다. 5~6개의 지원서들을 즉시 발송해야 했거든요. 모든 지원서들은 물론 컴퓨터에 작성되어 있었습니다. 우리는 함께 불이 꺼져 어둑한 집안의 컴퓨터 앞에 앉아 한 화면씩 넘기면서 지원서에 기재한 것을 손가락으로 짚어가며 철자는 틀린 것이 없는지, 구두점은 제대로 다 찍혔는지, 에세이들은 모두 제대로 업로드가 되었는지 확인했습니다. 자정을 알리는 종소리가 날 시간이 가까웠습니다. 아들은 자정까지 15분을 남겨두고 마지막 버튼을 눌렀습니다.

아들은 다음 날 아침 늦잠을 잤습니다. 저도 그 아이와 함께 전쟁을 치른 느낌이었습니다. 저는 일찍 일어났습니다. 아내는 아직 잠자고 있었습니다. 옆방으로 가서 이메일을 열었습니다. 제가 전해에 수신자 명단에 이름을 올린 '미국 대학생 학부모'로부터 날아든 이메일 회보였는데, 그 전날 밤 자정이 조금 넘어 받은 것이었습니다. 거기에는 다음과 같이 씌어 있었습니다.

"대입 지원이 스트레스였다고 생각하신다면 학자금 지원 신청은 더 힘들 것입니다."

출근하기 위해 운전을 하고 있었습니다. 햇빛이 늦겨울 날씨에 분투하는 어느 토요일 아침, 시내로 들어가는 고속도로에는 차가 없었습니다. 가속 페달을 꾹 누르자 연비 절약형 해치백 차는 쉭쉭 소리와 함께 활기를 띠며 시속 60마일에 육박하는 속도를 냈습니다.

"과거에 저는 다년간 이것을 연구해왔습니다."

라디오에서 누군가 말했습니다.

"그야말로 연구를 했습니다. 여러분도 나름 조사를 해야 합니다. 사전 조사를 말이죠. 정확히 무엇이 이용 가능한지 반드시 알도록 하십시오…… 그런 다음…… 그런 다음…… 전략을 짜십시오."

잠시 후 저는 그 사람이 제가 가진 강박에 대해 말하고 있다는 것을 알았습니다. 그리고 나서 또 잠시 있자니까 그는 그런 제 강박에 대해 저보다 더 생산적인 강박을 가지고 있더군요.

"저는 이것을 우리 딸과의 동업으로 봅니다."

그 목소리의 주인공은 말했습니다. 그에 대한 정보가 곧바로 뒤따랐습니다.

"그것은 일생의 체험이었는데요, 우리는 정말 즐거웠습니다. 지원할 학교들을 정하고, 그것들을 분류하고, 각각에 대한 전략을 짰습니다. 그 학교들의 장점과 약점, 좋은 학과와 나쁜 학과를 알게 되었습니다. 아주 즐거웠습니다."

청취자가 전화를 했습니다. 그리고 그 '전략'이 무엇이었는지 물었습니다.

"그건 물론 학교에 따라 다릅니다. 모든 학교에 획일적으로 적용할 수 있는 전략이란 없습니다. 그런 것은 없어요."

매우 사무적인 목소리였습니다. 그는 패튼 장군처럼 들렸습니다. 소심한 사람에게 공격적이었습니다.

"지금 이 단계에서의 전략은 오직 재정적인 문제에 관한 것입니다. FAFSA, 이 말을 알아두세요. '연방 학자금 지원 무료 신청Free Application for Federal Student Aid'입니다. 이것은 실제로 학자금 부담이 얼마나 될지 결정지을 것입니다. FAFSA를 언제 시작해야 하냐고요? 지금 당장, 아니 어제, 지난달에 했어야 합니다. 아주 까다롭습니다. 아주 복잡합니다. EFCExpected Family Contribution, 예상 가구 분담금를 확인한 다음 어떤 융자가 있는지 알아보세요. 보조금에는 어떤 것들이 있는지도 알아보세요. 그 가능성을 극대화할 수 있도록 하세요."

그는 광고 시간이 될 때까지 쉬지 않고 한참 더 이야기했습니다. 아들아이의 대입 지원서들이 모두 발송된 터라 왠지 모든 게 순조롭게 진행되고 있다고 생각하던 참이었습니다. 그런데 갑자기 뉴욕으로 가는 기차 안에서 캣 코헨의 책을 처음 읽었을 때의 기분이 되었습니다. 어떤 생각에 정신을 싹 빼앗기고, 기분이 좀 찜찜해지고, 가벼운 공황 상태가 가까이에 느껴진 것이죠. FAFSA? EFC? WTF(도대체 그게 뭐지)? 누군기 뺑뺑거렸습니다. 속도계를 보니, 막히지 않는 고속도로인데 제 차가 시속 25마일로 달리고 있더군요.

대학 학자금은 물론 학부모들의 온 마음을 사로잡는 중대 관심사입니다. 그리고 광기의 주요 원천이기도 하죠. 그 이유가 무엇인지 알기란 어렵지 않습니다. 제가 1978년에 한 작은 문리대학을 졸업했을 당시 1년 등록금은 5,100달러였습니다. 그간의 인플레이션을 쫓아 현재의 금액으로 환산하면 1만 6,500달러일 것입니다. 그런데 실제로는 4만 달러에 가깝습니다. 이 나라의 거의 모든 학교에서 볼 수 있는 기하급수적인 증가입니다.

하지만 대입과 관련된 다른 문제들과는 달리—어떻게 하면 아이에게 에세이를 쓰도록 할까, 지원 대상 학교에 정말 가봐야 하나, 이 성가신 지원서들을 누가 고안한 것이지, 이 모든 게 언제나 다 끝날까?—학자금 문제는 특히니 민감한 문제입니다. '부엌형 사람들'이 모였을 때 각자의 아이들이 다니는 고등학교의 대입 카운슬러에 대한 화제를 던지면 서로 돌아가며 30~40분은 족히 왁자지껄 떠들곤 했습니다. 하지만 제가 대학 학자금에 관해 물으면 즉각적으로 이탈리아의 베수비오 활화산 같은 일시적 반응이 일었다가, 서서히 침묵 속으로 미끄러져 들어갑니다. 그러고는 발이 이리저리 움직이며 천장을 멀뚱히 쳐다보다가 다 비운 컵을 채우러 갑니다. 아무도 돈 이야기를 좋아하지 않습니다. 자신에게 금전적 여유가 없을 때는 특히 더 그렇죠.

하지만 정상적인 생활에서는 민감하거나 부적절한 것이 인터넷에서는 꽁무니를 흔들어대는 노출증 환자와 같은 사람들이 즐기는 일상사입니다. 그렇지 않다면 블로그라는 것이 존재하지 않겠죠. 금전상의 문제에 대한 과묵은 고려되지 않습니다. '학자금 조달 방법'은 사람들이 많이 사용하는 인터넷 검색 주제입니다. 언뜻 보니 그 공급원의 수는 끝도 없이 많았습니다. 하지만 재정에 관한 한 저는 대개 칼리지보드와 교육성의 웹사이트만 보았습니다. 그들의 지시에 권위가 있다고 여겼기 때문입니다. (연방 정부 기관을 믿지 못하면 누구를 믿을 수 있겠습니까?) 대학 학자금에 관한 자료를 다 모으고 보니 그 서류들을 식당에 쌓으면 인상적이리만치 분량이 많아 몇 더미는 될 것 같았습니다. 소책자, 시산試算 용지, 신청서, 권리 포기 각서, 파워포인트 파일, 권장 가이드라인, 공식 가이드라인, 정보 공개서, 차트, 배경 설명, 표, 월별 계획표, 수도 없는 '자주 묻는 질문' 등이 있었습니다. 대개는 중요 항목들이 불가해한 제목하에 분류되어 있었습니다. "ICR 납세 정보 공개 동의서", "상환 계획 선택", "DCL GEN-04-04 FRAC 참가자용 일반 지침", "Fafsa4caster", "소득 수준에 따른 상환 선택지", "FFEL 전환 가능 변동금리채의 금리 계산서" 등등. 저는 한 번에 45초 이상 그런 것들에 집중할 수가 없었습니다. 그러다가 고개를 쳐들면 패튼 장군의 음성이 들리곤 했습니다. "아주 까다롭습니다, 아주 복잡합니다."

그 많은 서류들 중 상당수는 단순히 상술이었습니다. 또다시 칼리지보드와 교육성이 팔고 있던 것은 대학 그 자체, 대학이라는 그 생경한 관념이었습니다. 아이들을 어떤 특정 학교로 이끌어주는 배려도 없고, 고등교육을 받지 않고도 직장을 가지고 가정을 꾸릴 수 있는 앞날에 대한 고찰은 더더욱 없었습니다. 그들이 주는 메시지는 명백했습니다.

대학이라면 무조건 가고 보라는 것입니다. 그렇게 돈 걱정 하지 마, 돈은 마련할 수 있어, 그냥 가, 돈은…… 우리가 도와줄 테니, 그냥 가, 제발 그냥 가라니깐, 하는 식이었습니다.

칼리지보드 웹사이트의 '대학 학비' 항목 아래서 발견한 최초의 서류 중 하나가 그런 분위기를 조성했습니다. 〈USA 투데이〉식의 그 시각적 기사—표나 그래프를 위주로 한 글은 얼마 없는 기사—의 제목은 "긴 안목에서 본 상승하는 학비"였습니다.

그 글에서 "대중 매체의 보도는 위협적일 수 있습니다. 표시된 가격에 겁먹지 마십시오"라고 하더군요. 이 거짓말쟁이 매체들.

"대학 등록금이 인상되고 있다는 사실을 피할 길은 없다." 그 기사는 그 사실을 인정했습니다. 하지만 저는 그 사실을 피할 길이 있다면 칼리지보드가 그것을 찾았을 거라고 생각했습니다. "하지만 좋은 소식이 있습니다." 그 기사는 계속되었습니다. "1,430억 달러의 학자금 지원을 받을 수 있습니다." (서류들에서 그 숫자—1,430억이라는 숫자, 그 금항아리—는 빈번히, 끊임없이 반복되었습니다.) 그리고 기사에 실린 차트는 2개의 세로 단으로 이루어져 있었습니다. 왼쪽 단은 나쁜 소식, 오른쪽 단은 나쁜 소식을 반박하는 좋은 소식으로서 "하지만 그거 아세요……"라는 제목이 붙어 있었습니다.

왼쪽 단을 보니 지난해의 등록금은 사립대학의 경우 5.9퍼센트, 공립대학의 경우 6.4퍼센트가 인상되었더군요. 하지만 오른쪽의 "그거 아세요……" 단은 다음과 같이 반박했습니다. "4년제 대학에 등록한 학생들 중 56퍼센트가 연 9,000달러 미만의 학비를 청구하는 학교에 다니고 있습니다." 그 학생들로서는 잘된 일이군. 그런데 나머지 44퍼센트는?

　왼쪽 단의 나쁜 소식에 또 다음과 같은 사항이 있었습니다. "타 주에서 온 학생들에게 부가되는 공립대학의 부가금은 평균 1만 867달러입니다." 이에 대한 좋은 소식은 "하지만 그거 아세요……. 풀타임 학부생의 3분의 2가 무상 지원을 받습니다."

　또 왼쪽에 보니 "지난해에 비해 숙식비가 평균 381달러 내지 408달러 정도 더 들어갈 것입니다"라고 하더군요. "하지만 그거 아세요……. 1,430억 달러의 학자금 지원을 받을 수 있습니다."

　이 페이지의 제일 위에 이미 그렇다고 씌어 있거든요, 하고 저는 속으로 말했습니다. 가만 생각해보면 반박 조항들은 그다지 신통치 않았습니다. 학비 인상 문제가 해결될 수 있다는 말이 다소 위안이 되기는 했지만, 학생 가족이 더 많은 부채를 지거나 반복해서 지원금을 받을 경우에만 해결이 가능했습니다. 1,430억 달러의 지원금을 이용할 수 있다는 것은 좋은 소식일지 모르지만, 애초에 그게 필요할 수밖에 없는 상황부터 이미 나쁜 소식 아닌가요?

　"대학 교육을 투자라고 생각하십시오." 그 도표는 그렇게 결론을 지었습니다. 침착하고 위안을 주는 것이었습니다. 그런 다음 이 칼리지보드의 기사는 자체 조사 결과를 인용해서 대학 졸업장—칼리지보드의 차트에 오르는 학교와 같은 대학의 졸업장—이 있는 사람은 고등학교만 다닌 노동자의 소득보다 60퍼센트 더 많다며, 이것을 모두 합하면 평생 80만 달러의 차이가 난다고 했습니다. "학부모와 자녀가 대학 교육을 위해 감수하는 단기적인 희생은 장기적으로 볼 때 그만큼 본전을 빼고도 남는 것입니다."

　이 고등교육 기관들이 전하는 말들에서 흥미로운 사실을 발견했습니다. 그들이 비용과 편익을 비교 평가하는 상업적인 관점에서 고등교육을 언급하는 유일한 때는 한창 학부모와 학생을 유혹하는 중간에서였습니다. 아마도 대부분이 인생을 상거래라는 관점에서 보는 것을 편하게 생각해서겠죠. 그밖에 다른 데서는 고등교육을 신비와 마법으로 가득한, 비용과 편익의 세속적인 압박으로부터 면제된 정신적인 영역으로 취급했습니다.

컬트 같은 집단적 표리부동함 때문에 짜증이 났습니다. 칼리지보드에서 모은 자료들은 상당수가 속이 빤히 들여다보이는 선전이었습니다. 그것은 숫자로 장식되었지만, 기업의 로비 활동에서 볼 수 있는 자기 잇속 차리기였지요.

"표시된 가격에 겁먹지 마십시오." 다음 장에서 그들의 메시지가 강조되었습니다. "학자금 지원으로 각 가정의 지불 능력과 학비의 차액을 충당할 수 있습니다." 그리고 그것을 읽는 사람이 잊을까 봐 그러는지 "학자금 융자도 학비를 조달하는 적절한 방법입니다"라고도 씌어 있었습니다.

어디를 보든 방심하는 학부모나 학생은 정보가 그런 식으로 가려져 있다는 것을 알게 됩니다. 모든 정보는 항상 그것을 제공하는 기관에 이득이 되도록 초점이 맞춰져 있습니다. 또 다른 책략은 제가 워싱턴의 정치에서 거듭해서 보았던 것과 유사했습니다. 정유 회사들의 보조금을 받는 정책 연구소들의 탄소 배출 관련 '과학적 연구 조사'를 믿으면 안 된다는 것을 알고 있었거든요. 그런데 미국 고등교육 문제 있어서, 특히 보조와 부채의 영광에 관한 한 우리는 대학교들과 칼리지보드, 교육성 등 전 고등교육 기관에 의지해야 하는 것으로 생각되었습니다.

그들이 좋아하는 수법은 다른 데를 가리키는 것이었습니다. 정유 회사들은 홍보 분야에서 그것을 완성했습니다. 그들은 멸종 위기에 놓인 가마우지와 해오라기가 우아하게 습지 위를 활강하는 TV 광고를 보여 줍니다. 마치 그들 기업들의 유일한 본령이 조류 보호구를 만드는 데 있는 것처럼 말입니다. 카메라 렌즈의 바깥에서 기름이 콸콸 유출되어 번지는 것은 신경 쓰지 말라는 것이죠. 그와 마찬가지로 대학들은 엄청난 등록금 마련에 이용할 수 있는 후한 학자금 지원금이 있음을 기꺼이 자랑합니다. 하지만 애초에 왜 등록금이 그리도 엄청난지에 관해서는 묻지 말라는 겁니다.

그것은 짜증나게 만드는, 표리가 부동한 짓이었습니다. 자기 이익만 생각하고 사람들로 하여금 다른 데를 쳐다보게 하는 짓이었죠. 좋아요, 그건 다 좋은데, 부유하지 않은 다른 모든 집과 마찬가지로 우리 집도 등록금을 낼 수 있는 방법을 찾아 밀고 나아갈 수밖에 별다른 도리가 없었습니다. 우리 아들이 지원한 학교들 중에서 우리가 거주하는 주의 주립대학—'큰 주립대학'과 테크 공대—만이 학비와 숙식비를 모두 합쳐 2만 달러 내지 그 이하가 들어갈 것 같았습니다. 지원서를 보낸 다른 학교들은 훨씬 더 비쌌습니다. 그중에 조지타운, 노트르담, 밴더빌트, 이 셋은 연 5만 달러 이상이 드는 학교들이었습니다. UNC 채플힐은 좀 더 알맞은 3만 6,000달러 수준이었습니다. 게다가 향후 4년 동안 정상적인 인플레이션보다 훨씬 더 높은 비율로 등록금이 인상되리라는 가능성도 배제할 수 없었습니다. 첫 해 등록금이야 가까스로 맞출 수 있을지 몰라도 아들이 4학년이 될 때는 감당할 수 없는 금액이 되어 있을 수 있는 것입니다.

하지만 우리가 감당할 수 있느냐 없느냐의 여부는 우리 혼자 결정할 수 있는 문제가 아니었습니다. 그것은 정부가 해야 할 계산이었습니다. 이렇게 해서 저는 라디오의 ㄱ 패튼 장군이 언급한 EFC이라는 것을 접하게 되었죠. EFC는 『아서왕의 전설』에 나오는 마녀 모건 르 페이가 죽은 이래 가장 신비스런 마법의 주문이었습니다. 대학교들이 지적하듯이 대다수의 학생들은 학비를 충당할 수 있도록 정부나 은행, 또는 학교로부터 모종의 할인 이자율의 융자, 보조금, 장학금을 받습니다. EFC는 가계소득과 저축을 평가하고, 정부가 하는 말을 빌자면 "한 가족이 학생의 학비에 기여할 거라 예상되는 금액"을 산정하도록 고안되었습니다. 그 금액과 학비의 차액은 아마도 보조금과 융자, 장학금으로 충당되리라는 것이지요.

'예상되는'이라는 수동태의 문장에 유의하세요. 누가 예상을 한다는 것일까요? 그 예상자는 그가 예상하는 우리의 부담금을 어떻게 산정하는 것일까요? 교육성의 시하실 어딘가에 땀이 많고 육중한 체격에 안경을 썼으며, 셔츠 가슴주머니에는 각종 펜을 잔뜩 꽂고, 자기가 고안해낸 알고리즘이 떠 있는 컴퓨터 화면의 빛뿐인 창문도 없는 작은 방 안에 구부리고 앉은 어떤 사내가 있으리라고 타당한 가정을 해볼 수 있습니다. 그는 '예상자'입니다. 눈에 보이지 않고, 불가해하고, 이루 말할 수 없이 막강한, 제임스 본드 영화의 악당 블로펠드 같은, 그러나 그 비싼 고양이는 없는 사람입니다. 정부에서 가장 막강한 사람들은 언제나 익명에 가려져 있죠.

저는 예상자가 어떤 방식으로 움직이는지 이해하려고 자료들을 들추며 그의 지문 채취를 해보았습니다. 그 계산을 하는 실제 수학 공식—학생의 등록금 중 부모가 부담할 수 있는 부분이 얼마나 되는지 계산해서 연방 정부가 학부모에게 알려주는 데 사용하는 공식—은 여러 국회 위원회의 직원들이 고안하고 교육성의 예상자가 실행한 것입니다. 그러나 자세한 사항들은 백분율과 비율, 분수들이 겹겹이 쌓인 여러 층 아래에 묻혀 있습니다. 저는 시산 용지들 중 하나에서 마침내 그에 대한 힌트를 찾았습니다.

FAFSA에는 100개가 넘는 항목이 있습니다. 그 항목들 가운데 몇 개만이 신청자의 EFC를 결정하는 데 쓰입니다. '총수입' 항목을 예로 들어보겠습니다. 신청자의 소득을 계산하기 위해 예상자는 수입에서 소득세와 사회보장세를 공제하도록 합니다. 예상자는 또한 "소득 보호 공제액"—소득에서 대학 등록금에 쓰도록 요구되지 않는 일정 허용 금액—을 부여합니다. "재산 보호 공제액"은 재산의 일정 부분—가계 저축, 당좌예금, 만일 있다면 투자액—이 등록금에 쓰이지 않아도 되게끔 해줍니다. 정보를 입력하고 나면 이에 대한 정확한 금액이 어수선하고 복잡한 차트로 나타납니다. 이 두 공제액이 자녀가 대학에 입학할 때 쓰지 않아도 되는 재산 전부입니다.

그래도 예상자의 일은 다 끝나지 않았습니다. 그는 신청자의 소득과 재산에 좀 더 조정을 가합니다. 예를 들어, 그 이유가 무언지 알 수 없지만, 총소득 중 어떤 수치는 0.12로 나뉘기도 하고, 더 나가다 보면 그 공식에 의해 0.20으로 나뉩니다. 그러면 3,080달러라는 별개의 '보호 공제액'이 나타납니다. 그런 다음 0.50으로, 또 22로 나누는 금액 평가가 이루어집니다. 그것에 대한 설명이나 실제 계산이나 이해가 안 되기는 마찬가지입니다. 왜 0.20이 아니고 0.12냐, 이겁니다. 왜 0.13이나 0.18과 같은 숫자는 아니냐는 것이죠. 왜 딱 떨어지게 3,000달러가 아니고 3,080달러냐는 것입니다. 그 예상자만이 알겠죠.

FAFSA에 한 가지 특별히 너그러운 측면이 있습니다. 그 점에 대해서는 전국의 다른 학부모들과 마찬가지로 저도 감사하게 생각합니다. 단, 그게 진짜라면 말입니다. FAFSA의 가이드라인에 의하면 그 양식 서류의 제출 마감일은 6월 말이었습니다. 늦은 마감일은 반갑지만 그릇된 안도감을 주었습니다. 6월이면 아들이 어떤 학교들로부터 입학 허가를 받았는지—하나라도 있다면— 알게 될 것이고, 그러면 실제로 학자금이 얼마나 필요할지 확실히 알 수 있을 테니까요. 그리고 우리 부부의 소득 신고서는 틀림없이 제출되었을 것이며, 따라서 소득과 저축 금액에 대한 정확한 수치를 파악하여 대체로 느긋하게 계산을 할 수 있을 테니까요. 사실상 학자금 지원 절차가 FAFSA로 시작해서 그것으로 끝나는 거라면 감당할 만합니다.

그러나 어려움으로부터의 일시적 모면은 착각이었습니다. 대부분의 대학들은 신청자들에게 FAFSA 외에 추가로 칼리지보드에 좀 더 복잡한 지원 신청서들을 제출하라고 요구했습니다. 칼리지보드의 iDoc 서비스의 목적은 신청자들로부터 소득 보고서 사본을 받아 FAFSA의 기록과 대조 확인하는 것입니다. 칼리지보드는 또한 'CSSCollege Scholarship Service 프로파일' 신청서를 요구했습니다. 이 신청서의 질문 내용은 FAFSA과 같은 것이었으며, 똑같은 질문에 2번 답할 기회를 주었고, 그런 질문들 외에도 추가로 똑같이 거슬리는 질문들에 답하라고 했습니다. 이 질문들은 칼리지보드가 자체적으로 지어낸 것들이었습니다. 이 서류들의 제출 마감일은 3월 초였습니다. 칼리지보드에 제출할 신청서들은 FAFSA 제출이 완료되기 전에는 사실 완료될 수 없으므로 학자금 지원을 받으려는 학생에게 실질적인 마감일은 3월 1일이었던 것입니다. 3월 1일이라면 소득 보고 마감일 전이며 대학 지원서 마감일로부터 두 달 후입니다. 게다가 대부분의 학생들의 경우 그들이 지원한 학교들로부터 입학 허가 여부를 알 수 있기 몇 주 전이었습니다.

2월 28일, 저녁을 먹은 뒤, 24시간을 남겨두고, 저는 우리 집 지하실에 있는 컴퓨터 앞에 앉아 FAFSA 신청서를 찾으려고 인터넷에 접속했습니다. 그에 앞선 지침은 그것을 작성하기 위해 필요한 서류들이 무엇인지 알려주었습니다. 저는 최근의 소득 보고를 아직 하지 않은 상태였기 때문에—소득 보고 마감일인 4월 15일까지는 아직 6주나 남았었거든요— 지난해의 소득 보고서에 의존해서 그해의 소득 보고 금액을 예측해야 했습니다. 그밖에 수표책, 저축예금계좌와 퇴직금 적립 401(k)°에 대한 내역서, 그리고 주택 담보대출 내역서도 가져다 옆에 놓았습니다. 이렇게 해서 숫자로 표시된 제 인생이 한데 모였습니다. 어떤 대입 안내서들은 부모들에게 자녀들로 하여금 FAFSA 및 칼리지보드가 요구하는 다른 학자금 지원 서류들을 직접 작성토록 해야 한다고 합니다. 그렇게 한다는 것은 생각만 해도 소름 끼치는 일입니다. 그것은 우리 아들과 딸이 살아오는 동안 조심스럽게 규정되고 분리되어온 역할의 부적절한 혼합을 의미했습니다. 집안의 재정 문제는 부모의 책임 소

° 미국에서 통용되는 대표적 퇴직연금의 종류 중 하나.

관이며, 그것을 쓰는 것은 아이들의 일이었거든요. 저는 아이들에게 제 예금통장을 늘여다보게 하느니 차라리 제 고등학교 시절의 일기장을 뺏어가게 하거나 제 대학교 때의 여자 친구들을 인터뷰하게 하겠습니다. 이래도 저래도 항의하며 큰소리를 지르겠시반요.

인터넷에서 www.fafsa.com을 한번 쳐보니까 뜻밖에도 '학자금 융자 안내 서비스'라는 데가 나오더군요. 99.99달러를 내면 FAFSA 양식 작성을 돕는 사설 업체였습니다. 다른 대입 관련 웹사이트를 장식하는, 오르가즘을 느끼듯 행복해 보이는 아이들의 사진이 아니라, 그 웹사이트에는 근심에 가득한 얼굴을 한 중년 부모들의 사진이 있었습니다. 오르가즘은 이론적으로도 가능하지 않을 것 같은 모습들이었습니다.

Fafsa.gov를 입력해보았더니 교육성 웹사이트가 나왔습니다. 그 신청서 양식을 열려고 하니까 작은 창이 튀어나와 제 웹브라우저로는 그것을 열 수 없다고 알렸습니다.

저는 FAFSA 신청서 작성을 최대한 매끄럽게 하겠다는 생각에서 그날 오후 브라우저를 최신 버전으로 업그레이드하는 멍청한 짓을 저질렀습니다. FAFSA가 있는 사이트는 그 전 버전으로만 열 수 있었는데 말이죠. 전 버전을 다시 설치하기 위해 새 브라우저를 제거하는 방법을 몰랐던 저는 모든 서류를 싸 들고 위층으로 올라갔습니다. 그리고 두 번째 가족 공용 컴퓨터 앞에 앉았습니다.

그 컴퓨터에는 그 전의 브라우저가 깔려 있었습니다. 4년 된 것인데 악성 소프트웨어와 오래된 바이러스로 느리기가 이루 말할 수 없을 정도였습니다. 저는 다시 서류들을 펼쳐놓았습니다. 컴퓨터에서 그 양식을 찾아 클릭하고 열리기를 기다렸습니다. 그리고 신속하게 첫 두 화면의 기입란들을 다 채웠습니다. 그때 어떤 키를 눌렀는데 단 한 번에 제가 기입한 모든 게 지워졌습니다. 그래서 처음부터 다시 시작했습니다.

정부는 그 양식을 전부 작성하는 데 1시간이 걸릴 것이라고 합니다. 저는 자정이 되어서야 FAFSA 작성을 완료했으며, 새벽 2시에야 칼리지보드의 프로파일과 iDoc 부분을 완료했습니다. 저는 그날 잠을 자며 자주 깼습니다. 다음 날 롭과 함께 점심을 먹으며 위로와 동지애를 구했습니다. 저는 그도 전날 밤 저와 같은 일을 했다는 것을 알고 있었습니다. 그는 낙담한 듯 보였습니다. 아니 그보다 더 심해 보였습니다. 저처럼 보였거든요.

그는 방금 〈뉴욕 타임스〉에서 FAFSA에 관한 기사를 읽었다고 하더군요. 다른 사람에게 1,500달러나 주고 그것을 대신 작성하게 하는 사람들도 있다는 기사였습니다. 그가 말했습니다.

"그만한 돈을 쓸 가치가 있잖은가. 내게 그런 데 쓸 돈이 있다면 말일세. 하지만 내가 FAFSA 같은 것을 작성하는 데 1,500달러나 쓸 경제적 능력이 있는 사람이라면 애초에 FAFSA를 작성할 필요가 없겠지."

그는 이마에 손바닥을 갖다 댔습니다.

"CSS 프로파일을 접수하는 데 돈을 내야 하지 않았나? 그 마지막 화면에서 말이야."

"응."

제가 대답했습니다. 칼리지보드는 접수 수수료로 9달러를 요구했습니다. 게다가 학교들이 제 재정 프로파일을 보도록 하는 데 학교당 25달러를, 두 번째 학교부터는 16달러를 요구했습니다. 결국 저는 마스터카드로 100달러 이상을 지불했습니다. 그가 말했습니다.

"그런데 새벽 4시에야 내가 마지막에 돈 내는 것을 깜박했다는 생각이 들었고, 땀을 흘리며 잠에서 깼어. 내가 지불하지 않은 게 분명해. 나는 그 정도로 당황했거든."

저는 당황하지는 않았습니다. 그보다는 아주 뜨거운 열이 나는 것 같았죠. 사람들이 학자금 지원 신청서를 언급할 때 제가 가장 자주 들은 말은 '항문'과 관계된 욕이었습니다. 신청서 작성의 침입적인 면은 그저 시작일 뿐이었습니다. 중복적인 질문들, 심술궂은 소프트웨어, 잡다하고 혼란스러운 양식 그 자체…… 심야에 쌕쌕거리는 소음을 내는 컴퓨터 앞에 앉은 저는 짜증이 나다 못해 화가 났으며, 급기야 분노마저 일었습니다. iDoc의 질문이 끝나고, 보잘것없는 재력의 모든 속사정을 노출시키고, 뭄바이나 노바스코샤의 어떤 컴퓨터 해커가 도둑질하고 비웃을지도 모르는데 그것을 인터넷으로 송신하고, 지갑에서 신용카드를 꺼내고, 부풀린 수수료를 청구하는 화면이 마지막이 될 거라고 생각하며 기껏 클릭해 넘어갔는데, 칼리지보드의 특별 광고가 뜨더라는 말입니다……. "특가 판매! 소매가에서 30퍼센트 할인! 새로운 책!" 물론 칼리지보드가 출간한 『학비 조달』이라는 책입니다. "이 책은 꼭 있어야 할 자원…… 대안에 대해 알아보세요…… 흔한 질문들에 대한 대답이 있습니다…… 14.95달러!"

이 마지막 행상 행위는 저를 돌게 만들었습니다. 하지만 이제 거의 다 끝났습니다. 늦은 시간이었고, 식구들은 잠자리에 든 지 한참이었습니다. 제 머릿속은 식사를 알리는 종소리가 울리는 듯했습니다. 저는 피곤했으며 자기 연민으로 가득했습니다. 칼리지보드, 대학교들, 솔솔 빠져나가는 사소한 경비, 눈 하나 까딱 않는 방대한 연방 정부, 태연한 관료들과 그들이 만든 불가해한 양식들. 저는 이 모든 것에 아주 신물이 났습니다. 그게 누구든 '예상자'는 더 이상 참을 수 없었습니다. 학자금 지원 신청의 전 과정도 이젠 넌더리가 났습니다. 저는 잠시 제가 왜 화가 났는지 생각해보았습니다. 그리고 왜 그런지 대답을 찾았습니다. '그들은 사람들이 공돈을 얻기 불편하게 만들어놓은 것입니다.'

그때쯤 열이 났던 게 가셨습니다. 그러니까 내가 겪은 게 바로 그거로구나! 제가 그것을 직접, 소규모로 체험한 것입니다. 그것은 손을 벌리는 탄원자의 역할을 맡아 타인의 관대함을 받는 피보호자가 되기를 신청하여 수혜를 받은 거지 생활의 심리적 대가였습니다. 아직 돈을 받은 것은 아니지만 제 요구 사항은 이미 늘어나고 있었습니다. 돈이 공짜여야 할 뿐 아니라 많아야 하며, 오직 우리 아들에게만 쓰여야 한다는 것이죠. 그리고 돈을 얻는 과정도 수월해야 한다는 거고요. 제가 처음부터 무엇을 기대했는지 모르겠습니다. 교육성에 전화를 하면 그들이 그냥 돈을 내주어서 상당한 금액을 제 당좌예금계좌에 바로 입금시키고, 또 정부 지정 개인 재무상담사가 관리해주는 단기금융 투자신탁에 입금이라도 시켜줄 줄로 알았던 것일지도 모르죠.

하지만 공돈을 얻으려면 무언가 어려운 절차가 필요한 게 아닐까요? 저는 손 벌리는 사람이 얼마나 쉽게 순전한 욕망으로 빠져들 수 있는지 알 수 있었습니다. 더 편하기를, 더 배려해주기를, 더 쉽게 이용할 수 있기를, 더, 더, 더 많은 돈을 요구하는 것입니다.

'학자금 보조 신청 과정'이 대입 지원과 같은 것이라고 한다면—인격 성장을 위해 겪어야 할 또 하나의 모험이라면— 저는 완전히 실패하고 있었습니다. 저는 성장하고 있지 않았습니다. 오히려 줄어들고 있었습니다. 매순간 점점 작아지고 있었습니다.

저는 점심을 먹으며 롭에게 그 얘기도 했습니다.

"얼간이 같은 기분이야. 사실 좀 부끄러운 내용이지. JFK가 말한 것과는 반대이지 않은가. '내 조국이 내게 무엇을 해줄까?'라는 것이니 말이야."

"별다른 수가 없잖아? 그 돈이 필요할 텐데. 나도 그 돈이 필요할 거고. 만일 자네 아들이 '큰 주립대학'에 들어가지 못하면 어쩔 건데? 2만 달러가 드는 '큰 주립대학'이 아니라 노트르담 대학에 가게 되어 5만 달러가 필요하게 되면 어쩔 건데? 그 돈을 어디서 구해?"

저는 롭도 잘 알고 있을, 이용 가능한 다른 방법들을 말해보았습니다. 엄청난 이자율의 가계 자금 대출, 또 다른 보조 이자율 대출, 우리 집에 대한 2순위 저당 대출, 저나 아내 혹은 둘이 모두 부업을 갖는 것, 또는 그게 잘 안 되면 마약을 판다거나 필요시 제 몸을 판다거나 한다는 말을 쭉 늘어놓았습니다.

제가 그런 말을 해도 롭의 얼굴에는 전혀 웃음기가 없었습니다. 그는 자기가 먹던 비알리 빵을 물끄러미 쳐다보았습니다.

"그런데 등록금은 도무지 왜 그렇게 비싼 건가?"

그것은 우리 둘이 서로에게 수십 번은 물은 질문이었지만 두 사람 모두 만족스런 대답을 찾지 못했습니다. 그러다가 저는 리처드 베터라는 사람에 대해 들어 알게 되었습니다. 오하이오 대학의 유명한 경제학 교수인 그는 오랫동안 아주 철저하게 그리고 아주 정직하게 대학 등록금에 대해 연구 조사한 사람으로서, 대학의 행정관들은 그를 아주 싫어합니다.

저는 그가 워싱턴에 있을 때 파트타임으로 쓰는 사무실에서 그와 만나기로 약속했습니다. 그날 아침 〈고등교육 신문〉이라는 신문에 대학 교육비의 꾸준한 인상에 대한 기사가 났습니다. 그 신문은 거의 매일 아침 꾸준히 인상되는 학비에 대한 기사를 실습니다. "미국의 일류 사립학교의 경우" 그 기사는 그렇게 시작했습니다. "연 5만 달러는 빠르게 새로운 표준이 되어가고 있다." 등록금(수업료 및 기타 수수료)과 숙식(기숙사)에 마법의 5만 달러보다 더 많은 돈을 요구하는 학교가 적어도 58개였습니다. 2008~2009년만 해도 5만 달러 이상이 드는 학교는 다섯 군데밖에 없었습니다. 6년 전, 우리 아들이 중학교에 다닐 때만 해도 4만(5만이 아닌 4만) 달러 이상이 드는 학교는 2군데 밖에 없었고요. 그런데 지금은 224개 대학교가 그보다 더 많은 돈을 요구합니다.

아들이 집을 떠난다는 생각만 하면 제 가슴이 이루 말할 수 없이 아팠지만…… 학비가 이런 식으로 계속 인상된다면, 하루 속히 집에서 아이를 떠밀어 빨리 학교를 다니게 하지 않을 경우 조만간 연 6만 혹은 7만 달러의 학비를 내야 할 전망이었습니다. 게다가 딸아이도 얼마 안 있으면 대학에 가게 될 것이었고요. 우리 아이들이 집을 떠나는 것은 정말 싫지만, 이제 그것은 시간과의 경주가 되어 서둘러야 했습니다.

리처드 베더는 자신의 모교를 시범 케이스로 삼아 비슷한 방식으로 계산했습니다. 그는 1958년 노스웨스턴 대학에 입학했는데, 당시 등록금은 연 795달러였습니다. 그 금액은 당시의 연 중간 가족 소득의 15퍼센트에 해당합니다. 45년이 지난 2003년도의 등록금은 연 2만 8,000달러였는데 이것은 당시 중간 가족 소득의 53퍼센트에 해당하는 금액이었습니다. 등록금 인상 속도가 이런 추세로 계속되고 가족 소득의 수준이 이런 식으로 유지된다면 2048년이 되면 노스웨스턴의 등록금은 중간 가족 소득의 2배로 뛸 것입니다. 이것은 다시 말해서 평균적인 가정의 경우, 선별적인 대학의 1년 등록금을 마련하기 위해 2년을 일해야 한다는 것을 의미합니다.

베더는 항상 그런 식의 계산을 툭툭 던집니다. 학부모들이 마음속 깊이 알고 있으며 은행 예금계좌를 통해 느끼고 있는 것, 너무나 놀라우면서, 그들을 궁핍하게 만드는 대학 교육비의 인상에 대해 쉽게 설명할 방법을 모색하는 것입니다. 한 역사적 연구 조사에 따르면, 대학 등록금은 인플레를 감안해서 20세기 초부터 1970년대 중반까지 매년 2~3퍼센트 인상되었습니다. 그때만 해도 대학 총장들의 오랜 재담 중에 대학 1년 등록금이 중형 쉐보레 1대 가격보다 많아서는 안 된다는 말이 있었습니다. 그러나 1975년쯤 변화가 생겼습니다. 대학 교육비는 나머지 경제로부터 스스로 분리되었습니다. 비행선이 계류 장치에서 떨어져나가 곧장 급격한 각도를 이루며 하늘로 날아갔습니다. 그 이후로 인플레를 넘어 매년 5~6퍼센트의 인상은 일반적인 것이 되어버렸습니다. 2003년의 경우 한 해만에 평균 등록금이 14퍼센트 인상되었습니다. 조사 결과에 따르면, 전형적인 사립대학교의 학비가 1975년에는 3,663달러였던 것이 2009년에는 3만 4,132달러가 되었습니다. 거의 10배나 인상되었죠. 이 금액에 숙식비(기숙사)로 8,000~1만 달러를 보태면, 그 돈으로 쉐보레 2대를 사고도 할리 오토바이를 살 만큼 충분한 돈이 남을 것입니다.

경제가 호황이든 불황이든 상관없이 의료 서비스와 고등교육은 규모로나 비용으로나 미국 경제의 양대 성장 부문입니다. 하지만 그러는 동안 의료 서비스는 질적인 면에서—기술과 의약, 치료의 종류— 큰 발전을 이뤘습니다. 고등교육 부문에서 그와 같은 개선이 이루어졌다고 주장할 수 있는 사람은 없을 것입니다. 우리가 대학교들을 구경하러 다니면서 봤지만, 학교 교정은 아주 근사합니다. 조경이 아주 훌륭하게 잘 되어 있었고 교내 푸드코트들은 번쩍번쩍합니다. 등반 연습용 암벽은 견고하며 한번 해볼 만합니다. 하지만 체육 시설의 개선만으로는 그 막대한 등록금 인상이 설명되지 않습니다. 일반 경제에서 건축과 급식의 가격은 대학 기숙사 비용처럼 급등하지 않았습니다. 그런데 학비는 왜 그렇게 비싼 걸까요?

이상한 일입니다. 인상되는 의료 비용의 문제는 그것의 원인과 결과를 연구하는 것으로 먹고사는 계량 경제학자 및 수치를 다루는 사람들로 이루어진 방대한 산업을 만들어냈습니다. 그들은 병원에서 보험회사에 이르기까지, 간호사 노조에서 국회에 이르기까지 이해관계에 있는 단체들이 고용하는 전문가들입니다. 그에 비해 대학에 관한 문제들은 상대적으로 검토되지 않았습니다. 그것은 전문가들이 달려들어 밀어내고 들춰보기를 꺼려 하는 바위입니다. 그 전문가들의 상당수가 그 바위의 보호를 받기 때문입니다. 평생 고용을 잃고 싶지 않은 것이죠. 베더는 가장 두드러진 예외적 존재입니다. 그를 만났을 때 저는 대답이 없는 그 불가피한 질문을 그에게 던졌습니다. 그가 말했습니다.

"단답형으로 대답할까요? 대학들이 왜 계속 등록금을 인상하는지 간단히 한 문장으로 대답해드리죠. 그렇게 할 수 있기 때문이에요!"

그는 높고 흥분된 소리로 짧은 웃음소리를 냈습니다.

"누가 그러지 못하게 막겠느냐는 겁니다. 학부모들이? 정부가? 그들이 그러지 못하게 막을 수단이 없어요. 아무것도."

그는 의자 팔걸이를 움켜쥐고 거의 일어설 듯한 기세로 몸을 약간 일으켰습니다. 지적인 주장에 마음이 동하면 그가 그런 극적인 제스처를 자주 취한다는 것을 저는 알게 되었습니다. 흰색의 반팔 와이셔츠는 그의 체격에 너무 꼭 맞아 팽팽했으며 넥타이는 칼라 단추에서 약 3센티미터 아래에 아무렇지도 않게 매여 있었습니다. 숱이 빠져 성긴 머리칼은 흐트러진 지푸라기처럼 이마에 흩어져 있었고요. 독서용 안경은 잠시도 한자리에 있지 않고, 머리 위에 올려져 있는가 하면 그가 허공을 바라보며 수치와 일화들을 생각하면서 머리 뒤를 두 손으로 받치고 의자 뒤로 기댈 때 콧등으로 미끄러져 떨어지기도 했습니다. 그는 스스로를 일컬어 "정신이 없는 교수의 원조"라고 했는데, 정말 그렇게 보였습니다. 그 자리에 댄이라는 대학원생도 함께 있었습니다. 그는 베더 교수의 뒤를 쫓아다니며 그가 필요로 하는 서류가 빠지지 않고 길을 제대로 찾아가도록 해주었습니다.

"어떤 때는 A에서 B로 가는 길을 안내해줄 사람이 필요해요. 그 문제를 동기의 측면에서 생각해보세요. 돈을 절약해서 비용을 절감할 동기가 없는 것이죠. 모든 동기는 다른 데를 향하고 있어요. 학교가 어떤 식으로 운영되는지 보세요. 그들은 그것을 '공동 경영'이라고 부르죠. 그게 뜻하는 것은, 모두 자기가 경영에 참여한다고 생각하는 것입니다. 이사들은 자기들이 학교를 운영한다고 생각하고, 동창들은 자기들이 그런다고 생각하고요. 공립학교일 경우, 주 의회는 자기들이 운영한다고 생각하는 것입니다. 어떤 학교에는 학생 이사회라는 게 있는가 하면 학생들로 이뤄진 다양한 위원회들이 있습니다. 그들은 모두 제각기 '자기들이' 학교를 운영하는 거라고 여기죠. 그런가 하면 무능한 대학 총장이 있습니다. 그의 임무는 실제로 학교를 운영하는 것이죠. 그러기 위해서는 그 모든 다양한 단체들을 매수해서 그들을 모두 적당히 즐겁게 해줘야 해요. 좋은 미식축구팀을 갖춰서 동창들을 매수하는 것이죠. 좋은 미식축구팀에는 돈이 많이 들어가거든요. 교수들에게는 연봉을 많이 줘서 매수하죠. 그리고 교수들에게 아무것이나 원하는 것을 가르치도록 합니다. 또 수업량을 줄여줍니다. 학생들에게는 너무 공부를 많이 하지 않아도 되게 함으로써 그들을 매수하는 것입니다. 이건 농담이 아니라 심각하게 말하는 겁니다. 학점 인플레가 있어요. 이수 과정도 과중하지 않습니다. 40년 전에 비해 독서 과제물도 훨씬 줄었습니다. 음식이 좋고 시설이 근사해야 합니다. 주 의회 의원들이나 이사들을 다양한 방식으로 매수하지요. 주요 축구 경기 입장권을 준다든지, 그들의 자녀가 지원하면 합격시킨다든지, 〈US 뉴스〉의 순위 차트에서 좋은 자리를 차지한다든지 해서 말입니다. 이 모든 것에는 막대한 돈이 들어갑니다. 대학 교육이 비쌀 만도 한 거죠!"

그들이 왜 베더 교수를 싫어하는지 알 만했습니다. 고등교육계에서 베더 교수의 연구는 봅 모스의 순위 산정이나 마찬가지로 인기가 없습니다. 이유는 비슷하죠. ("아직도 대학 컨퍼런스에 간혹 초청되기도 하지만 그 이유는 그들이 이 골동품, 이 이상한 놈이 뭘 하나 그냥 한번 보고 싶어 그러는 거죠.") 봅과 마찬가지로 베더도 대학교를 시장의 압력이 차단되어야 하는 낭만적인 사업으로 보기를 거부합니다. 그에게 고등교육은 다른 어느 것과 마찬가지로 냉정한 분석과 공정한 판단에 적합한 주제입니다. 나날이 높아지는 내학 교육비에 대해 연구하는—이것은 엄청난 분량의 통계 자료를 내는 연구인데, 곧 아시게 될 것입니다!— 경제와 교육 분야의 교수들 가운데 베더 교수만이 경제와 교육 분야의 교육자들에게 월급을 주는 기관들에게 아첨하지 않는 일관된 결론을 내려 왔습니다.

비용을 절감할 동기가 왜 없냐고요? 의료 분야에도 똑같이 침투해 있는 문제입니다. 의료 서비스를 소비하는 상당수의 사람들이 의료비를 자기 돈으로 치르지 않기 때문입니다. 그 비용을 제3자가 부담하는 것이죠. 건강보험의 경우, 정부와 보험료를 지불하는 고용주가 그 제3자에 포함됩니다. 고등교육의 경우에도 또 정부입니다. 여기에 정부 보조 융자나 학교를 통해 수여되는 장학금도 있습니다. 자율적인 공급과 수요의 체계가 무너지는 것입니다.

정상적인 경우에 가격이 인상되면 수요가 감소됩니다. 이로 인해 가격이 조정되지요. 고등교육에서는 그런 일이 일어나지 않습니다. 가격이 인상되면 국가 보조금이 따라서 올라갑니다. 저소득층 학생들을 위한 무상 장학금Pell grant이 더 많아지고, 부자들에게 더 많은 장학금과 싼 이자의 융자가 가능해짐에 따라, 학교들은 또 자유로이 등록금을 올리는 것이죠. 몇 년 전 오리건 대학의 용감한 2명의 경제학자들이 그 악순환을 입증해 보였습니다. 그들은 10년이라는 기간에 걸쳐 모든 학교들에 관한 방대한 데이터베이스를 축적했습니다. 그들은 "무상 장학금이 증가될 때마다 사립대학교들의 등록금도 거의 틀림없이 인상"되었다는 사실을 발견했습니다. 학자금 보조와 주립대학들이 타 주 학생들에게 부과하는 등록금의 인상에도 비슷한 연관성이 있었습니다.

다시 말하자면 보조금이 늘어난다고 해서 대학이라는 시장에서 더 큰 구매력을 갖는 것은 아닙니다. 더 많이 받으면 그만큼 등록금이 인상되어 거기에 흡수되니까요. 무상 장학금이 늘어났다고 해서 대학에 다니는 저소득층 학생들이 더 많아지지 않은 이유가 거기에 있습니다. 무상 장학금의 폭을 늘린 취지는 그런 학생들이 좀 더 많이 고등교육을 받게 하고자 한 것인데 보람이 없는 일이 되고 맙니다. 연방 정부의 보조가 크게 확대된—등록금이 폭발적으로 증가되기 바로 직전—1970년도 대학 재학생 중 저소득층 학생들이 차지하는 비율은 지금과 대략 같은 수준입니다.

하지만 시장은 저소득층 학생들의 경우에만 왜곡되어 있는 것이 아닙니다. 정상적인 경우 시장은 재정적으로 부분별한 결정을 '벌'합니다. 그러나 고등교육의 경우에는 마음껏 무분별하게 행동해도 괜찮습니다. 무상 보조금과 정부 보조 융자가 넘쳐나는 상황에서 무분별한 결정에 대한 벌은 크게 줄어드니까요. '어차피 그 돈은 내 돈이 아니니까'라는 것이죠. 따라서 중산층 소비자들은 무분별한 결정을 내리기 더 쉬워집니다. 솔직히 생각해봅시다. 그다지 비싸지 않은 학교에서도 어렵지 않게 좋은 교육을 받을 수 있는데도 등록금을 감당할 수 없는 선별적인 학교에 진학한다는 것은 무분별한 짓이죠. 하지만! 융자나 장학금을 통해 그 비싼 등록금에 대한 할인 혜택을 받을 수 있다면 그 결정이 언뜻 보기에는 그다지 무분별하게 보이지 않습니다.

우리 집이 바로 그런 케이스였습니다. 아내와 저는 합리적으로 생각하면 어느 모로 보아도 우리 아들을 조지타운 대학에 보낼 형편이 안

되었습니다. 하지만 아들이 합격하기만 한다면 그런 합리적 생각에 끼이시 않을 참이었습니다. 예금이나 집을 담보로 대출이라도 받을 셈이었습니다. 또는 만일 운이 좋아서 학자금 지원의 작은 신들이 던져주는 무상 장학금이나 정부 보조 융자의 혜택을 받을 수 있을 것이라고도 생각했습니다. 저희처럼 가슴을 졸이는 수천수만 명의 학부모들이 있습니다. 조지타운 대학이 등록금을 인하해야 할 이유가 어디에 있겠습니까? 더욱이 조지타운 대학은 정부 보조가 증대되는 한, 다음 해에, 또 그다음 해에도, 등록금을 인상할 수 있고 또 그럼으로써 그 전해에 놓친 고객으로 인한 벌, 즉 손실을 벌충할 수 있으니 말입니다.

그것을 가능하게 하는 초현실적인 자금 조달 방법은 등록금 할인이라고 불립니다. 잘 들여다보면 그것으로 고객이 받는 혜택은 거의 없습니다. 정상적인 경쟁이 작용하는 경제 상황에서 그런 방식이 살아남을 거라고 생각하지 않습니다. 하지만 어떤 집단은 그것을 마음에 들어할 것이 틀림없습니다. 등록금 할인은 대학 행정관들의—특히 입학 사정위원회와 학자금 지원 예산을 담당하는 '등록처장', 입학처장들의— 권력을 크게 확대시켜주지요.

그들은 인쇄물을 통해 부유한 가정만이 '표시 가격sticker price'대로 돈을 낸다면서 놀라서 말도 못하는 학부모들을 서둘러 안심시킵니다. 인쇄물에 표시된 등록금이 흔히 그렇게 불립니다. 현 체제는 등록처장이 자동차 세일즈맨들처럼 술책을 부릴 수 있도록 해주기 때문에 '표시 가격'이라는 말은 그에 잘 들어맞는 표현입니다. 자동차를 살 때 표시 가격을 다 내고 사는 사람은 없습니다. 세일즈맨은 얼마나 급히 차를 팔아야 하느냐의 여부에 따라 가격을 조정합니다. 그것은 최대한의 융통성을 보장합니다. 하지만 자동차 세일즈맨도 등록처장에게 있는 이점은 없습니다. 한 예를 든다면, 등록처장은 이윤을 남겨야 할 의무가 없습니다. 무엇보다도 그들은 등록금 할인을 제시할 때―확실한 융자 혹은 장학금― 해당 학생 가족의 재정 정보를 가지고 그러는 것입니다. FAFSA 덕분에 그 가족이 등록금을 얼마나 부담할 수 있는지 아는 까닭에 학생에게 얼마나 많이 혹은 얼마나 적게 할인가를 제시해야 할지 알고 있습니다.

등록금 할인은 SAT의 중요성을 격하시키려는 노력과 비슷합니다. 적어도 그 영향 면에서는 그렇지요. 왜냐하면 그로 인해 입학 사정관들의 재량이 크게 확대되기 때문입니다. '선택적 시험 성적 제출' 방침은 그들의 선택하는 주관적 요인들―운동경기의 위업, 대물림 여부, 가족의 재산―에 더욱 큰 무게를 두도록 해주고, 외부의 훈수꾼들에게 비난할 기회 자체를 주지 않습니다. 등록금 할인도 그와 같은 방식으로 감시의 눈으로부터 그들을 가려줍니다. 그들이 결정을 내릴 때 왜 그런 결정을 내리는지 누가 알겠습니까? 우리가 모두 다른 액수의 등록금을 내고 있다면 그것은 등록처장이 우리에게 원하는 바로 그 액수를 내는 것이죠. 그런데 그 사람 말고는 아무도 그 액수를 내야 하는 이유를 알 필요가 없는 것입니다. 저는 대입 전형이 사람들에게 '권한을 부여'하는 거라는 얘기를 많이 들었습니다. 그렇습니다. 그 권한을 부여받는 사람들이란 대개 대학을 운영하는 자들입니다.

학생과 가족은 등록금 할인으로 인해 대개 큰 액수의 부채를 지게 됩니다. 왜냐하면 대부분의 보조금 제공에는 융자 패키지도 포함되어 있기 때문입니다. 대학들은 학생들이 부채를 지지 않도록 할 아무런 이유가 없습니다. 학생이 등록금을 낼 돈을 빌려도 학교는, 은행 사람들이 말하듯 '노출'되지 않습니다. 대출 기관—은행이나 정부—은 계약 증서를 소유하고 학생은 부채를 지는 것이지요. 그리고 대학은 은행이나 정부로부터 그 돈을 선불로 받습니다.

"사람들은 대학에 가기 위해 매년 800억 달러를 빌리고 있어요."

베더가 말했습니다. 그 대부분을 정부가 보조해줍니다. 대학 졸업생의 3분의 2는 평균 2만 2,000달러의 빚을 지고 사회에 나갑니다.

"어쨌든 그것은 관계 기관들이 사용하기 좋아하는 수치죠. 2만 2,000달러. 실제보다는 그리 나빠 보이지 않아요. 하지만 명심해야 할 것은 그건 '평균치'라는 겁니다. 수영을 못하는 사람에게 강물의 평균 깊이가 1미터라고 하면, '좋아, 강을 건너가야지'라고 생각합니다. 하지만 그건 어디까지나 평균이라는 것이죠. 강의 어딘가는 깊이가 2미터나 3미터인 데도 있을 텐데, 그러다가는 빠져 죽는 것이죠. 대부분의 가정을 보면 2만 2,000달러보다 더 심각해요."

융자가 크면 클수록 채무불이행에 빠질 가능성이 높습니다. 시민 단체 '교육 센터'의 교육 연구원 케빈 캐리의 계산에 따르면, 1만 5,000달러 이상 융자를 받은 학생 5인당 1명은 향후 10년 안에 채무불이행에 빠진다고 합니다. 그것은 졸업하는 학생에 한한 것입니다. 대학생 중 30퍼센트 이상은 학교를 마치지 못합니다. 그들의 채무불이행 비율은 훨씬 더 높지요. 베더가 말했습니다.

"공포 영화 같은 이야기를 많이 해줄 수 있어요. 가슴을 아프게 하는 이야기들 말입니다. 어떤 학생들은 8만, 10만 달러씩 빚을 지고 졸업하지만 직장을 구하지 못해요. 학교에 들어갈 때야 '나는 내 장래를 위해 투자하는 것'이라고 생각하죠. 물론 어른들의 세계에서 들려오는 메시지는 온통 그래야 한다는 것이었으니까요. 고등교육을 투자로 본다면 실망한 투자자들이 아주 많습니다."

저는 어른들의 세계에서 들려온다는 '메시지'가 걱정되었습니다. 지원금을 이용할 수 있게 되자 그 어느 때보다 더 많은 사람들이 대학에 가도록 부추김을 받았습니다. 물론 그 반대의 경우가 더 사실에 가까울지도 모릅니다. 즉 그렇게 많은 사람들이 대학에 가고자 하니까 그들을 수용하기 위해 보조금이 늘어난 것인지도요. 어떤 쪽이 먼저든 간에—달걀이 먼저냐 닭이 먼저냐 하는 질문과 같습니다— 고객이 끊이지 않는다는 점만은 부인할 수 없습니다. 그 메시지는 대학 졸업장을 사기 위해 돈을 빌림으로써 초래되는 빈곤의 위험을 무시할 정도로 아주 강력합니다. 10년 전만 하더라도 미국 학부모의 67퍼센트가 "대학 졸업장이 없어도 성공할 수 있는 길이 많다"고 믿었습니다만, 이제는 그것을 믿는 학부모는 50퍼센트도 되지 않습니다. 베더가 말했습니다.

"대학 교육이 필요하다는 생각—무조건 받아야 한다는 것—은 아마 1636년에 하버드가 개교한 이래 더 인기 있는 것이 되었습니다. 그리고 제대군인 원호법으로 크게 활력을 얻었죠. 이제 그 생각은 정말 급격한 인기를 얻었습니다. 40년 전에는 미국의 우편집배원 중 대학을 졸업한 사람은 3퍼센트였어요. 우편집배원이 대학 졸업장을 가지고 있다는 것은 희귀한 일이었죠. 그건 말이 되는 얘기죠, 그렇지 않나요? 편지를 배달하는 데 대학 졸업장이 필요하다고 할 사람은 없을 겁니다. 그런데 지금은 13퍼센트나 돼요. 대학 교육을 받은 집배원이 아주 많아졌습니다. 그런데 문리대 졸업장이 있어야 할 만큼 지난 40년 동안 편지가 배달되는 방식에 변화가 있었던 것도 아닙니다. 왜 그렇죠? 무슨 일이 생긴 걸까요?"

베더와 이야기를 하면서 저는 미국의 대입 진행이 안고 있는 불합리의 핵심에 다가가는 느낌이 들었습니다. 저는 그때까지 얕은 물에서 첨벙거리고 있었으며 이제야 비로소 깊은 데로 들어가고 있다는 느낌이었죠. 그는 쓸데없는 인원의 팽창, 사치스럽고 불필요한 예산, 격하된 교육 수준에 대해 이야기했습니다. 그는 허공을 바라보며 더 많은 수치를 이끌어냈습니다. 지난 20년에 걸쳐 대학의 보조원—대개는 행정관들과 조수들—의 수는 2배로 늘은 반면, 강사의 수는 상대적으로 미미한 50퍼센트의 증가만 보였습니다. 게다가 새 강사들은 대부분 전임이 아니라 시간강사였습니다. 그런데 총장들의 평균 연봉은 교수들보다 6배나 빨리 인상되었습니다. 4년제 공립대학교의 경우, 지출되는 금액 1달러당 26센트만이 실제 강의에 쓰였습니다. 봅 모스가 발견했듯이, 대부분의 학교의 경우 얼마나 낳은 교육이 이루어지는지 알 길이 없습니다. 베더가 말했습니다.

"대학들은 그것을 알기 위해 학생들을 테스트해볼 수 있어요. 4년 동안 얼마나 배웠는지 알기 위해 신입생 때 테스트하고, 4학년 때 또 테스트하는 것입니다. 입학 후와 졸업 전에 테스트하는 것이죠."

"그런데 학교들이 그걸 하고자 하지 않는다는 거군요."

제가 말했습니다. 그는 살짝 콧방귀를 뀌었습니다.

"하고자 하지 않는다고요? 그렇게 말하면 너무 잘 봐주는 거죠. 그들은 적극적으로 반대해요!"

그는 의자에서 일어섰습니다.

"그걸 하지 않으려 투쟁한다고요! 한번 생각해보세요. 우리 교육자들은 세상에서 가장 테스트를 좋아하는 업계에 종사하고 있잖아요. 무엇이든 다 테스트하죠. 법학 학위나 대학원, 의과대학을 위해 테스트하는데, 우리에게 가장 큰 영향을 끼치는 그것 하나에 대해서는 테스트를 하지 않으려 합니다. 우리는 지식 전파의 가치를 믿습니다. 그런데 한 가지 전파되지 않았으면 하는 종류의 지식이 있어요. 그것은 '우리 학생들이 얼마나 배우고 있지? 이 모든 돈을 쓰는 대신 무언가 얻고 있는 건가?' 하는 것입니다."

저는 이미 배움이라는 논제는 너무 자주 요점을 벗어나는 것 같다는 결론을 내렸습니다. 대학 학위가 더 이상 습득한 지식에 대한 믿을 만한 증거가 되지 못하게 된 것은 이미 오래전의 일입니다. 연구 조사 결과들이 밝히듯 완전한 문장도 잘 쓸 줄 모르고 미국 6대 대통령인 존 퀸시 애덤스가 누구냐고 물으면 '펑커델릭스'의 베이스 주자라고 하는 대학 졸업자들이 생겨나게 된 것은 바로 그 때문입니다.

베더의 사무실을 떠날 때쯤 저는 고등교육이 '카드로 지은 집'°처럼 보였습니다. 무엇이 그것을 지탱해주는지 알 수 없었습니다. 선전, 그 자체로는 대학을 향한 우리의 미친 집착에 대해 충분히 설명되지 않습니다. 밝은 총천연색 뷰북이나 화보, 호도하는 칼리지보드의 FAQ, 20만 달러로 '미래에 투자'하면 평생 80만 달러의 수익을 볼 것이라는 진지

° '엉성한 계획'이라는 의미.

하고 부단한 보증의 말을 사방에서 듣게 되는 것 등 모두 다 선전입니다. 어쨌든 저는 롭과 점심을 먹기 전까지는 그 이유를 설명할 수 없었습니다.

FAFSA로 인한 피로의 오리무중 상대에시 처리해야 했던 EFC에 대한 불평을 전부 쏟아내고 난 뒤였습니다. 그는 제 비유가 잘못되었다고 했습니다.

"그게 카드로 지은 집이 아니라면? 거품이라면?"

거품은 당시에 뉴스에서 많이 떠들던 말이었습니다. 지난 6개월 동안 두 사건이 터졌으며 극적인 결과를 낳았습니다. 먼저 주택 시장이 붕괴했습니다. 주택 가격은 진취적이고 환각적인 기대감의 바람을 타고 치솟고 또 치솟다가 그대로 곤두박질쳤습니다. 주식시장도 곧 주택 시장의 전철을 밟았습니다. 그 원인은 같았습니다. 자산이 실제 가치보다 훨씬 높게 매겨져 있었으니까요. 보통 사람들은 수익을 보리라는 가정 하에 큰 빚을 지면서까지 투자를 했습니다. 그러나 우리는 이제 그것이 실현되지 않으리라는 것을, 현금화되지 않으리라는 것을 압니다. 대학 교육에 대한 투자도 그와 비슷하게 들렸습니다. 롭이 씁쓸름하게 말했습니다.

"그건 무無를 기초로 해서 팽창된 거대한 무無야. 단지 희망이었을 뿐이지. 정말이지 아무도 프린스턴 대학의 학위가 연 5만 달러를 들일 가치가 있는지 알 수 없어."

프린스턴은 그의 아들이 꿈꾸는 학교입니다.

"그 수치를 그 수준에서 유지시키는 유일한 것은 비현실적인 열의야."

그것은 경제학 교과서의 전형적인 거품인 튤립 열풍 같았습니다. 사람들이 특정 상품에, 이 경우 한 다발의 꽃에, 주의를 기울였습니다. 그리고 그것에 대해 말하면서 서로의 열의에 불을 지피고 터무니없게도 결국은 그것이 귀중하다고 확신하게 되었습니다. 그것은 일종의 집단적인 자기최면이었으며 지속될 수 없었습니다. 롭이 말했습니다.

"끝에 가면 현실이 항상 이기게 되어 있어. 그런데 대학 교육은 실제보다 더 가치 있다는 믿음을 기초로 엄청난 규모의 산업이 형성되었지."

그런데 대학 교육은 얼마나 가치가 있을까요? 저는 대학 졸업자들이 평생 버는 돈이 고등학교까지만 다닌 사람들보다 훨씬 많다는 것을 의심하지는 않습니다. 하지만 이것도 거품의 일부분일지도 모릅니다. 어차피 대부분의 직업은, 심지어는 고소득 직업조차 대학이 아니라 직장에서 일을 배우게 됩니다. 만일 고용주들이 대졸자가 고졸자에 비해 독특하게 귀한 기능을 소유하고 있다는 그릇된 믿음에서 더 많은 돈을 주고 대졸자를 쓰기로 했다면, 대체 무슨 일이 있었던 걸까요?

제가 읽고 있던 한 이론을 언급해보겠습니다. 나중에 안 사실이지만 리처드 베더를 포함한 많은 경제학자들이 신봉하는 것입니다. 고등교육은 '신호 보안 장치'가 되었다는 것이 그들의 생각입니다. 그 장치는 겉만 번지르르하고 매우 비효율적이었지만 어떤 유익한 용도로 쓰였습니다. 미국에서 취직 시험은 40년 전에 실질적으로 금지되었습니다. 거기에는 타당한 이유가 있었습니다. 인종이나 종교와 같이 불법적인 이유로 특정 지원자를 뽑지 않기 위한 핑계로 취직 시험 결과를 이용하던 고용주들이 있었기 때문입니다. 취직 시험의 금지는 편견에는 확실한 타격이었지만, 고용주들은 자기들이 고용하려는 사람들이 누군지 잘 모르게 되는 상황이 되었습니다. 그래서 1970년대 초 이후, 적어도 4년 걸려 취득한 대학 졸업장이 30분이면 치르던 취직 시험의 기능을 대신 수행해온 것입니다.

고등학교 교육의 퇴보로 인해 이 신호 기능은 더욱 중요해졌습니다. 고등학교 졸업장이 지원자에 대해 별로 많은 것을 말해주지 못하게 된 것이지요. 한편 대학 졸업장은 고용주에게 신호를 보냈습니다. 정보를 전하는 것이지요. 아마도 지원자가 꽤 똑똑하며, 정시에 출근할 줄 알고, 개인적인 야심도 있고, 법석 피우지 않고 임무를 수행하고, 별 문제를 일으키지 않을 거라는 정보였습니다. 롭이 말했습니다.

"그건 1년에 5만 달러씩 내고 4년 동안 학교 다닌 것에 비하면 별로 많은 정보가 아닌 것 같군."

그는 또 말하기를, 언젠가는, 어쩌면 조만간, 누군가 나타나 널리 인정되는 자격 인증서 제도 같은 것을 설치해서 학사 학위와 동등하지만 그만한 비용이 들어가지 않고도 신호를 보낼 수 있도록 하면 거품은 꺼질 거야. 주택 시장과 주식시장의 붕괴에 따른 불황 속에서 이미 (흔히) 그리 비싸지 않은 학위를 취득하기 위해 커뮤니티대학이나 고등학교 졸업 후 직업교육 학교에 등록하는 학생의 수가 급증하고 있었습니다.

만일 제 401(k)가 40퍼센트 줄지 않고 우리 집의 가치가 4분의 1 정도 떨어지지 않았다면, 롭의 거품 이야기에 제 마음이 그렇게 움직이지 않았을 것입니다. 그런 일이 가까운 미래에 일어날 리는 없지만 최소한 가능한 이야기였습니다. 한 가족이 20만 달러를 대학 교육에 씁니다. 그 돈을 조달하기 위해 빚을 집니다. 그런데 그렇게 해서 취득한 학위의 가치가 절반으로 떨어지는 것이죠. 그 자체의 비현실성의 무게에 눌려 주저앉는 것입니다. 그래서 그 가족은 엄청난 빚만 지고 있는 것이지요. 그런데 그동안 현명한 이웃들은 교육이 제공해줄 거라 여겼던 시장성이 있는 가치를 획득할 값싼 방법을 찾기 위해 발 빠르게 움직였다면 어떻게 되는가 하는 것입니다. 경제적인 재난은 착각을 사라지게 하기 마련입니다. 제가 롭에게 말했습니다.

"그러면 이렇게 하는 게 합리적이겠군. 자네 말이 맞는다면 말일세. 이 거품에서 빠져나오는 거야. 아이들을 염가의 학교에 보내는 거지. 어쩌면 1년 정도 쉬는 게 어떻겠냐고 하든가. 그러면서 앞으로 무엇을 하며 살지 집중적으로 생각해보도록 하는 거야. 시간을 낭비하지 말라는 거지."

"자네 그렇게 하겠다는 건가?"

"천만에. 그러면 애들이 평생 우리를 미워할 텐데?"

저는 정상은 아닐지 모르지만 미치지는 않았거든요.

이제 기다리는 것만 남았습니다. 제가 학비에 관해 불평하느라 여념이 없는 동안 소수의 사람들은 우리 아들의 미래를 결정하느라 여념이 없었습니다. 우리 아들로 말하자면, 그 아이는 전혀 감정 표출을 하지 않았습니다. 적어도 아내와 제게는 그랬습니다. 우리가 알듯이 아들도 모든 게 입학 사정 위원회의 수중에 들어가 있다는 것을 알고 있었습니다. 저는 안내서들을 자주 읽었으며 충분한 숫자의 대학 전문가들과 이야기를 나눴습니다. 우리가 대기실 앞에서 조바심을 내며 서성이다가 열쇠구멍으로 안을 들여다보려는 동안 입학처의 닫힌 문 뒤에서는 무슨 일이 벌어지고 있는지 확실한 것을 알고 싶었습니다.

우리 아들의 인생은 하나의 파일이 되었습니다. 지원서는 컴퓨터로 접수되었으며, 일군의 학부 근로 장학생들에 의해 출력되어 마닐라지 폴더에 정리되었습니다. 그리고 아들의 폴더는 수천 개의 다른 폴더들과 함께 입학계주임 또는 입학부총장, 입학처장보, 입학계부주임, 입학계주임보, 입학계선임부주임, 입학 카운슬러, 또는 서열이 급격히 낮아져서 아마도 파트타임일 낮은 직급의 입학처 연락 담당자의 손으로 넘어갈 겁니다. 직함의 변형이 혼동되지만, 그들의 직책이 어떻게 불리든 그들은 모두 한 배에 타고서 반짝이는 가루를 뿌리며 마술의 지팡이를 휘둘러 꿈을 산산조각 내거나 이루어지게 합니다.

하지만 그들이 말하는 것을 듣자면, 그것은 힘든 직업이라는데, 저는 그것을 의심하지 않습니다. 입학처의 직원들은 아주 젊거나 나이가 많거나 둘 중 하나입니다. 그 중간이 별로 없다고 합니다. 입학처 사람들은 '빠진 중간'이라는 말을 합니다. 입학계주임 혹은 입학처장은 대개 50대 혹은 그 이상의 남녀입니다. 입학계주임은 한두 명의 주임보가 조수 노릇을 합니다. 이들은 상사가 그만두거나 죽기를 기다리거나 다른 학교의 주임으로 갈 수 있을 때까지 그냥 죽치고 있습니다. 밑에는 다시 부주임이 한두 명 있을 텐데 나이는 40대 초반의 남녀로서 평생 입학처에서 근무했으며 때가 되면 주임보 혹은 그 이상의 위치로 승진하기를 기다리고 있을 것입니다. 그다음에는 나이의 격차가 벌어지는데, 이것이 '빠진 중간'입니다. 사라진 단층이요, 화석 기록의 공백입니다. 입학처의 대다수는 20대 초반이나 중반입니다. 졸업한 지 몇 년 안 되지요. 흔히 자기들이 입학의 문을 감시하는 학교 출신들입니다. 그들은 그 일을 몇 년 하다가 때려치우게 마련입니다.

그들이 그만두는 이유에는 여러 가지가 있습니다. 급여 체계가 맥 빠지니까요. (조사 결과) 카운슬러의 연봉은 3만~3만 5,000달러입니다. 게다가 다년간 일해서 꼭대기까지 올라가야 10만에 가까워집니다. 학자금 지원을 분배하는 일까지 맡는 최고위 입학 사정관—등록계장—이 되면 10만 달러가 넘기도 합니다. 그 외에 그들이 그만두는 이유 중에는 좀 더 심정적이고 개인적인 것들이 많습니다. 어떤 전직 카운슬러는 매년 봄 아이들을 불합격시킬 때 가슴이 아파서 앓았다고 했습니다. 입학 허가를 빋으리라는 희망을 가지고 살아온 게 분명한 아이들에게 못할 짓이라는 것이죠. "저는 통지서를 발송하고 나서 한 달간은 아팠습니다." 그녀가 그렇게 말했습니다. 또 어떤 사람은 윤리적인 이유에서 그만두었다고 하더군요. "저는 아이들을 꾀어 들이곤 했죠. 우리는 고등학교들을 돌아다니고 대학 진학 설명회에 갑니다. 그러면 아이들을 만나게 되는데, 도저히 합격할 가망이 없는 아이들에게도 지원하라고 독려하는 것입니다. 그게 제 일이었으니까요. 학교는 그 지원서들을 필요로 했죠. 낮은 합격률을 유지해야 했거든요. 마치 그들이 실패하도록 덫을 놓는 셈이었죠."

젊은 사람들이 그 일을 그만두는 이유로 극도의 피로는 매우 흔한 경우입니다. 입학처는 젊은 카운슬러를 방문자 안내를 담당하던 학생 가이드 중에서 고용합니다. 외향적이고 명랑한 23세의 카운슬러를 보상하지만, 그들의 일은 그것을 넘어서는 어쩌면 불가능하기도 한 개인적 특성이 짝짓기, 즉 징신없이 바쁘게 움직여야 하는 여행과 고독에 대한 높은 저항력을 필요로 합니다. 봄과 가을에는 각각 5주씩 계속 돌아다녀야 합니다. 포드 토러스를 렌트해서 타고 다니며 고등학교들을 순방하고 대입 진학 설명회에 다닙니다. 그리고 밤에는 햄프턴 인에 여장을 풀고 몸에 닿으면 가려운 시트 속에 들어가 잠을 청합니다. 겨울이 오면 순회 세일즈맨에서 학승으로 탈바꿈합니다. 자기 아파트 방에 들어가 문을 걸어 잠그고 틀어박혀 할당받은 지원 서류 파일 몇 백 개를 읽습니다. 각 파일에 얼마나 많은 시간이 할애되는지는 카운슬러에 따라 다릅니다. 어떤 냉소적인 전직 카운슬러가 제게 말했습니다.

“에세이 하나에 평균 15분 들인다는 말을 합니다. 믿기 어려워요. 15초 라면? 믿을 수 있죠.”

하지만 그 일이 진을 빼는, 외로운 일임에는 의심의 여지가 없습니다.

쉬운 파일들은 ‘자동 합격’과 ‘자동 불합격’ 파일들입니다. SAT 2400점 만점, 내신 평점 4.4, 가톨릭 고등학교 라크로스팀의 주장을 하고 무료 급식소에서 봉사 활동을 한 1세대 아이티 이민자 학생은 틀림없는 자동 합격입니다. 자동 불합격은 좀 더 큰 집단을 이룹니다. 최소한의 문턱도 넘지 못하는 SAT 점수와 내신 성적의 학생, 중간 정도의 성적에다가 지원 서류도 엉성하게 작성해서 자기가 지원하는 학교에 대한 무관심을 보인 학생이 거기에 속합니다. 세 번째 집단은 자동 합격과 자동 불합격의 중간치입니다. 파일들을 읽은 다음—15분이 할애되었는지 15초가 걸렸는지 아무도 알지 못할 것입니다— 카운슬러는 ‘원장’에 지원서의 내용을 간단히 요약해 기재합니다. 그런 다음 지원자의 내신과 SAT 점수, 추천장, 과외활동 기록, 에세이의 우수성을 기초로 해서 숫자로 등급을 매깁니다. 어떤 학교들의 경우에는 학업 인증서와 개인적인 특질에 각각 숫자 하나를 부여합니다. 어떤 사정 위원회들은 종합적인 등급 하나만 매기는 것으로 만족합니다. 그 숫자를 끌어내는 공식도—그 방정식에서 각 요소에 얼마나 많은 무게가 주어지는지도— 학교마다 다릅니다. 그리고 그것은 언제나 업무상의 비밀입니다.

그렇게 해서 파일은 제2의 평가자에게 넘겨지거나 곧바로 사정 위원회로 올라갑니다. 사정 위원회는 대입 전형 시즌 동안 정기적으로 모입니다. 하지만 어떤 위원회들은 3월 중순까지 기다렸다가 1주일 동안 마라톤 회의를 열고 신속히 해치웁니다. 그 회의에서 누군가 각 파일에 대한 원장을 소리 내어 읽으며, 카운슬러들은 마음에 들지만 불합격되기 쉬운 특성 지원자의 합격을 위해 변론을 펼 수 있습니다. 그렇게 해서 합격, 대기, 불합격에 대한 최종 결정이 내려집니다. 사람들 말에 의하면 심각한 논쟁은 드물다고 합니다. 그해에 학교에서 (비공개) 정책으로 정확히 어떤 학생들의 입학을 추구하는지 알기 때문에 입학처장의 최종 권위에는 이의가 제기되지 않습니다.

입학처장이 고려해야 할 장기적 트렌드들이 있습니다. 가령 지난 세대를 살펴보면, 남학생보다는 여학생이 더 많이 대학에 진학했습니다. 여학생이 남학생 지원자보다 3 대 2의 비율로 더 많은 것은 드문 일이 아닙니다. 항간에 떠도는 말에 의하면 여학생과 남학생의 신입생 비율이 60 대 40이면 귀환 불능 지점이라고 합니다. 그러면 그 학교는 여학교라는 평판이 나서 남학생들이 그 학교에 지원하기 꺼리게 되며, 더 큰 골칫거리는 올바르지 않은 남학생들이 그릇된 이유로 그 학교에 몰리기 시작한다는 것입니다. 남성 포식 습성은 문제가 될 수 있거든요. 그러면 그 학교는 나선 강하를 하기 시작하기 때문에 대학 총장들이 두려워합니다. 학업성적만 보면 여학생들이 지원자로서 더 매력적이기 때문에 문제는 더욱 더 심각합니다. 여학생은 평균적으로 내신 평점이나 SAT 언어 평가 점수가 남학생보다 훨씬 높습니다. 에세이도 더 잘 쓰며, 그들의 생활 기록에서 보이는 행동장애는 남학생보다 적습니다. 캘리포니아 대학이 지원자의 성별을 전혀 고려하지 않고 성적만을 보고 가리는 '성별 무시' 전형 정책으로 전환하자, 균형을 이루었던 남녀 비율이 깨지고 신입 여학생의 수가 56퍼센트 늘었습니다.

남녀 불균형의 원인이 무엇이 되었든, 전국의 대학 행정관들은 남학생들을 끌어들이기 위해 무엇이든 다 하려고 듭니다. 스포츠 교과과정을 추가하고, 더 큰 체육관을 짓고, 역사적으로 남학생들을 끄는 공학과 수학, 자연과학 학과들을 확장합니다. 게다가 총장들은 입학처장들로 하여금 최선을 다해서 남학생 (대개 백인) 지원자의 학업성적에 대한 합격 수준을 낮추고 남녀의 불균형을 '교정'하도록 합니다.

인류의 진보가 무용하다는 것을 의심하는 사람은 다음과 같은 점을 생각해보아야 할 것입니다. 몇 세대에 걸친 악랄한 인종차별 후에 가두시위, 민권 소송, 편협성 규탄, 인종차별 금지 호소, 페미니즘, 실력본위의 이상에 대한 설득력 있는 호소에도 불구하고 최근 미국 고등교육의 대입 트렌드는 백인 남성에 대한 차별 시정 조치입니다. 옛날과 똑같죠.

입학처장들과 이야기를 하면 오래잖아서―2분, 어쩌면 3분이면―그들은 자기들의 일이 "과학적이기보다는 예술적"이라는 말을 할 것입니다. 신입생들을 구성하는 방법을 말할 때 '조각'한다는 말을 쓰는 경향이 있습니다. 그들은 전형 과정이 실제보다 더 제한이 없는 것처럼 말합니다. 가장 전인적인 전형 방법을 추구하는 입학처에서도 그렇습니다 앞서 언급한 그 냉소적인 전직 카운슬러는 입학처장이 신입생을 '조각'할 때 직면하는 제한에 대해 제게 설명해주었습니다.

"미끼가 가장 중요해요."

그녀가 말했습니다. '바늘'이란 특정 지원자에게 자동적인 우위를 부여해주는 속성입니다. 선별적인 학교의 전체 신입생 중 바늘에 걸린 수는 합격자의 65퍼센트까지 가능하다고 그녀는 말했습니다.

"25퍼센트 내지 30퍼센트는 '대물림' 입학이죠."

전통, 가계, 정서, 그리고 큰 금액의 연례 기부 등을 통해 학교와 밀접한 유대관계를 맺고 있는 동창들의 자녀들에게 주어지는 입학 허가입니다.

"10퍼센트 내지 15퍼센트는 잘 대변되지 않는 소수민족들입니다. 그리고 개발 케이스가 적어도 10퍼센트죠. 이것은 동창은 아니지만, 후한 기부를 하는 기미를 보이기 시작한 부유한 학부모들의 자녀들입니다. 남은 15퍼센트는 이런저런 종목의 운동선수에게 돌아가죠. 어떤 학교들은 미식축구나 하키 같은 헬멧 스포츠에 열광하죠. 그 팀들의 명단은 아주 깁니다. 그러니까 학교 전체의 SAT 평균 점수를 끌어내릴 수 있죠. 경험상, 잘하는 운동선수일수록 그 점수가 낮아요."

다시 말해서 총점 1,300의 전미 연맹 라인배커 1명에 대해 2,400점 만점을 받는 천재 소년 지미 뉴트론 1명을 구해 균형을 맞춤으로써 〈US 뉴스〉의 순위에서 밑으로 미끄러지지 않도록 해야 하는 것입니다.

입학 허가를 받는 3명 중 2명이 '바늘에 꿰인 것'이라면 입학처장은 나머지 3분의 1을 가지고 미켈란젤로 흉내를 내는 것입니다. 신입생 수가 3,000명이라면 그는 그중 1,000명으로 재즈댄서, 덜시머 연주자, 힙합 시인, 이글 스카우트, 자연식 요리사, 졸업 앨범 편집자, 성전환 공화당원, 조울증이 있는 행위 예술가, 연구에 몰두하는 생화학자, 레즈비언 운동가, 비즈니스 클럽 활동가, 전위적 시나리오 작가, 컴퓨터 소프트웨어만 아는 샌님 등을 채워 전체 학생의 다양함과 문화적 역동성을 자랑하게 되는 것이죠. 바늘에 꿰이지 않은 지원자들에게 적용되는 셈은 여전히 엄격하며, 실로 절망적입니다. 『피스크 가이드』를 보면 여러분이 꿈꾸는 학교는 지원자의 10퍼센트만 받는다고 말할지 모릅니다. 10 대 1은 아주 센 경쟁률이지만 그래도 꿈을 꿔볼만 합니다. 그러나 실제 수치는 그것은 3분의 1밖에 안 될지 모릅니다. 그러니까 합격률이 3퍼센트보다 조금 나을까 한 수준일 것입니다. 100 대 3이라면 도박보다 확률이 훨씬 낮은 것이죠.

　결과를 기다리는 긴 시간 동안 마음을 심란하게 만드는 그 모든 현실을 알게 되었어도 저는 그것을 그대로 우리 아들에게 말하지는 않았습니다. 그렇지만 아들의 과시적인 침착함을 상쇄할 정도로 충분히 초조함을 드러냈으며, 아들과 마찬가지로 평온한 아내에게도 덤으로 조금 초조함을 내보였습니다. 비유적으로 말하자면 우리 가족에게는 '바늘'이 없었습니다. '대물림'의 특혜도 없었고 '개발'의 가능성도 없었으며 아들이 탁월한 운동선수도 아니었으니까요. 다른 한편으로는 우리 아이가 남성이라는 사실로 뜻밖의 차별 시정 조치 혜택을 받을 수도 있었습니다. 우리 집에서 두 골목 떨어진 곳에 사는 학생이 고도로 선별적인 어떤 문과대학으로부터 조기 합격 통지를 받았다며 이웃집 사람이 부산스럽게 떠들었습니다. 오하이오 주에 있는 그 학교의 입학처장은 SAT 점수나 내신 평점이 상대적으로 낮아도 다른 면에서 자격이 있는 남학생들이 등록하기로 한다면 그런 점수들을 무시할 수 있다고 공개적으로 발언을 했더군요. 우리 아들을 위해서라도 저는 그런 입학처장이 더 있었으면 하고 기도할 수 있을 것입니다. 물론 딸아이가 대학에 가기까지 말입니다. 그런 상황이 되면 제가 소송을 제기할 테니까요.

저는 조금만 스트레스를 받아도 초조함을 드러냈습니다. 어느 날 조지타운 대학의 입학 카운슬러가 음성 메시지를 남겼습니다. 아들아이가 가기를 희망하는 학교들 중에서 면접을 요하는 유일한 학교였습니다. 카운슬러는 아들을 면접할 인근의 동창생 전화번호와 이메일을 남겼습니다.

"전화를 할까요?"

아들이 말했습니다.

"그래."

제가 다급히 말했습니다.

"이메일로 하는 게 좋을지 모르겠어요."

"아냐. 전화해. 그게 더 빨라."

며칠 뒤, 조지타운 대학 사람과 만날 약속을 정했느냐고 물어보니 아직 안했다고 하더군요.

"전화해. 당장."

"이메일로 하는 게 좋을지도 몰라요."

"그럼 이메일 보내! 요는, 일단 그냥 해."

아들이 가족 공용 컴퓨터에서 이메일을 쓰는 동안 저는 읽던 신문을 다시 폈습니다.

"'Ms.(씨)'라고 해요, 'Mrs.(부인)'라고 해요, 아니면 'Miss(양)'라고 해요? 그 여자가 결혼한 여자인지 제가 모르니까요. 그런데 결혼했는데도 Ms.라고 할지도 모르잖아요? 의사면 어떡하죠?"

"Ms.로 해."

아들은 소리 내어 읽으면서 이메일을 썼습니다. 대입 에세이를 쓸 때도 간혹 그랬었죠. 그러면서 문장을 고치고 단어를 바꾸곤 했는데, 그냥 기분에 따라 그러는 것 같았죠. 그런데 이번에는 저를 약 올리려고 그러는 것 같았습니다. 왜 이제 그러는지 알 수 없었습니다. 어쩌면 아들은 제가 생각했던 것만큼 속이 태평하지 않았을지도 모르겠습니다.

"Ms. 영 귀하: 입학처의 펠 씨가 연락을 취하라고 해서⋯⋯'."

"펠 씨가 연락을 취하라고 '권해서'."

제가 앉은 자리에서 수정했습니다.

"그래도 되죠. '권해서 면접을 보기 위해⋯⋯'."

"면접을 '요청하기' 위해."

저는 앉은 자리에서 일어나며 말했습니다. 그리고 방안을 서성거리기 시작했습니다.

"'⋯⋯면접을 요청하기 위해⋯⋯'."

"면접을 보기 위해 연락을 취하라고⋯⋯'라는 식으로 말하지 않은 게 좋아."

아들은 눈을 가늘게 뜨고 저를 쳐다보았습니다.

"그냥 제안을 하는 거다. 어조를 부드럽게 하려고."

아들은 다시 컴퓨터를 마주하고는 키보드를 두드리며 말했습니다.

"'저는 언제든 만날 용의가 돼 있습니다'."

"용의가 돼 있어?"

저는 아들의 어깨 너머로 화면을 들여다봤습니다.

"인질의 몸값 요구 편지에 대한 답장 같잖아. '언제든'은 또 뭐냐?"

"그냥 '언제든'요. 뭐가 어때서요?"

"⋯⋯선생님께서 편하신 때 만나뵐 수 있습니다⋯⋯."

제가 할 말을 가르쳐주었습니다.

"'……언제든 선생님께서 편하신 때 만나뵐 수 있습니다……'."

"아냐."

아들은 이메일을 다 쓰고 그 낯익은 자세—이마를 키보느에 대는 자세—를 취했습니다. 저는 철자 점검을 해보라고 했습니다. 아들이 화가 났다기보다는 패배감을 보이며 말했습니다.

"아버지가 옳아요. 언제나 그렇듯이. 그냥 전화를 걸 것을 그랬어요. 그러는 게 더 쉬웠을 뻔했는데 다음부터는 우리 아버지의 말씀을 잘 듣도록 해야겠어요."

면접은 다음 주 토요일 아침, 인근의 스타벅스에서 하는 것으로 잡혔습니다. 그 전날 밤 아들의 친구들 몇 명이 우리 집에 놀러와 지하실에서 방탕한 시간을 가진 뒤 자고 갔습니다. 탁구와 Xbox가 그 방탕과 연루되었다는 것이 제가 아는, 아니 알고 싶은 전부였습니다. 아들은 머리가 온통 헝클어진 채 졸린 눈을 뜨고 지하실에서 올라왔습니다. 물론 면접 약속 시간에 늦을 것 같았습니다. 그런데도 천천히 움직였습니다.

"너 면도해야겠다."

"필요 없어요."

"면도해야 해. 머리도 빗고."

저는 아이가 씻을 때도 주변에서 맴돌았습니다. 지원서를 전부 발송하고 기다리는 시간이 시작된 후로 대입 안내서들과 인터넷을 보지 말자는 제 결심은 약해져 있었습니다. 어떤 비즈니스 관련 잡지에서 기사를 찢어놓기도 했습니다. "대입 면접: 말 이상의 무엇." 저는 아들이 면도를 하는 동안 그 기사가 전하는 조언들 중에서 기억나는 것들을 반복해서 말해주었습니다.

"자연스럽게 행동해."

"네."

"느긋하게 마음먹고. 그 여자 눈을 똑바로 쳐다봐. 악수할 때는 손을 꼭 쥐고. 손이 축축하지 않도록 해."

"네."

"그 여자한테 질문할 것을 생각해 가지고 가라. 조지타운 대학에 대해 물어볼 질문은 있니?"

"음."

"농구에 관한 거 말고. 학업에 관한 것을 물어봐. 그들은 네가 공부에 관심이 있는지 알고 싶어 하니까. 네가 특히 좋아하는 과목들에 대해 말하고."

"무슨 과목이요?"

저는 그 기사 내용을 최대한 기억해내려 애쓰며 말했습니다.

"열정을 보여. 제발 그 머리 좀 빗어라."

"뭐하러요? 모자를 쓰면 도로 다 헝클어질 텐데요."

"제발 부탁인데, 면접 볼 때 모자 좀 쓰지 마라. 그럼 네 엄마가 나를 가만두지 않을 거야."

아들이 눈을 지그시 감았습니다.

"한 가지 더. 잔소리하려는 건 아니고. 너 말할 때 '있잖아'라는 말을 너무 많이 써. 너는 '그러니까, 그건, 있잖아, 친구들과, 있잖아, 같이 쓰면 된다는 거야'라는 식으로 말하거든. 하지만 이 면접은 중요한 것일 수 있으니까. 그 말 좀 신경 써."

아들은 아무 말도 하지 않았습니다. 확 성질을 부리고 성가시다며 남의 일에 신경 쓰지 말라고 했을 수도 있었겠지만 아들은 침묵이 훨씬 더 효과적이 대응 방법이라는 것을 알고 있있던 섯이죠. 침묵하면 제가 한 말이 미해결 상태로 허공에서 혼자 떠돌다가 그 교양 없음을 스스로 드러낼 테니까요.

"에라 모르겠다. 네가 말하고 싶은 대로 말해. 자연스럽게 행동해."

"그건 이미 말씀하셨잖아요."

저는 아들에게 종이 타월을 주고 귓불 근처에 묻은 면도크림을 닦으라고 했습니다.

"저 늦었어요."

아들은 별안간 활기를 띄었습니다. 그리고는 차가운 날씨에 대비해 폴로셔츠 위에 스웨터를 입었습니다. 저는 아들이 머리를 빗도록 했습니다. 이윽고 아들은 자동차 열쇠를 딸랑거리며 베란다를 뛰어 내려갔습니다. 그리고 자 문을 열고 돌아서서 마지못해 손을 한번 흔들어 보였습니다.

"너 스웨터 봐라."

제가 가슴이 철렁해서 큰 소리로 말했습니다. 아들이 가슴을 내려다보았습니다.

"너 '큰 주립대학' 스웨터를 입고 있잖아. 조지타운 대학 면접에 가는데 '큰 주립대학' 스웨터를 입고 있다고."

"별로 좋은 생각은 아니군요."

아들이 동의했습니다. 그리고 그것을 홱 벗어버렸습니다. 그 바람에

머리가 옥수숫대처럼 곤두섰습니다. 저는 조간신문을 들고 아이가 집에 올 때까지 어쩔 줄을 모르고 기다렸습니다.

저는 국제, 국내, 경제, 대학 등에 관해 보통 때보다 더 신경 쓰고 있었습니다. 제가 느낀 초조함은 2009년 초반에 많은 사람들이 똑같이 느끼던 것이었습니다. 최악의 재정 위기는 지나간 듯했지만 불황은 걷히지 않고 계속되어 더욱 깊어질 게 확실했습니다. 그렇게 방대하고 복잡한 경제적 탈선이 미칠 영향을 평가하겠다는 전문가는 거의 없었습니다. 교육 전문가들만은—제게는 불행한 일이지만— 예외였습니다. 연초의 지원서 접수 마감에서 결정 통지서가 날아들 3월 말까지 그들은 불황이 대입 전형에 끼칠 영향에 대해 정기적으로 최신 정보를 알렸습니다. 보아하니 불황은 학교들로 하여금 일제히 무엇이든 하게 만들고 있었습니다.

〈LA 타임스〉는 여러 전문가들을 인터뷰했습니다. 그들의 결론에는 제가 그러려니 하고 생각하게 된 권위적인 데가 있었습니다. 불경기에는 어쩔 수 없이 ① 학생들이 저렴한 등록금을 보고 공립대학교에 지원하게 되지만 ② 정부의 세금 수입 감소로 인해 공립대학교들은 등록금을 인상하게 된다. 그러면 더욱 적은 학생들이 지원하게 되는데, 지원자가 줄어드는 특별한 이유는 ③ 더 많은 학생들이 많은 학자금 지원 패키지를 제공하는 사립대학교에 끌리게 될 것이지만 ④ 사립대학교들의 증대된 학자금 지원 패키지 때문에 더 많은 학생들이 공립대학교로 발길을 돌리게 될 텐데, 이는 학부모들이 불황의 시기에 더 많은 빚을 지기 꺼릴 것이기 때문이다. 게다가 ⑤ 대부분의 사립대학교들은 불황의 영향으로 기부금이 줄어들자 학자금 지원을 삭감하고 있다. 이것은 의심할 여지없이 더 많은 학생들로 하여금 저렴한 공립대학교에 지원하게 할 것이지만 그러지 않을 수도 있다, 라는 것이었습니다.

〈뉴욕 타임스〉는 3월에 "금년 일류 대학교에 지원하는 학생들의 수가 증가했다"고 발표했습니다. 그런데 며칠 후 CBS 뉴스는 "상위권 문과대학에 지원하는 학생의 수가 감소했다"는 이야기를 들고 나왔습니다. 불황 때문에 대기자 명단에 올라가는 학생의 수를 늘인 학교가 있는가 하면, 바로 그 불황 때문에 대기자 명단 자체를 줄이거나 아예 없애겠다는 학교도 있었습니다. 불황 때문에 '학업 우수자에 대한 보조'를 늘려야만 했던 학교가 있는가 하면, 그것을 급격히 삭감한 학교도 있었습니다. 경제적 불확실성의 시기에 공약을 하는 것이 마음에 내키지 않아 조기 입학 결정에 지원하는 학생의 수가 줄 것이라는 보도가 있는가 하면, 일단의 대학 카운슬러들은 다른 카운슬러들에게 조기 입학 결정 지원서가 증가할 것이라고 권고했습니다. 불황 때문에 학생들이 일찌감치 자신들의 선택 사항을 확정지을 수밖에 없을 것이기 때문이라고요.

그와 똑같은 추론을 통해 전문가들은 불황이 "서머 멜트summer melt"—봄에 입학 허가를 받고 보증금도 냈지만 가을에 실제로 입학하지 않는 학생의 수—에 지대한 영향을 미치리라고 내다보았습니다. 그들은 불황을 우려하는 가정들이 입학 약속을 지킬 가능성이 더 많기 때문에 서머 멜트가 크게 줄어들 것이라고 했습니다. 한편 불황 때문에 학생들이 가장 좋은 학자금 지원 제의를 찾을 것이며, 결국은 마지막 순간에 좀 더 조건이 좋은 학교를 찾아 결정을 변경함으로써 다른 학교와의 입학 약속을 깰 것이기 때문에 서머 멜트가 증가할 것이라고도 했습니다.

말할 필요도 없이, 대학교들이 표시 가격대로 전액을 지불할 수 있는 학생들을 받아들이려고 하기 때문에 경제적으로 어려운 학생들은 가장 큰 타격을 받게 되었습니다. 한편 금년에는 어려운 학생들이 뜻하지 않은 승자가 될 수도 있었습니다. 불황으로 인해 대학들이 등록금을 전액 지불할 학생들을 더 많이 받아들일 것이고, 그렇게 되면 가난한 학생들을 지원해줄 돈이 풀리게 될 테니까요. 그래서 불황에 가장 큰 타격을 받는 사람은 중산층 지원자가 된다는 것이었습니다. 대학들은 상위소득층과 저소득층의 학생들을 뽑는 쪽으로 방향을 전환할 게 분명하니까요. 그런데 다행히도 중산층 학생들은 이 와중에서 진정한 수혜자가 될 것이 틀림없었습니다. 대학들은 그 학생들이 부유하지도 가난하지도 않지만 학교의 등록률을 높일 수 있다면 그들에 대한 지원을 확대하지 않을 수 없을 것이라고도 했습니다.

저는 그 〈뉴욕 타임스〉 기사에서 제가 한 가지 부인할 수 없는 진리라고 알고 있던 주장을 발견했습니다.

"금년에는 그 어느 때보다 두툼한 지갑이 있으면 도움이 될지도 모른다."

면접에 간 아들이 30분 만에 돌아왔습니다. 스타벅스까지 가는 데 10분, 돌아오는 데 10분, 그러면 정작 면접 시간은 10분이었다는 것이었습니다.

"어떻게 됐니?"

"좋았어요."

"금방이네. 일을 성사시키기에는 아주 짧은 시간인데."

"그렇겠죠. 그 여자는 사실, 있잖아요, 별로 말을 안 했어요."

"이런, 네가 주로 말하도록 한다는 게 면접의 취지인 것 같은데."

"그래요?"

"그 여자가 너를 면접하는 것이지, 네가 그 여자를 면접하는 게 아니잖아."

"그 여자는 아무렇지도 않던데. 상관없어요. 어쨌든 조지타운에는 못 들어갈 테니까요. 절대로."

아들은 패배한 프로 권투 선수의 표정으로 소파에 앉아 뒤로 쭉 기댔습니다. 그리고 자기가 지원한 학교들을 차례차례 더듬으며 합격될 확률을 자세하게 가늠해 보였습니다. 하나하나 손가락을 꼽아가며 말했습니다. 아들은 안정권에 드는 학교들—테크 공대와 인디애나 대학—에 대해서는 여전히 자신이 있다고 했습니다. 그 외에는 "낙관적이지 않아요"라고 했고요. 아들의 추론은 면밀했으며 잘 알고 말하는 것이었습니다. 조지타운 대학은 아예 열외였습니다. 노트르담, 밴더빌트, '큰 주립대학'도 마찬가지였습니다.

"조지타운의 합격률은 매년 내려가고 있어요. 그러니까, 15퍼센트였다가 더 내려갔어요."

아들이 말했습니다. 노트르담과 밴더빌트의 경우, 아들의 SAT 점수는 지원자 집단의 성적 범위에서 중간 정도였습니다. 중간이나 그 밑으로는 곤란하다고 했습니다. 낮은 점수로 들어갈 수 있는 자리는 운동선수들과 대물림 학생들에게 돌아가며 자기는 거기에 해당되지 않는다는 것이었습니다. '큰 주립대학'은 주립학교이기 때문에 정치적인 이유에서 신입생을 뽑을 때 균형 있는 지리적 분포도를 감안해야 하며, 우리가 사는 지역, 또는 한 고등학교에서 갈 수 있는 학생의 수가 제한되어 있다고 했습니다. 자기네 학교에서도 여러 명이 '큰 주립대학'에 지원했는데 점수들이 모두 저보다 좋다고 하더군요. 그러니까 누구라도 그 학교에 합격된다면 자기가 아니라 그 아이들일 것이라고 했습니다. '큰 주립대학'도 기대할 수 있는 범위에서 벗어났다는 것입니다.

긍정적인 면을 보면 UNC 채플 힐 대학에는 합격할 수 있을지 모른다고 했습니다. 그것도 좋은 학교죠. 아들이 말했습니다.

"그 학교는 남학생이 필요해요."

저는 아들에게 어떻게 그 모든 것을 아느냐고 물어보려다가 참았습니다. 10대들의 정보의 흐름은 설명할 길이 없습니다. 저는 헛되이 아들에게 그 대입 안내서들을 읽히려고 했던 일을 떠올렸습니다. 아들에게 어떤 학교에 갈 것인지 말을 시켜보는 것조차 얼마나 어려웠던가 하고 생각했습니다. 아들이 동요되지 않고 태연했던 것, 그런 아들의 태도에 당혹스럽고 짜증났던 것도 생각했습니다. 그런데 그 아이는 그러는 동안 제가 알아내려고 애쓰던 것 대부분을 이해하고 있었습니다.

녀석은 저보다 더 초조해하고 있었던 것입니다.

롭 부부가 한잔하러 놀러왔습니다. 우리 딸아이는 TV를 보고 있었고, 아들은 다른 방의 컴퓨터 앞에 앉아 있었습니다. 3월 하고도 열흘이 지났지만 아직도 늦겨울의 사색死色이 감도는 날씨였습니다. 조만간 합격 여부를 알리는 통지서가 날아들 것이었습니다. 우리는 다른 얘기를 하려고 했지만 화제는 불가피하게 아이들과 대학 얘기로 계속 돌아왔습니다. 한쪽 발을 바닥에 못 박고 걷는 것 같았습니다. 우리는 계속 한자리에서 빙빙 돌았습니다. 저는 개의치 않았습니다. 그 문제를 놓고 친구들과 얘기함으로써 오히려 마음이 편해질 수도 있으니까요. 얘기를 듣자 하니 친구들 중 여러 명은 저보다 더 신경과민임을 일세 뇌었습니다. 그래서 저는 어쨌든 제가 가장 미친 사람은 아니라는 것을 알았으며 그게 위안이 되었습니다. 롭이 말했습니다.

"어떤 날 밤은 문득 잠이 깨서 지원서 보낸 학교들을 하나하나 생각한다니까. 그러고는 '우리는 실패했다. 이 녀석은 그 어느 곳에도 못 들어가. 그런데 어디도 들어가지 못하면 어떡하지?'라는 생각이 드는 거야."

롭의 아내도 자신의 분노를 표현했습니다. 조바심치는 남편이 아닌, 아들에 대한 것이었습니다. 그들의 아들은 여느 10대에 못지않게 똑똑하고 호감이 가는 아이였습니다. 하지만 그녀는 자기 아이가 태만과 무심한 태도로 자신에게 주어진 기회를 낭비했다고 역설했습니다. 그녀는 자기 아들이 원레 글을 아주 잘 쓰는데, 대입 지원 에세이는 따분했다고 말했습니다. (그녀가 생각하기에) 아들은 능력 밖의 학교들에 지원서를 냈습니다. 그는 많은 장점들 외에도 대단한 자신감을 가진 아이였습니다. 그래서 그녀는 아이의 자신감을 꺾을까 봐 그런 학교들에 지원한 것을 단념시키지 못했다고 했습니다. 하지만 불합격 통지서가 곧 속속 날아들 텐데, 그로 인해 좌절하지 않았으면 하는 것이었습니다.

그에 대한 응답으로 저는 최근에 제 사무실에서 가졌던 어떤 대화가 생각나 그 이야기를 하기 시작했습니다. 그 이후로 줄곧 이 대화를 생각하고 있었거든요. 세상에는 인생의 모든 장점을 다 가지고 있는 훌륭한 아이들이 있는데, 하고 저는 말을 시작했습니다. 장기적으로 보면, 그 아이들이 어떤 대학에 다녔는지는 중요하지 않아요. 그 아이들은 충만하고 행복하고 성공적인 삶을 살도록 되어 있죠. 그런데 그 아이들의 운명이 그게 아니라면, 제아무리 일류 학교를 나와도 그것을 바꾸지 못합니다.

저는 그녀에게 직장 친구의 이야기를 해주었습니다. 그 친구가 제게 자기가 광기의 황야를 헤맨 이야기를 해주었거든요. 그의 딸은 인간적으로나 서류상으로나 엄친딸이었어요. SAT는 만점에 가까운 2,300점대였고, 높이 평가되는 공립고등학교의 내신 평점은 4.0이었으며, 과외 활동 기록이 길고 다양했습니다. "그래서 나는 느긋했지"라고 그가 말했습니다. 그 친구 딸의 제1순위 학교는 노트르담이었고 제2순위는 '큰 주립대학'이었습니다. 그는 딸이 합격하는 데 아무런 문제가 없을 것이라고 생각했습니다. 그런데 두 학교 모두 떨어졌습니다. 남학생 쿼터에 밀려 희생되었을 겁니다. 테크 공대만이 그 아이를 대기자 명단에 넣었으며, 여름이 다 가서야 합격 통지를 받았답니다. 그게 5년 전의 일이었습니다. 지금 그 아이는 대학원에 진학해서 건축을 공부하고 있어요. 테크 공대에서 가장 좋은 학과죠. 그 학교에 등록하기 전까지만 해도 자기가 공부하게 되리라고는 꿈에도 생각 못 한 분야입니다. 그때의 그 첫 공포는—더욱이 SAT에서 2,360점이나 받았는데 불합격했으니까요!— 현실과 현실의 가장 매력적인 속성 중 하나인 뜻밖의 발견에 굴복했지요.

"우리의 문제는 그거야."

제가 폴로니어스의 기분에 젖어들며 말했습니다.

"자식들 문제에 관한 한 우리는 확실한 것을 갈구하지. 그럴 만도 한 것이, 지난 18년 동안 우리는 아이들이 안정된 성장기를 보낼 수 있도록 모든 에너지를 쏟아부었잖은가. 만사가 어긋남이 없고 예측 가능했지. 몇 년 앞을 내다보고 모든 것에 대한 계획을 세우고 희망을 품었잖아. 그런데 이제 몇 달 뒤에 어떻게 될지 모르게 된 거야. 똑바른 길이 모퉁이를 돌더니 숲속으로 들어가 안 보이게 된 것이지. 그래서 우리는 겁을 집어먹은 거야. 하지만 지난 세월 살아오며 다진 이 모든 명료함과 확실성은 사실은 가짜였어. 신기루였다고. 이제 우리는 현실로 돌아온 거야. 현실은 안정되어 있지 않아, 변덕스럽고. 예측할 수가 없어. 이제 더 이상 집착하지 말고 불확실성을 인정하자고! 안 그러면 우리는 인생 자체에 대해 반란을 일으키는 거야!"

적어도 그건 폴로니어스 영감이 말한 것 같습니다. 정확히 기억이 나지는 않습니다. 그때 메모를 해두지 않았거든요. 그 다음에 일어난 일로 그것은 더 이상 중요하지 않았습니다.

그들이 코트를 입고 있을 때 우리 아들이 거실 문 앞에 나타났습니다. 얼굴이 상기되어 있는 아들은 승리의 몸짓으로 양팔을 쳐들고 있었습니다.

"방금 이메일을 받았어요. 테크 공대에 합격했어요."

여자들은 그에게 가 포옹해주었습니다. 몇 달 동안 창공에서 흔들거리던 험악한 유령이 땅으로 돌진하더니 증발되어버렸습니다. 아들은 이제 어디가 되었든 대학에 가게 되었습니다. 불확실성은 순식간에 사라졌습니다. 저는 눈물을—주로 안도감에서— 찔끔거렸을지도 모릅니다. 저는 불확실성이 싫습니다. 저를 돌아버리게 만들거든요.

“축하해. 이제 고비를 넘겼어.”

롭이 말했습니다. 아들아이가 고맙다는 말을 하려고 돌아섰지만 그건 롭이 제게 하는 말이라는 것을 보았습니다.

제 안도감과 아들의 안도감은 진심에서 우러난 것이었지만 오래가지 않았습니다. 안전한 학교의 문제는, 거기에 들어갈 것이 확실한 반면 사실 가고 싶은 학교가 아니라는 데 있습니다. 아들이 마음을 두는 학교는 지난 몇 주에 걸쳐 계속 바뀌었습니다. 겨울을 지내며 노트르담은 계속 뒤로 밀렸습니다. 인디애나 주 사우스 벤드의 기온을 확인하고부터 그랬죠. 이제 ‘큰 주립대학’은 가장 희망하는 학교가 되었습니다. 그렇게 생각의 변화가 일어난 것은 지역 신문에서 ‘큰 주립대학’에 들어가기가 점점 더 어려워진다는 기사가 실리기 얼마 전이었습니다. 상위권 내신 성적에 인상적인 SAT 점수를 가진 학생들이―우리 지역의 많은 학생들을 포함해서― 부쩍 더 “우리 주의 주요 대학교에 입학하지 못하고 타 주의 학생들에게 자리를 빼앗기고 있다”며, 그들은 인상된 등록금을 낼 수 있는 학생들이라고 했습니다. 기자는 우리가 사는 지역의 어떤 슈퍼키드의 이야기를 예로 들었습니다. 그 아이는 내신 평점 4.01인 수석 졸업자이며 라크로스팀의 주장인 데다 사진으로 수상한 경력이 있는데 “그래도 합격하지 못했다”며 기자는 놀라움을 금치 못했습니다.

그러던 어느 날 오후, 아내가 우편물을 가지고 들어와 아들 앞으로 온 봉투를 들어 보였습니다. 아내가 그것을 제게 건네며 말했습니다.

“아이고, 이런.”

‘큰 주립대학’ 입학처에서 온 편지였습니다. 얇았습니다. 아주 얇았습니다. 아주 날씬했으며, 불합격 통지같이 얇았습니다.

"뜯어보면 안 되겠지?"

"안 돼요."

그래서 저는 그것을 전등에 비춰 보려고 쳐들었습니다. 이리저리 앞뒤로 위아래로 돌려가며 보았습니다. 수학용 계산기를 든 침팬지처럼 멍청하게 흔들어보기도 했습니다. 독서용 전등 아래 대고 편지의 첫 줄을 가까스로 읽을 수 있었습니다. 저는 알아볼 수 있는 것을 소리 내 읽었습니다.

"퍼거슨 씨. 본 입학 사정 위원회는 퍼거슨 씨의 지원서를 검토해보았습니다…… 본인은 이것이 퍼거슨 씨의 경우라고 믿고…… 퍼거슨 씨가 도전 의식을 가지고……."

걷어차인 것입니다. 그들은 더 이상 "이 소식을 전하게 되어 유감입니다"라고 시작하지 않습니다. 그 대신 온통 호도하고 에두르는 이야기뿐입니다. 저는 얼굴이 확 달아오르는 것을 느꼈습니다. 30년 전에 세세 그 얇은 편지가 왔을 때 어떤 느낌이었는지 떠올랐습니다. 그것은 죄책감, 불쾌, 분노, 수치심, 자기 연민이었습니다. 하지만 이번에는 더 심각했습니다. 왜냐하면 이번에는 제가 아니라 아들에게 이 일이 생기고 있었기 때문입니다.

아들은 저녁 시간이 다 되어서야 집에 들어왔습니다. 문을 열고 들어오는 소리가 났습니다. 집 안이 다 울리도록 백팩을 쿵 하고 바닥에 내려놓고는 제 방으로 옷을 갈아입으러 갔습니다. 아내가 저녁을 준비하는 동안 저는 부엌에서 서성거렸습니다. 우리는 서로 쳐다보지도 않았습니다. 아들이 부엌에 들어왔을 때 제가 '큰 주립대학' 통지서가 왔다고 말했습니다.

"아, 맙소사."

아들이 말했습니다. 제가 봉투를 건넸습니다. 아들은 "아주 얇네요"라고 말하고는 두툼한 손가락으로 봉투를 뜯었습니다. 아들은 제가 알아볼 수 있었던 처음 몇 줄을 죽 읽었습니다. 제가 말했습니다.

"괜찮다."

"가만 좀 계세요."

아들이 저한테 저리 가라는 듯 손짓하며 말했습니다. 아들은 한참 동안 편지를 읽고 또 읽었습니다.

"입학처장에게서 온 거예요. 이게 무슨 말인지 모르겠지만, 불합격된 건 아니에요, 최소한 아직까지는."

아들이 제게 편지를 건넸습니다. 그러고 보니까 처음 비위를 맞추는 말은 입학처장이 조심스레 퇴짜를 놓는 방식이 아니었습니다.

"학생이 성장하고 성공할 수 있는 곳으로서 이 학교에 대해 심각하게 잘 고려해보십시오."

그는 아들에게 학교를 한번 방문할 것을 제안했습니다.

"그러면 궁극적으로 자기가 다닐 학교를 선택하는 데 도움이 됩니다."

하지만 입학 제의는 없었습니다. '큰 주립대학'에 합격했다는 단호한 말이 없었습니다.

"그래서 합격했다는 거니, 아니니?"

아내가 물었습니다. 아들이 말했습니다.

"몰라요. 불합격 통지서는 아니에요. 그렇다고 합격 통지서도 아니고요."

그럼 이게 뭐란 말이지? 저는 그런 것은 들어본 적이 없었습니다. 합격이 아닌 합격? 불합격이 아닌 불합격? 그게 합격 통지서가 아니라면 그것은 가학성 환자의 소행에 다름없습니다. 입학처장은 감정적으로 다치기 쉬운 순간에 있는 수많은 어린 학생들과 부모들을 상대하고 있는 것이니까요. 사소한 떨림도 지진으로 느껴져 히스테리 상태가 되어 속옷을 입은 채 거리로 뛰쳐나갈 상황이라는 것을 물론 알고 있을 테니까요. 어떤 학교든 분명한 입학 제의도 없이 그런 편지를 보낼 수 없는 겁니다. 그것은 상상할 수 없을 정도로 잔인한 짓일 테니까요.

저는 혼동되었습니다. 따라서 저는 현학적이 되어 권위적으로 꾸며 말했습니다. 그래서 시장이 어떻게 돌아가는지 즉석에서 짧게 강의를 했습니다. 입학 전형은 양다리를 걸치고 있는 거야, 라고 저는 아내와 아들에게 말했습니다. 시장에는 구매자와 판매자가 있는데, 우리는 지금까지 우리가 판매자라고 생각하고, 학교들에게 우리를 팔려고 애를 쓴 거야. 그런데 갑자기 상황이 역전된 거지. 우리가 구매자가 된 거야. 이 편지는 판매자의 글이야. 자기가 판매자라는 것을 인정하고 싶지 않은 판매자인 것이지. 입학 사정 위원회는 우리 아들을 받아들이려고 점 찍어놓은 거야. 하지만 3월 말이나 되어야 결정을 내릴 수 있다 이거지. 그동안 다른 학교가 애를 먼저 낚아채 가기를 원치 않는 거야. 잔인하게 놀리는 게 아니라 선매先買 행위라고.

우리는 돌아가며 편지를 읽었습니다. 제가 그것을 소리 내어 읽어주겠다고 하자 아내가 고개를 절레절레 흔들었습니다. 아내가 말했습니다.

"이유야 어쨌든 이건 잔인해요. 너무 복잡하잖아요. 왜들 이런 짓을 하는 거죠?”

　다음 날 아침 저는 몇 달 동안 하지 않은 것을 했습니다. 칼리지 컨피덴셜에 접속한 것입니다. 여기저기 뒤지다가 ‘큰 주립대학’에 지원한 사람들의 대화를 찾았습니다. 그리고 잠시 후 제가 처음 보는 말과 마주쳤습니다. ‘큰 주립대학’ 지원자들 중 누군가 ‘유망한 편지’를 받았다고 했습니다. 다시 말해 그런 편지를 받은 것 같다고 했습니다. “그게 너무 애매모호해서요. 우리 엄마한테 소리 내 읽어줬는데 엄마나 저나 그게 무슨 말인지 몰라요.” 그는 우리 아들이 받은 것과 똑같은 편지를 인용했습니다. “그래서 저는 있잖아요…… 칼리지 컨피덴셜은 알지 않을까! 하고 생각했어요.”

　칼리지 컨피덴셜 사람들은 모두 알고 있었습니다. 하지만 그들은—적어도 마음이 산란한 학부모가 이해할 수 있는 말로는— 얘기해주지 않았습니다. 유망한 편지에 관한 대화가 한동안 왔다 갔다 했습니다. 그러다가 누군가 제게도 흥미로운 질문을 던졌습니다. “‘유망한 편지’라는 게 뭐죠?” 이것에 대한 설명을 해주기 위한 답변으로 자신을 ‘J처장’이라고 칭하는 ‘큰 주립대학’ 입학처장 블로그의 링크가 달렸습니다.

　보아하니 그 처장은 간혹 블로그에 나타나는 것 같았습니다. 대개는 고뇌하는 ‘큰 주립대학’ 지원자들을 위한 게시판으로 쓰였습니다. 그들은 모든 권력을 쥐고 있다고 생각되는 누군가에게 신중하게 질문을 올렸습니다. 그들은 평민이 왕의 보좌에 다가가듯 그녀에게 다가갔습니다. 입에 발린 말로 시작해서 탄원의 제스처로 이야기를 마쳤습니다. “제가 입학 허가를 받으면 J처장께 제일 먼저 감사할 겁니다.” “제가 합격하든 못하든 저는 여전히 처장님과 입학처의 직원들을 사랑할 것입니다." "입학처에 학생들을 많이 생각해주는 분이 있다는 것을 알게 되어 기쁩니다."

하지만 좌절은 그리 멀지 않은 곳에 있었습니다. '유망한 편지'라는 대화의 가닥을 발견했는데, 거기에는 걱정 근심이 바이러스처럼 퍼져 있더군요. 지원자들이 올리는 글들은 예상대로 가슴 아픈 것들이었습니다. 애끓는 마음을 자아내기 일보 직전의 말들이었습니다. "처장님이 그러는데 편지들이 오늘 발송되었다는데." 누군가 이렇게 썼습니다. "편지에 뭐라고 씌어 있나요?" "합격했다는 뜻인가요?" 다른 누군가 물었습니다. 타당한 질문이었죠.

그러자 다른 아이들이 흥분했는지 이모티콘을 남발하며 끼어들어 자기들도 유망한 편지를 받았다고 보고했습니다. 그중 1명이 걱정을 표했습니다. "유망한 편지를 받았지만 결국 불합격된 사람들에 관한 공포의 이야기들이 들려요. 그런 일이 자주 발생하나요?" 그러자니 더 많은 아이들이 접속해서 자기들은 편지를 못 받았다며 한탄하기 시작했습니다. "기다림은 계속 또 계속 또 계속되고 있어요." 누군가 그렇게 쓰고 찌푸린 이모티콘으로 그 말을 강조했습니다.

몇 십 개의 댓글이 첩첩이 쌓인 뒤에 처장이 댓글을 달기로 결정했는데, 그 누적된 걱정 근심을 도저히 무시할 수 없었던 모양이었습니다.

"유망한 편지에 관해서는 지난 포스트들을 읽어보세요. 그리고 질문을 올리기 전에 다음을 읽어보세요. 댓글 달기 전에, 다시 읽어보세요."

그녀는 소개의 말을 써넣었습니다. 저는 읽어봤지만 여전히 분명하지 않았습니다. 그녀는 계속했습니다.

"지원서 접수를 마치고 합격 통지서를 받기까지 시간이 천천히 간다는 것을 잘 알고 있습니다. 그래서 많은 학교들은 강력한 프로필을 가진 소수의 학생들에게 '유망한 편지'를 보냄으로써 침묵을 깹니다."

지원서를 발송한 뒤 찾아들지 모르는 권태를 일시적으로 중단하고 유쾌한 시간을 가지라고, 무료한 시간을 달래라고 편지를 보낸다는 것처럼 들렸습니다. 어찌 보면 친절한 배려입니다. 확실히 우리의 무료함을 차단하기는 했습니다. 하지만 그녀의 답변은 가장 중요한 질문을 회피했습니다. 그 편지는 무엇을 의미하죠? '비공식 입학 허가'로 봐도 되나요? 지원자들은 이와 같은 질문들을 여러 가지 다른 말로 던졌지만 처장은 묵묵부답이었습니다. 처장이 답했습니다.

"그 편지는 거기에 쓰인 그대로예요. 그 이상 그 이하도 아닙니다. 그건 입학 허가서가 아니에요. 우리 학교는 아직 최종 결정을 내리지 않았습니다."

아직 결정이 내려지지 않았다고? 저는 의아스럽게 생각하지 않을 수 없었습니다. 그렇다면 왜 그런 편지를 보내는 것일까요? 아무런 결정이 내려지지 않았다는 것을 믿기 어려웠습니다.

그녀는 편지를 받은 사람들에게 자만하지 말라고 경고했습니다.

"학기 중간에 이르러 학교 성적이 떨어지는 경우가 있는데, 그러면 결정이 바뀔 수도 있습니다."

무슨 결정? 그러니까 결정이 내려지기는 했다는 건가?

"그것은 우리가 지원자들 가운데 여러분이 강력한 후보로 생각된다는 것을 알려주는 방식입니다."

그녀의 어조는 격분에서 은혜를 베푸는 태도로 변했다가 다시 거꾸로 바뀌기도 했습니다. 유망한 편지의 숫자를 '소수'(10명이나 12명?)라고 했다가 합격자의 '작은 퍼센티지'(3,000명의 10퍼센트?) 또는 '아주 작은 퍼센티지'(3,000명의 2퍼센트?)라고 했습니다. 그 편지를 받은 학생들은 공식 입학 허가를 받을 '수 있음'을 '어느 정도 확신'해도 좋다거나 '상당히 확신'해도 좋다고 했습니다.

그녀는 더 이상 질문에 답하지 않겠다고 분명히 말했습니다.

"'유망한 편지'에 대한 문의 전화를 걸지 말아주세요. 그 편지들은 그 안에 씌어 있는 내용 그대로예요."

물론 사람들은 혼동이 될 때만 전화할 것입니다. 그런데 그 편지들이 분명히 말해주는 게 없으니 혼동이 되는 것이지요.

그리고 그녀는 마지막으로, 다소 역겹게, 이렇게 썼습니다.

"그건 있는 그대로예요."

아이들은 아무도 그녀에게 일관성이 없다고 압박하거나 전반적으로 가학적이라고 꾸짖지 않았습니다. 저는 주고받는 말들을 읽었습니다. 그렇게 일방적인 게 주고받는 것이라면 말입니다. 그녀는 그들에게 질문하라고 했습니다. 그들은 꾸벅 절하고는 대충 질문했습니다. 그렇지만 그녀는 질문에 답하는 척만 했지 실제로 답하지 않았습니다. 선별적 학교의 입학처장과 입학을 갈구하는 학생들 사이에 존재하는 그런 관계의 순전한 정수는 하버드에서 본 이후로 그게 처음이었습니다. 제 생각에 힘은 처장에게 있었으며, 그녀는 그것을 교묘하게 이용했습니다. 그녀는 그들이 원하는 것을 쥐고 있었으니까요.

어쨌든 이 편지의 존재는 그게 전부는 아니라는 것을 암시했습니다.

오히려 그것은 그 전날 밤의 제 현학적 강의를 확인시켜주었습니다. 유망한 편지는 전략의 일환으로 발송된 것이라야 이치에 닿았습니다. 입학 사정 위원회는 학생들을 울타리 안에 잡아두려고 그 편지를 보낸 것입니다. 공식 입학 허가를 발송하기 전에 그들이 다른 학교로 갈까봐 우려해서 그러는 것이지요. 학생들이 발길을 돌리면 결과적으로 선별적인 학교라는 평판이 떨어질 것이며, 그에 수반되는 영향은 지대하고, 그것은 모두에게 이롭지 않은 것입니다. 물론 그녀는 이런 말을 조금도 인정하지 못할 것입니다. 그러면 입학처장들의 쌀쌀맞은 자신감과 제왕 같은 거만함은 꾸밈이었을 뿐이란 것을 학생들이 알게 될 테니까요. 그들도 우리들처럼 시종 걱정 근심하고 있었던 것이죠. 그들도 궁지에 몰려 있었습니다.

‘큰 주립대학’으로부터 다시 소식을 듣기까지 몇 개의 불합격 통지와 함께 UNC와 빌라노바, 그리고 다른 두 학교의 합격 통지서가 날아들었습니다. 노트르담과 조지타운으로부터는 대기자 명단에 올랐다는 통지를 받았습니다. 이 대기자 명단 통지서들은 솔직했으며 오해의 소지를 남기지 않았습니다. 어린 학생들을 호도하고 절대로 합격 못할 아이들에게 지원서를 보내도록 하는 날들은 이제 끝났습니다. 조지타운 입학처장은 대기자 명단에 오른 학생들은 등급이 매겨진 것은 아니지만 “학생의 입학 가능성을 볼 수 있는” 카드를 동봉했다고 했습니다. 아들이 제게 그 카드를 주더군요.

“아버지 파일에 보관하세요.”

아들이 말했습니다. 대기자 명단에 오른 학생이 입학하게 되는 비율은 2007년에는 0.03, 2008년에는 0.10이었습니다.

"그거 3퍼센트 아니에요. 그건 1퍼센트의 10분의 3이에요."

제 SAT 수학 점수를 떠올린 아들이 지적해주었습니다.

FAFSA 때문에 겪은 그 모든 불쾌한 경험에도 불구하고 단 한 학교만이 학자금 지원을 제공해주겠다고 했습니다. 빌라노바는 등록금을 4만 7,000달러에서 4만 2,000달러로 할인해주겠다고 했습니다. 고마운 일이지만 저는 전자의 액수는 엄청나게 비싸고 후자는 괜찮다고 할 학부모의 재정은 어떤 것일까 의아스러웠습니다.

'큰 주립대학'이 3월 말 어느 목요일 오후 5시에 그들의 웹사이트에 공식적으로 합격자과 불합격자 명단을 올린다는 소식—원주민들이 정글의 북을 두드린 것처럼, 부모들의 귀에는 들리지 않고 10대들의 귀에만 울리는 종류의 소리—이 아들 친구들 사이에 퍼졌습니다. 아내와 저는 아들이 오기만 기다렸습니다. 아들은 5시 몇 분 전에 학교에서 돌아왔습니다.

"제발 옆에서 맴돌지 마세요."

아들은 가족 공용 컴퓨터 주변에서 빙빙 돌고 있는 쌍둥이 헬리콥터에게 말했습니다.

"제가 이거 하는데 거기에 서 있지 좀 말아요."

우리는 곧장 각기 다른 방향으로 흩어졌습니다. 아내는 식기세척기에서 그릇을 꺼내러 갔고, 저는 공연히 커피메이커를 만지작거렸습니다. 그러면서 계속 고개를 돌려 어깨 너머로 키보드 앞에 웅크리고 앉은 아들을 흘끔흘끔 쳐다봤습니다. 화면을 가로질러 낯익은 이미지가 펼쳐지더니, 하얗게 되었다가 파란색 화면이 되었습니다. 흥미로운 색이었습니다. 아들은 바닥의 어떤 버튼을 클릭했습니다.

"축하한대요. 저 합격했어요."

저는 침을 꿀꺽 삼켰습니다. 아내와 저는 서로 껴안았습니다. 그리고 아내는 아들아이를 껴안았습니다. 저도 그럴까 했지만 안 그러는 게 좋겠다고 생각했죠. 그 대신 어깨를 탁탁 두드려주고는 얼마나 자랑스러운지, 내가 그 아이를 얼마나 자랑스러워하는지 모를 거라고 말했습니다.

그날 밤 잠자리에 들려고 할 때 아내가 말했습니다.

"우리 아이가 대학에 가게 된 건 기쁜데, 슬픈 건, 오, 하느님, 우리 아이가 집을 떠나 대학에 간다는 거예요."

우리 아들은 이틀 후에 1주일에 걸쳐 학교를 보러 떠났습니다. 고등학생으로서의 인생에 작별을 고하는 여행인 것입니다. 그때 한파가 몰아닥쳤는데, 아들이 없는 동안 저는 그 방을 닫아두었습니다. 그러다가 어느 날 아침 제가 빌려준 책을 가지러 들어갔습니다. 블라인드가 내려져 있고 히터는 꺼져 있어서 방 안은 무덤처럼 춥고 어두웠습니다. 모든 것은 아들이 집을 떠나던 날 아침에 남겨둔 그대로였습니다. 마치 방금 전에 방을 나간 것 같은 기분이었습니다. 운동화는 바닥에 뒤집혀 있고 양말들은 뒤죽박죽 흩어져 있었으며, 침대는 정돈되지 않은 채였고, 책꽂이의 책들은 어긋나게 기울어 있었습니다. 벽에는 중학교 지리 시간에 공부하던 지도가 걸려 있었습니다. 액자에 넣은 야구 선수 캘 립켄의 사인이 있었고 열 살 때 어느 여름 유원지에서 만화가가 그려준 캐리커처도 있었습니다. 게시판에는 종잇조각들이 겹쳐져 꽂혀 있었습니다. 단층처럼 겹쳐 있는 추억거리들, 입장권 반쪽, 학교 사진 등이 보였고 제가 잊은 경기의 박스 스코어들이 어린아이의 글씨로 적혀 있었습니다. 운동경기 트로피들이 책꽂이 꼭대기에 진열되어 있었습니다. 문지방에 말굽 편자가 1개 박혀 있었는데, 그것은 아들이 초등학교 6학년 여름에 관광용 목장에서 1주일을 보냈을 때 거기서 가져온 기념품이었습니다.

저는 아들의 침대에 앉아 그 모든 것을 바라보았습니다. 너무 크고 육중한 것들이 뒤죽박죽 섞여 있어 저로서는 흡수할 수 없는 박물관의 어수선한 진열품들을 보듯, 이제는 끝에 가까워진 어린 시절의 축적물을 바라보았습니다. 서늘하고 조용한 방에서 오랫동안 앉아 있다가 문을 닫고 나왔습니다. 책 생각은 잊었습니다.

"자네가 할 수 있는 일의 대부분을 이미 다 이루었네."

제 친구가 말했습니다. 천장에 채광창이 있는 음식점이었습니다. 식탁 위에 꽃이 있어서 여름이 끝날 무렵이라기보다 봄 같아 보였습니다.

"이제부터 자네가 하는 일은 수표나 발행하는 것 정도일 거야. 그럴 능력이 된다면 말일세."

우리는 부모와 자식의 관계에 대해 이야기하고 있었습니다. 그의 자식들은 이미 다 장성해 대학을 나온 지 오래였죠. 그는 자기 아들 이야기를 해주었습니다. 30년 전인가 그보다 더 오래된 일인가, 그의 아들이 아주 어렸을 때였다고 합니다. 그들은 새로 산 카세트 테이프리코더로 F. 스캇 피츠제럴드가 1930년대에 쓴 단편소설 「바빌론 귀환」을 테이프리코더를 시험해보느라 듣고 있었다더군요. 그것은 1920년대 방종한 광란의 생활을 뒤로하고 인생을 재정비해보려 하는 방탕한, 이혼한 작가에 관한 이야기였습니다. 그는 주식시장의 붕괴로 가진 돈을 모두 잃었습니다. 그 작중 인물은 마지막에 이렇게 말합니다.

"하지만 나는 호경기 시절에 내가 원했던 것을 모두 잃었어."

제 친구의 아들은 주식 중개인인데 엄청난 돈을 벌고, 엄청난 돈을 버는 사람들에게 둘러싸여 있습니다. 그들 중 많은 이들은 언젠가는 그들이 진정으로 원하고 소중하게 느낄 것들을 잃게 할지도 모를 것 들—대개는 마약과 술—에 돈을 낭비합니다. 제 친구의 아들은 30년 이 지났는데도, 피츠제럴드 소설의 그 부분이 새록새록 생각난다고 합 니다. 그래서 무엇이 중요하며, 그것이 얼마나 쉽게 상실될 수 있는지 상기시켜준다고 합니다. 제 친구가 말했습니다.

"그런데 흥미로운 것은 말일세. 나는 그 단편소설에 관한 것을 모두 잊었다는 것이야. 그것을 테이프로 들었다는 것도. 너무 오래된 일이라 서. 하지만 그건 우리 아들에게는 절대로 잊지 못할 것이라는 거지. 그 것을 보면 우리는 부모로서 얼마나 큰 영향력을 끼치는지 알 수 있네. 부모에게는 아무것도 아닌 일이 아이들에게는 아주 중요할 수 있다는 거야. 부모는 기억하지 못할 어떤 사소한 일이 아이에게는 세상을 바라 보는 방식에 전환점이 될 수도 있는 것일세. 아이들은 아무것도 놓치지 않아. 어릴 때는 특히 더 그러네. 하지만 무엇이 아이들의 기억에 사라 지지 않고 남을지는 알 수 없지. 운전해서 어디 데려다줄 때 아무렇지 도 않게 말한 것이 그렇게 될 수도 있겠지."

우리 아들은 곧 집을 떠나 대학에 갈 것이고, 딸아이도 곧 뒤따를 터 였습니다. 인생의 한 국면이—가장 중요한 부분이, 아이들을 키우던 시절이— 끝나가고 있었습니다. 그것은 그렇게 언제나 위험성이 높은 일이었음에도 저는 부모로서의 생활이 시작된 이래로 그 사실을 깊이 생각해보지 않았습니다. 부모들이 그 점에 대해 너무 골똘히 생각하면 활동 불능의 상태가 될 겁니다. 잘못 행동할까 봐, 말 한마디라도 잘못

할까 봐 두려울 테니까요. 제 친구가 말했습니다.

"그런데 얼마 정도의 시간이 지나면 너무 늦지. 아이들이 집을 떠나면. 자네 아들도 곧 떠나지 않는가?"

"몇 주만 있으면."

"일단 떠나고 나면, 정녕 다시 돌아오는 일은 없을 걸세. 아무렴. 예술사를 전공하고 졸업을 하든, 그런 일이 없어야겠지만 집으로 돌아오고 싶어 해서 돌아와 지하실에서 잠을 자든 말이야. 어떤 본질적인 면에서 영원히 떠난 거지."

그는 웃으면서 팔을 앞으로 뻗었지만 제게는 닿지 않았습니다.

"우리의 손이 닿지 않는 곳에 있는 걸세!"

저는 아들이 떠나기 전 마지막 남은 몇 주간을 최대한 활용해야겠다고 마음먹었습니다. 하지만 여름이 기분 좋게 나른한 8월 초로 접어들기도 전에 '큰 주립대학'으로부터 이틀에 걸친 '오리엔테이션'에 부모와 학생이 함께 참석하라는 소환장이 날아들었습니다.

오리엔테이션이라는 말에 제 자신이 신입생이 되었을 때의 희미한 기억이 났습니다. 텅 빈 기숙사 방의 침대에 옷가방을 내려놓은 일, 새로 만난 룸메이트가 소장한 LP 판을 빼앗아가던 일, 하와이를 테마로 한 기숙사 만찬에 가려고 아래층으로 내려가던 일 등이 기억났습니다. 그 만찬이란 오후 5시밖에 안 된 시간에 하와이의 티키 램프 2개가 밝히는 불빛 속에서 물이 줄줄 흐르는 파인애플을 얹은 햄을 먹는 것이었죠. 맥주가 있었고, 짧지만 거북했던 기숙사 사감의 연설이 있었습니다. 그는 술에 취하는 위험에 관한 의무적인 조언했으며, 그 뒤에 더 많은 맥주가 나왔습니다. 다음 날 아침 저는 숙취에 시달렸지만 '오리엔트'된 것으로 여겨졌습니다. 그리고 대학 생활은 시작되었지요.

오늘날 그런 빈약한 약식 절차는 생각할 수조차 없을 것입니다. 한 진구가 2008년 신입생 오리엔테이션에 내한 〈보스턴 글로브〉의 최근 기사를 제게 보내왔습니다. 노스웨스턴 대학의 경우 그것은 11일이나 계속됩니다. 터프츠는 6일, 앰허스트는 8일 동안 계속되었습니다. 신입생들은 버스 관광 여행, 유람선 여행, 가라오케의 밤, 요가 레슨, 축제, 사각 안뜰에서의 연회, 숲속의 소풍, 운동경기 등의 향응을 받았으며, 심지어는 교수 혹은 지도교수와 학교에 대해 이야기하는 시간도 간혹 있었습니다. 그것은 대관식 축제와 여름캠프를 절충한 것이었습니다.

"우리는 학생들이 끊임없이 환영받는 느낌을 갖게 하고자 합니다."

터프츠의 오리엔테이션 책임자가 말했습니다. 여기서 중요한 말은 '끊임없이'라는 단어입니다.

'큰 주립대학'은 주립대학인지라 끊임없이 학생들의 욕망을 채워줄 수는 없었습니다. 하지만 학장들은 모종의 학생 오리엔테이션, 대학 생활에 대한 공식적인 소개가 필수적이 되었다는 것을 알고 있었습니다. 고등교육 소비자들은 단순히 그것을 기대합니다. 체육관에 거대한 욕조가 있기를, 건강 센터의 리셉션 데스크에 무료 콘돔이 담긴 그릇을 놓여 있기를 기대하듯 말입니다. '큰 주립대학'의 절충안은 학생들을 기숙사에 불러 학기가 시작되기 몇 주 전에 간단한 오리엔테이션을 해주자는 것이었습니다. 거기에 부모들도 참석하도록 했습니다.

대학촌으로 운전해가는 시간은 여름이 시작된 후로 우리 둘이 처음으로 가진 긴 시간이었습니다. 대부분 저는 아들이 깨기 전에 출근했으며, 퇴근해서 돌아와 보면 아들은 일을 하러 갔거나 친구들을 만나러 나가서 집에 없었습니다. 주간州間 고속도로를 타자―탄다기보다 날아가는 느낌이었습니다― 도시를 벗어나 전원지대로 가는 익숙한 풍경의 변화가 보이기 시작했습니다. 집들이 조밀한 교외를 지나면 준準 교외로 빠지면서 집들이 드문드문 보이게 되지요. 방대한 옥외 주차장에 둘러싸인 '타깃'이나 '베스트바이스'가 보이는가 하면 곧 준 교외의 외곽으로 빠지면서 '스터키스'와 '크래커 배럴스'를 지나게 되고, 그런 다음 조금 더 가면, 바람이 윙윙 차를 스치는 고속도로에서 멀리 보이는 언덕에 조용한 과수원이나 금방이라도 무너질 듯한 헛간을 볼 수 있지요. '큰 주립대학'으로 가는 주도州道로 빠질 무렵 우리는 남자 대 남자 모드로 대화를 시작했습니다. 우리는 아들의 고등학교 생활에 대해 이야기하기 시작했습니다. 그것은 단순히 아버지와 아들로서가 아닌, 두 남자가 함께 생각할 수 있는 화제였습니다.

"저는 학교생활 거의 전부가 좋았어요."

아들이 말했습니다. 선생들, 급우들, 코치들 모두 좋았다는 것입니다. 아들은 행복의 재능이 있었습니다. 지난 18개월의 긴장과 불안으로 그것이 부분적으로 가려졌었지만, 이제 그 모든 것을 뒤로 하고, 아들이 어린 시절을 보낸 도시에서 어른으로서의 생활이 시작되는 전원으로 나가며 그 재능이 되살아났습니다. 아들은 제가 알지도 못하는 친구들 이야기를 했습니다.

"대학이 고등학교의 반만이라도 좋다면……."

아들은 말을 끝맺지 않았습니다.

대학 도시에 도착해서 우리는 호텔에 가방을 놓고 이른 저녁을 먹으러 음식점을 찾아나섰습니다.

20년 전만 해도 도시가 어디부터 시작되고 캠퍼스는 어디서 끝나는지 이럽지 않게 일 수 있있습니다. 45년 선에요. 너 석설히 말하자면 그것은 고등교육에 수억 달러가 들어가기 전이었죠. 대부분의 대학 도시들과 마찬가지로 '큰 주립대학'의 대학촌도 지난 세기의 초엽에 어떤 수준의 표시와 경제적 이익을 가져다 줄 학교의 존재를 환영했습니다. 그런데 현재 이 소도시는 주로 학교가 확장을 위한 재료로 이용하는 채석장 역할을 합니다. 주택가 골목은 학생과 교수들의 주거지로 흡수되었습니다. 대학 병원—'의료 건강 센터', 병원에 대한 새로운 말—은 이 도시의 가장 큰 단일 고용주이며, 이곳의 상업 중심지를 덮쳤을 뿐 아니라 도시 전체의 경제를 재창조했습니다.

기생충이 숙주를 흡수한 식이 되어, 중심가는 창백하고 속이 비어 보였습니다. 강풍이 불면 상점들이 쓰러지기라도 할 것처럼 말이죠. 가장 기본적인 문화 시설들은 몰려나가고—청과상도, 철물점도 없이 오직 빈약한 약국만 있을 뿐— 술집과 티셔츠 가게들만 있을 뿐입니다. 음식점 종류는 크게 둘이었습니다. 조각 피자나 납지에 싼 푹 젖은 샌드위치를 파는 음식점, 아니면 양념해 노릇하게 볶은 샬롯과 기름을 두른 몬터레이만 정어리에 글루텐이 함유되지 않은 밀알 레뮬라드를 뿌린 음식을 파는 곳이었습니다. 그 음식점들 가운데 흰 식탁보를 쓰는 음식점이 두어 군데 있었습니다. 타지에서 온 부모들은 대학생 자녀들에게 로스트비프와 구운 감자, 간혹 야채도 섞어서 사 먹였습니다.

우리는 이 중에 한 군데를 택해 노천 테이블에 앉았습니다. 벌게지는 하늘을 배경으로 텅 빈 상점들이 보였습니다. 우리의 대화는 딱딱하지 않았습니다. 부분적으로는 아버지들 특유의 충동을 억제하고, 아버지들의 역겨운 무언가가 속에서 올라오려고 하는 게 감지되면 그것을 내리눌렀기 때문입니다. 저는 다시금 아들에게 세부 사항에 대한 예리한 눈이 있다는 것을 상기하게 되었습니다. 아들은 '큰 주립대학'의 가을 시즌 미식축구 경기 일정과 지난해의 승패율, 챔피언 축구팀에 대한 놀라운 통계를 꿰고 있더군요. 친구들이 다니게 될 학교들과 '큰 주립대학' 캠퍼스 사이의 거리는 얼마나 되며, 운전할 경우 각 학교마다 시간은 얼마나 걸리는지 등에 대해서도 말했습니다. 그렇지만 그 눈은 예리하면서도 선별적이었죠. 아들이 관심을 두는 학과―국제관계―의 전공 필수과목이 뭐냐고 묻자 아무런 대답이 없었습니다. 물론 학교도 교양과목에 대한 엄격한 이수 과정을 요구하지 않았습니다.

"너 그럼 이번 가을 학기에 무슨 강의를 들을지는 결정했니?"

"모르겠어요. 오리엔테이션이 그런 데 필요한 거 아닌가요? 내일 생각해볼 시간이 있겠죠."

저는 무언가 말하려고 했다가 멈추고, 또다시 다른 것을 말하려다가 끝내 잠자코 있었습니다. 강의라니? 무슨 강의? 갑자기 제가 그 얘기를 하는 것조차 적절하지 않은 듯했습니다. 그러면 구제불능으로 퇴행하게 되는 거죠. 리처드 베더와 이야기를 나눈 뒤로 저는 줄곧 신호 이론을 곱씹었습니다. 저는 대학의 학위가 주로 장래의 고용주에게 호의적인 정보를 전하는 데 쓰인다는 생각의 실용주의적인 면이 달갑지 않았습니다. 구세계 유럽의 고등교육은 애초에 거의 정신적인 차원에서 고안되었습니다. 성숙해가는 지성에게 문명의 보고, 선도적 사상, 정치

철학, 도덕 철학, 예술과 문학 작품 등 우리를 지금의 우리로 만들어준 그 모든 것들을 가르치는 수단으로서 고안된 것이죠. 신호 이론은 그 것을 무미건조하게도 고용에 대한 준비 과정으로 축소시켜버린 것입니다. 게다가 그것은 시간이 많이 걸리고, 비효율적이고, 비싼 과정이지요. 많은 대학들이 대학 교육을 단순한 직업교육 프로그램 이상으로 만들 수 있는 일반 교양과정을 요구하지 않음으로써 그런 흐름에 장단을 맞추고 있었습니다. 필수 과목이어야 할 자리에 '개별적으로 직접 짜는 교과과정'이 있는 것입니다.

'큰 주립대학'이 그에 대한 아주 좋은 예라는 것을 저는 알게 되었습니다. 문학을 공부하지 않고도 인문학 학위를 딸 수 있고, 미국 역사나 유럽 역사에 대한 개설 강의를 듣지 않아도 역사학 학위를 딸 수 있습니다. 이를테면 역사학 전공자라도 '현대 유럽사'를 공부하지 않고 '마법'이나 '근대성, 탈근대주의, 그리고 역사'에 대한 강의를 듣거나, 또는 교수가 지은 '학문적 사료 창고'에 학생들을 떠밀어넣는 세미나—가령, '1895~1902년 시기의 산업화된 영국의 중상주의적 정체' 또는 '초서와 스펜서에 이르는 주문과 부적'—를 들어도 유럽 관련 필수 과목을 채울 수 있습니다. 그러한 사료 창고에 대해서는 그럴듯한 직업적인 핑계가 있습니다. 종신직을 인정받을 수 있는 위치에 있는 교수들의 동기를 유발하는 것은 과도한 특수화이니까요. 하지만 고등교육이 제공할 수 있는 선택지가 단순한 직업교육 아니면 학문적 집착이 이루어낸 짜깁기 과목, 이 둘뿐인가요?

부엌형 사람들에게 이 얘기를 꺼냈더니 별로 관심 있어 하지 않더군요. 아무도 자기 자식들이 추구할 교과과정에 대해 잘 알고 있지 않았습니다. 우리는 아이들을 딱 맞는 학교에 집어넣으려고 그렇게 애를 쓰고 땀을 흘리며 우리 자신들의 재정적 미래가 위태로워지는 것을 감수했는데, 그 목적을 이루려 수많은 시간과 수천수만 달러의 돈을 들였는데, 이제 아이가 합격했으니 임무가 완수되었다며 현장에서 철수하는 것입니다. 어떻게 하면 자녀를 대학에 보낼까 하는 문제에 대해서는 수많은 대화를 했건만, 그 아이들이 일단 대학에 들어가면 무엇을 하게 될까에 대한 대화는 별로 없었습니다.

저녁으로 아들은 플랭크 스테이크를 먹고 저는 생선을 먹었습니다. 그러면서 저는 마침내 말하고 싶은 것을, 아들이 특별히 듣고 싶어 하지 않는 것을 말해야겠다고 작정했습니다. 대학은 아들의 재능을 개발시켜주는 가장 확실한 방법을 말해주지 않을 것이므로 제가 해야겠다고 생각했지요. 저는 아들에게 앞으로 몇 년 소중한 시간들이 있으니, 다시는 오지 않을 그 기회를 잘 이용하라고 말해주었습니다. 그다음에는 깊이가 있을지는 몰라도 불구적으로 편협한 사료 창고에 뛰어들 수 있을 것이라고 했습니다. 지금은 시야를 넓게 하고, 폭넓고 기초적인 과목들을 공부함으로써 광범위한 보편적 지식을 쌓아야 한다고 말했습니다. '큰 주립대학'에서는 아직도 그게 가능하다고 생각했습니다. 그것은 몇 백 년에 걸친 인문 교양 교육의 방식이었죠.

"염두에 둘게요."

아들은 설득되지 않았습니다.

밤이 되기 전에 우리는 캠퍼스를 관통해 바깥의 가장자리까지 갔습니다. '큰 주립대학'은 대규모 대학 캠퍼스답게 건물 배치가 원심형으로 되어 있습니다. 중앙에 위치한 가장 오래되고 멋진 부지에는 고목들이 오래된 근사한 벽돌 건물들에 그늘을 드리우고 있고, 사각 안뜰에는 포석이 깔린 인도가 엇갈려 나 있습니다. 중심에서 방사형으로 퍼지면서 건물들은 약간씩 품위를 잃어갑니다. 건물 장식도 더 줄어들고 나무들은 한 세대 정도 어려 보입니다. 바깥쪽으로 더 나가면 불규칙하게 퍼지는 도시 같아집니다. 거기에는 빈약한 나무들과 죽어가는 잔디의 둔덕에 면한 그늘 없는 주차장이 있는데, 그 가운데 서 있는 창고형 매장 같은 기숙사와 체육관, 경기장 등이 시야에 들어옵니다.

사진사들이 뷰북에 실을 사진을 찍으러 여기까지 오는 일은 거의 없습니다. 하지만 이 바깥쪽에는 기숙사가 있으니 아들이 학교에 다니는 동안 대부분의 시간을 보내게 될 곳이었습니다. 기숙사는 따뜻함이나 시각적인 멋을 엿볼 수 없었습니다. 주랑 현관도, 기둥도, 덧문도, 박공도 그냥 건물을 세운다는 엄숙한 의무감에서 한눈팔지 않은 모습이었습니다. 저는 그것을 보고 풀이 죽었습니다. 'DMV, Provo, Utah, 1972'라는 말이 그 건물에 대한 유일한 설명이었습니다. 아들은 인생의 멋진 낭만적 에피소드가―경이의 시간이― 시작되는 지점에 서 있지만, 황량한 새 집은 모든 낭만을 억제하고 경이감을 사라지게 하기 위해 설계된 것 같았습니다.

기숙사에 좀 더 가까이 가보니 추한 모습이 더 크게 보였습니다. 그런데 아들은 "좋았어!"라고 흥분이 담긴 목소리로 말했습니다. 기숙사는 여름 동안 문을 닫았습니다. 아들은 좀 더 자세히 보기 위해 뒤로 가보자고 했습니다. 대형 쓰레기 수납기와 전기 수도 시설 박스들을 지났습니다. 아들은 목을 길게 빼고 어떤 창문이 자기 방일까 하며 콘크리트 장벽 너머의 건물을 쳐다보았습니다.

"저거 같아요. 오, 그렇지. 아주 좋았어."

우리는 똑같은 건물을 바라보고 있었는데, 각자 다른 기대를 가지고 바라보았으며, 또 각자 다른 것을 보고 있었습니다.

다음 날 아침, 프런트에서 모닝콜을 주지 않았습니다. 저는 간밤에 먹은 수면제 기운을 쫓으며 팔을 뻗어 옆 침대의 아들을 툭툭 흔들어 깨웠습니다. 아들은 욕설을 중얼거리고는 전에는 좀처럼 보지 못한 신속한 동작으로 일어났습니다. 마침내 자기 인생에 무언가 중요한 일이 일어나고 있다는 생각이 든 게 분명합니다. 저는 아직 면도하고 있는데도 아들은 이미 옷을 입고 로비로 내려가 '무료 콘티넨털 아침 뷔페'를 먹고 있었습니다.

호텔에는 오리엔테이션에 온 가족들이 투숙해 있었습니다. 복도의 정경은 지난 세월 우리가 자동차 여행을 다니면서 본 낯익은 것이었습니다. 그것은 어린 자식들은 시트가 헝클어진 침대 위에서 옥신각신하고, TV에서는 〈스펀지 봅〉이 크게 떠들어대고, 아이들은 닫힌 화장실 문 앞에서 차례를 기다리고, 아버지를 위한 공간을 허락하지 않는 좁은 모텔 방에서 쫓겨나 여기저기 어슬렁거리는 아버지들의 모습이었습니다. 그들은 복도로 몸을 피하고, 무료 〈USA 투데이〉지를 겨드랑이에 끼고 로비를 슬슬 돌아다니며, 문을 잠그고 들어가 홀로 평화롭게 신문의 스포츠란을 읽을 수 있는 공공 화장실을 찾아다닙니다. 저도 수차례 그들 중 하나였죠. 그들을 보자 옛 친구들을 보는 것 같았습니다.

'콘티넨털 아침 식사'라는 부적절한 명칭은 어디서 온 걸까요? 유럽

대륙(콘티넨털)에서 온 사람은 저렴한 미국 호텔 로비 옆의 작은 방에서 제공되는 이 아침을 먹을 수 없을 것입니다. 우리 아들은 아침 케이블 뉴스쇼가 떠들어대는 TV에서 가까운 테이블에 앉아 열심히 먹고 있었습니다. 용케도 빵이 덤긴 플라스틱 통과 종이 냅킨을 안에 댄 잔가지 바구니에 담긴 것을 가지고 무한한 10대의 아침 식사를 챙겼더군요. 탄수화물과 설탕의 심포니였습니다. 수북한 비스킷, 블루베리 미니머핀 한 움큼, 토스터 와플 두어 개, 프렌치토스트 3개, 그 위에 흠뻑 뿌린 시럽은 스티로폼 접시 가장자리까지 찰랑찰랑했습니다. 아들은 그 모든 것을 끔찍하게도 오렌지 드링크를 마시며 먹고 있었습니다. 저는 유명 브랜드가 아닌 유사 치리오스 시리얼 한 그릇으로 만족했습니다.

우리는 미식축구 경기장을 지나 등록 장소인 헛간 같은 건물로 갔습니다. 주차장은 터무니없이 큰 자동차들의 자동차 파괴 경기장 같았습니다. 부모들은 주차할 자리를 찾으려 신경질적이었습니다. 그들은 가다가 갑자기 차를 세우고 아이들을 토해내기도 했습니다. 저는 아들을 내려주면서 먼저 가서 등록하라고 했습니다. 저는 불법 주차를 한 후 자기들에게 있지도 않은 권위를 풍기면서 주차장을 돌아다니며 간섭하기 좋아하는 캠퍼스 경찰에게 잡히지 않으려고 서둘러 안으로 들어갔습니다. 안에 들어가 보니 접는 테이블 앞에 이름 알파벳별로 학생들이 줄을 서고 있었습니다. 테이블은 왁자지껄한 무질서를 제어하는 하나의 작은 저지선이었습니다. 그 장면은 놀라울 정도로 낯익었습니다. 그것은 디지털 시대 이전에 제가 대학에 다녔을 때의 기억과 같았습니다. 접는 테이블, 철제 의자, 닳은 바닥과 골이 진 양철 천장, 무슨 줄인지 갈피를 못 잡게 만드는 줄, 그러나 차례가 되어 앞에 가보면, 누군가 어떤 양식의 빈칸을 채우라고 하고 추가로 인쇄물 뭉치를 주리라는 것을 알고는 있죠.

우리 부모들은 문가에서 서로 어울렸습니다. 그 옆에는 레모네이드가 담긴 펀치 그릇과 쇼트 브레드 쿠키가 쟁반에 담겨 있었습니다. 우리는 그 자리에 가만히 있도록 스스로를 억제하고 최대한 표시 안 나게 아이들을 감시하려 했습니다.

"우리가 도와주면 안 되겠죠?"

한 부모가 말했습니다.

"안 되죠. 오리엔테이션이 끝나고 아이랑 집에 같이 가고 싶으면 안 되잖아요."

다른 누군가 말했습니다. 그러자 또 다른 부모가 말했습니다.

"이건 아이들의 몫이에요. 우리는 할 수 있는 것은 지켜보는 것뿐이죠. 완전히 다른 세상이 된 거예요. 우리는 더 이상 캔자스에 있지 않아, 토토."°

아들을 보니 F 줄의 맨 앞에까지 갔더군요. 재학생 자원봉사자 두 명이 아들에게 무언가 말하고 있었습니다. 그리고 소책자, 캠퍼스 지도, 목록들, 양식들, 브로슈어, 폴더, 지시 사항들, 토트백, 기념 백팩 등 많은 것을 아들에게 안기고 있었습니다. 귀족 미망인이 벨보이에게 소홀히 가방을 안기는 것 같았죠. 아들은 얼떨떨해 보였습니다. 그때 불현듯 1주 전에 오리엔테이션 편지에서 읽은 중요한 정보가 떠올랐습니다.

° 『오즈의 마법사』에서 도로시가 강아지 토토에게 한 말. 지금까지 알아왔던 것과 완전히 다른 세상이라는 뜻.

"등록하는 시간은 여러분의 자녀가 주차권을 받을 수 있는 유일한 기회입니다……."

저는 서둘러 장차 아들의 급우가 될 학생들을 헤치고 앞으로 갔습니다. 그리고 뒤에서 손을 뻗어 아들의 어깨를 잡고 "주차권!" 하고 말했습니다.

"이게 유일한 기회야. 주차권 달라고 해!"

아들을 담당하던 두 카운슬러는 아들과 저를 번갈아 쳐다보았습니다. 불굴의 명랑함이 그들의 얼굴에서 자취를 감추고 그 대신 오만과 짜증이 들어섰습니다. 5미터 반경 안에 스물두 살 위인 사람은 저밖에 없었습니다. 저는 학생들이 통치하는 영역으로, 그들의 부락 안으로, 마치 아버지라는 것이 보안관 배지인 양 그것을 휘두르며 비집고 들어간 것입니다. 아이들의 왕국 안으로 제 자신을 억지로 주입한 것입니다. 제가 만진 아들의 어깨가 위축되는 느낌이었습니다. 아들의 귀 끝이 빨갛게 달아올랐습니다. 아들은 뒤돌아보지 않았습니다.

"그렇지 않으면 주차 위반 티켓을 받을 거야."

저는 아들의 머리 뒤에서 힘없이 말했습니다.

"주차 위반 티켓, 벌금을 내는 티켓. 우리가 어디에 주차하든. 주차권이 필요해."

아들은 무뚝뚝하게 고개를 끄덕이고는 "알아서 할 게요"라고 투덜거리듯 말했습니다. 저는 곧바로 제가 말도 안 되는 결례를 저질렀음을 깨달았습니다. 우리 아들을 포함해서 그 학생들에게는 제 행동이 마치 유치원에 처음으로 가는 날 벌벌 떠는 다섯 살짜리 어린아이의 손을 잡고 줄 세워 이끌어주는 아버지처럼 보였을 게 틀림없었습니다. 그 당시에는 그렇게 심각하게 생각되지는 않았지요. 이 양철 지붕의 헛간, 테이블과 의자, 캠퍼스, 경기장, 보도가 있는 잔디밭, 이곳은 부모들이 아니라 자식들의 장소였습니다. 그리고 이 아이들은 조만간 더 이상 어린아이가 아닌 어른이 되는 것입니다. 그런데 저는 그런 아들을 어린아이 취급했던 것이죠.

우리가 있는 곳은 정말 더 이상 캔자스가 아니었습니다. "꺼져라." 좋은 마녀 글린다가 반짝이는 마술 지팡이를 휘두르면서 서쪽의 사악한 마녀를 쫓으며 말하는 소리가 들렸습니다. "네 힘은 여기서는 더 이상 통하지 않아."

저는 설 자리를 잃었습니다. 여름 내내, 뿐만 아니라 지난 18개월에 걸쳐 점점 더 저는 아들의 일에 언제 제가 끼어들고 언제 뒤로 물러서야 할지, 언제 아들을 피보호자 취급하고 언제 동등하게 대해야 할지 확실하지 않았습니다. 부모를 위한 오리엔테이션도 도움이 되지 않았습니다. 아이들은 아이들대로 오리엔테이션에 가 있는 동안 우리 부모들은 구캠퍼스에 있는 원통 모양 천장의 웅장한 19세기 강당에 모였습니다. 학장들과 부학장들, 처장들과 부처장들이 연단에 번갈아가며 서서 한 쌍의 주제를 강조해서 계속 말했습니다.

우리에게 자식의 자립을 받아들여야 한다고 학생처장은 말했습니다. 또한 아이들이 새로 갖게 된 자유를 생산적으로 사용할 현명한 판단력을 부여받았다는 것을 믿으라고 했습니다.

"가슴 아플 수 있습니다. 하지만 이제 잡은 손을 놓아야 할 때입니다."

한편 우리는 아이들이 대학 밖의 세계에 나갈 준비가 안 되었으니

'바로 지금' 개입하는 것이 좋다는 사실을 기억해야 한다고 그는 말했습니다. 정말 완전히 떠나고 나면 그때는 너무 늦었다는 것이었습니다.

"성폭행에 대해 학생들과 어려운 대화를 해야 합니다."

학생처장이 말했습니다. 젊은 청년들은 그게 무엇을 의미하는지 알아야 합니다. 젊은 여성은 안 된다고 말할 줄 알아야 합니다. 양쪽 모두 '안 되다'는 글자 그대로 '안 된다'를 의미한다는 것을 알아야 합니다.

"술과 약물 의존에 대해 솔직한 대화를 나눌 시간을 가져야 합니다."

교무처장이 연단에 섰습니다.

"자녀와 돈에 관해 이야기하세요. 신용 평가 보고서의 중요성을 알게 하세요. 당좌예금에서 잔고보다 더 큰 금액의 수표를 발행하면 어떻게 되는지 설명해주세요. 신용카드 청구서를 미납하면 어떤 결과가 생기는지 경고하세요."

그들은 차례차례 연단에 서서 우리 아이들에게 무엇을 말해야 할지 일러주었습니다. 조울증의 자명한 증상이 무엇인지 경계하도록 하고 카운슬링을 구하는 법도 알려주라고 했습니다. 경찰이 충고하듯이 언제나 밝은 곳에 주차하도록 하고, 둘씩 짝지어 다니도록 할 것이며, 밤에 다닐 때는 불이 켜진 곳으로 다니도록 하라고 했습니다.

"자녀와 함께 비상 대비 절차에 대해 의논하고 계획을 짜두세요."

비상 대비 절차 부처에서 나온 사람이 말했습니다. 그녀는 '큰 주립대학' 캠퍼스는—샹그릴라 같은 작은 계곡에 있어도 육지로 둘러싸여 있어— 각별히 재난에 취약하다고 했습니다. 그녀는 특히 '강풍을 동반하는 폭우'를 언급했습니다.

그녀는 학교의 비상 대책 가이드라인을 들어 보여주고는 신입생들에 그것을 나누어줄 것이라고 했습니다. 그녀는 그 종이를 탁탁 치면서 말했습니다.

"이것을 기숙사 방에 붙여두도록 하세요. 그리고 기숙사 이름과 방 번호를 여기 구석에 써놓도록 하세요. 사소한 것 같아도 매우 중요합니다. 방에서 911을 걸면 가이드라인을 보고 자신이 어디에 있는지 바로 알 수 있으니까요."

그녀는 고개를 절레절레 흔들었습니다.

"이렇게 주의를 줘도 학생들이 이 사실을 얼마나 많이 잊는지 말도 못해요."

학생 둘이 나와 촌극을 공연했습니다. 학생과 부모 간의 혼란스러운 관계에 관한 우스꽝스러운 단막극이었습니다. 학생 배우들은 신입생의 학기 초부터 학기 말 사이에 일어나는 부모와의 전화 통화를 단편적으로 보여주었습니다. 그들이 묘사하는 학창 생활은 게으름뱅이의 꿈이었습니다. 그들은 피자와 하루 지난 부리토를 게걸스럽게 먹었습니다. 새벽까지 자지 않다가 정오까지 잠을 잤습니다. 숙제를 내지 못하고 결석을 했습니다. 신용카드와 초과 인출로 곡예를 하듯 했습니다. 연애를 하다가 깨져 가슴이 아프기도 했습니다. 간혹 학업에 대한 언급이 있었지만, 그건 짜증스럽고 반갑지 않은 방해물이었습니다. 그 촌극이 부모들에게 주고자 하는 교훈은 가장 현명한 길은 입 다물고 돈 지갑이나 열어놓으라는 것이었습니다.

그 촌극은 매우 명랑했으며 연기도 훌륭했습니다. 그리고 자기 아이가 그런 식의 새로운 생활을 하도록 하기 위해 매년 2만 달러를 쓰게 생긴 부모들에게서 많은 웃음을 자아냈습니다. 저도 따라서 웃다가…… 아니지, 그건 아니지, 하는 생각이 들자 웃음이 멎었습니다.

하지만 학장들이 앞으로 뛰쳐나왔습니다. 결석은 중죄요, 하고 그들이 말했습니다. 캠퍼스 경찰이 관대하게 대할 겁니다. 학생 진료소는 너그러우며 비밀을 지기기 위해 조심힐 깃입니다. 모든 시실은 붏변하지 않은 모범적인 최첨단 편의 시설입니다. 새로 지은 체육관에는 대형 욕조가 있으며, 그 옆에는 지중해 크기의 풀장이 있습니다. 새 세탁기들이 설치되어 있는데, 이것들은 옷이 다 마르면 학생들에게 이메일을 보내 알려주므로 일일이 시간을 기억할 필요가 없습니다.

학생처장이 요약하듯 말했습니다.

"주목하세요. 그들은 큰 실수들을 저지를 겁니다. 필연이에요. 그런 경우라도 99퍼센트는 아무런 인과응보가 따르지 않아요."

그는 '큰 주립대학'의 안전망 체계 때문에 우리 아이들이 아마도 발작성 수면증에 걸리고, 영양 과다가 되고, 무력하고, 발정 나 알코올중독자가 될지언정 감옥이나 정신병원에는 가게 되지 않으리라는 것을 알아두라고 했습니다.

저는 여러 달 동안 아들의 앞으로의 대학 생활에 대해 생각하는 가운데 모든 가능성과 시나리오를 소진했다고 생각했습니다만, 이제 '큰 주립대학'의 관계자들은 한 가지 제가 미처 생각하지 못한 것을 말하고 있었습니다. 아들은 제가 그랬듯 무모하고, 낭비적이며, 신나는 학창 시절을 보낼지 모른다는 것이었습니다. 그래도 참고 견딜 수밖에 없을 것입니다.

남은 주들이 천천히 지나갔습니다. 8월 말, 어느 목요일 저녁, '전입일move-in day'—학교는 그렇게 부르지만 제 생각에는 '전출일move-away day'이었죠— 전날 저녁, 아들과 저는 향수에 젖어 우리가 특히 좋아하는 가족 영화 〈대부 2〉를 보았습니다. 미국 남성에게, 특히 교외의 중산층에 속하는 변질된 아버지들에게, 〈대부〉는 일종의 결합제 역할을 합니다. 기저귀를 갈아주고, 식탁을 차리고, 미니밴을 몰고 화원에 가서 아내에게 줄 푸크시아 꽃을 사다주는 가운데 상실한 남자다움에 참여하게 해주는 것이죠. 우리는 암호를 교환하듯 영화 대사를 주고받으며 인사합니다. "집에 왔다!"라고 누군가 말할 수 있습니다. "내 아내가 잠자는 곳에"라고 또 누군가는 말할지 모릅니다. "우리 아이들이 장난감을 가지고 와서 노는 곳에!"라는 말로 누군가 끝을 맺을 수도 있습니다. 〈대부 2〉는 우리 집안 고유의 가풍에 중심적입니다. 저는 아들에게 그것을 전수했습니다.

그날 저녁 우리는 거실에 앉았습니다. 영화의 분위기를 자아내는 색조인 세피아 빛이 거실을 비쳤습니다. 마이클 코를레오네가 가족을 파괴함으로써 그것을 구하는 것을 보았습니다. 모든 위대한 예술 작품이 그렇듯 이 영화를 보는데 저는 갑자기 제 안에 있는 강박의 새로운 양상들을 보게 되었습니다. 마이클 코를레오네는 물론 대학 중퇴자입니다. 그는 군에 입대해 나치와의 전쟁에 참전함으로써 아버지를 실망시켰지요. 그것을 벌충하기 위해 그는 뉴욕 한 경찰서의 부정직한 부서장을 목에 총을 쏴 죽입니다. 이 무용담에서 비중 있는 역할을 하는 유일한 대학 졸업자는 사회부적응자인 변호사 톰 헤이건입니다. 톰은 머리가 벗겨지고 주근깨가 있으며 과묵합니다. 그것이 주는 교훈은 분명했습니다. 적어도 제게는 그랬습니다. 고등교육은 미국의 상거래와 경쟁에 원동력이 되는 원초적 남성성을 약화시킵니다. 대학에서 4년, 법률 대학원에서 3년을 보내고 나면 다른 조직과의 전쟁에 휘말린 마피아의 법률고문이 되는 데 필요한 무언가를 갖출 수 없을 것입니다.

히지만 지는 지난 2년간 많은 명백한 교훈늘을 피했으며, 그래서 한 번 더 피하는 것은 아무런 문제가 되지 않았습니다. 셰익스피어의 말을 바꿔 하자면, 우리의 인생이 간혹 우리에게 떠맡겨진 것처럼 보일지라도—역시 〈대부〉에 나오는 하이먼 로스의 말을 바꿔 말하자면— 이것은 우리가 선택한 인생입니다. 대학은 단순히 피할 수 없는 다음 국면으로서, 기정사실로서, 우리의 인생에 붙박이처럼 짜여 있었습니다.

이 현실이 우리 부부를 향해 돌진해오는데, 그리고 이제 몇 시간밖에 남지 않았는데, 저는 우리 아들이 그 현실에 어떻게 반응하고 있는지 알 수가 없었습니다. 간혹 아내나 저처럼, 아들도 불가피한 것을 의식하지 못하는 듯했습니다. 마치 인생은 앞으로두 변하지 않을 것이며 방해받지 않고, 그때까지 그랬듯 잘 돌아가기라도 할 것처럼 말입니다. 저는 아들의 이러한 상태가 우리 부부와 마찬가지로, 전략적인 회피에서 비롯된 것인지, 아니면 의식 부재—대부분의 18세 남성을 특징짓는 전반적인 정신적 혼미함—에서 나오는 것인지 알 수가 없었습니다. 그게 어떤 쪽이든 새로운 현실이 아들에게 나타나자, 그것은 아들을 움츠러들게 하는 듯했습니다.

"우리 소다가 거의 떨어졌어요."

아들이 우리가 '큰 주립대학'까지 태워다주기로 한 전날 말했습니다.

"뭐가 필요하니?"

아내가 말했습니다.

“콜라요.”

아들이 대답했습니다.

“하지만 콜라를 마시는 건 우리 집에서 너뿐인걸.”

아내가 말했습니다.

“그렇지. 네가 그건 웬 걱정이냐? 너는 이제 떠날 건데.”

제가 말했습니다. 제가 그 말을 너무 쌀쌀맞게 하자 그 말에 맞기라
도 한 듯 아들이 저를 쳐다보았습니다.

“아, 그렇죠. 제가 떠나죠.”

우리는 이틀 전에 휴가 여행에서 돌아온 참이었습니다. 그러니까 그
때 아들이 짐을 싸서 떠나기까지는 96시간이 남아 있었습니다. 마지
막 가족 휴가 여행일 것 같았죠. 최소한 당시의 구도로 봐서 그랬습니
다. 아들은 앞으로 여름방학 파트타임 일자리도 다른 데서 구하게 될
것이며, 딸아이도 머잖아 대학 생활에 빼앗길 터였으니까요. 그래서 저
는 저축예금에서 목돈을 뚝 떼어 크루즈 여행 티켓을 샀습니다. 절반으
로 할인된 가격에 열흘 동안 여기저기 항구에도 들르는 여행이었습니
다. 저는 크루즈 여행을 해본 적도 없었고, 또 특별히 그러고 싶은 적도
없었습니다. 하지만 그 여행은 우리 아들과 딸이 고마워할 것을 충분히
제공했습니다. 태양과 바다의 단조로움 속에 다양한 활동을 할 수 있
는 데다 여러 새로운 경험을 할 수 있을 것 같았습니다. 그 계획을 세우
는 일은 그전 몇 주 동안 가진 반가운 오락이었으며, 일단 배에 오르자
그 여행은 가족의 따뜻함을 느끼는 시간, 심지어 어떤 때는 아찔하기까
지 한 시간, 간혹 깨달음을 준 시간이 되었습니다. 저는 아들이 어디론

가 가버리는 모습을 여러 번 보았습니다. 사방이 육지로 둘러싸인 지중해를 빙빙 도는 대형 선박의 강제된 범위 안에서 아들의 요령을, 어쨌든 그중 일부라도, 알게 되었습니다.

어느 날 오후 우리는 모두 함께 배의 난간에 서 있었습니다. 몇 층 아래의 수면에서 물보라가 튀었습니다. 제가 감탄했습니다.

"바다가 아주 푸르네. 여행 가이드에서 본 그대로야. 저렇게 푸른 바다는 처음이야."

"맞아요. 믿을 수가 없어요."

아들이 말했습니다. 저는 그 원인에 대해 추측했습니다. 어쩌면 대양의 깊이 때문일지도 모르지. 아마 수면과 공기가 일으키는 현상일 거야. 구름 한 점 없는 하늘의 굴절되지 않은 빛일지도 모르고, 바닷속 산호가 위로 빛을 발하는 것인지도 모르지.

"모르겠어요."

아들이 말했습니다. 저는 입을 다물었습니다. 그러자 잠시 후 아들이 다시 말했습니다.

"와. 물이 얼마나 푸른지 봐요."

저는 아들을 물끄러미 쳐다봤습니다.

"그거 내가 방금 한 말이잖아."

"그러셨어요?"

"그래, 그리고 네가 그렇다고 동의했잖아."

"제가요?"

"그래."

"오. 제가 건성으로 듣고 있었나 봐요."

“너 자주 그러냐?”

“음, 네. 그런 거 같아요.”

“나 원.”

“중요하지 않은 건 그렇죠. 중요한 얘기를 하실 때는 언제나 경청해요.”

“경청하지 않는데 그게 중요한지 어떤지 어찌 아니?”

“아버지는 무언가 중요한 걸 말할 때는 달라 보이거든요.”

아들은 언어 이전의 단서에 반응한다는 것이었습니다. 제 어조나 인상의 강도 여부에 따라서 말이죠. 한숨의 깊이를 가늠하거나 눈썹을 치켜뜨는 정도를 흘끗 봄으로써 적은 수의 목록에서 적절한 신호를 선택할 수 있다고, 지금에서야 말해주는 것이었습니다. 그러고 나서 아들은 다음과 같이 말하곤 했다는 것입니다.—“그건 이상한데/무슨 말인지 알겠어요/그건 심하군요/믿을 수 없어요/와/잘됐어요/사실이에요”—그리고 제 마음이 누그러진 것을 알면 아들은 자기가 하던 생각을 계속해서 할 수 있다는 것이었습니다.

“얼마나 오랫동안 그랬니?”

“오래되었어요.”

“그거 참. 나는 풍자적이거나 재치 있는 관찰을 하고, 감추어진 진리에 주의를 기울이도록 나의 지혜를 쏟아내는데, 내 아들은 그게 경청할 가치가 없는 것으로 여기다니, 원.”

아들은 체면치레로 약간 멋쩍은 표정을 지어 보였습니다.

“하지만 나는 네 솔직함을 고맙게 생각한다.”

아들이 끄덕였습니다.

"진심이에요."

이 대화를 가진 이후로 새로운 가족 생활 패턴이 드러나기 시작했습니다. 그것은 영향력의 미묘한 재분배였습니다.

아침이 밝았습니다. 우리는 그날 배에서 내렸습니다. 그날의 기항지는 그 전날의 기항지와 매우 흡사했습니다. 저는 도심으로 갈 택시를 타지 않을 만치 인색했습니다. 그래서 우리는 밝고 타는 듯 뜨거운 햇빛 아래, 가이드북과 배에서 나누어준 접는 지도로 무장하고 걸었습니다.

그렇게 더위 속에서 신체 불쾌지수가 높아지는 가운데 저는 제가 생각해낼 수 있는 것보다 더 많은 미국의 도시에 가족들과 함께 다닌 다년간의 경험을 통해, 과거의 수많은 관광 여행을 통해 익숙한 입장에 처했습니다. 그것은 전통과도 같았습니다. 저는 가족을 데리고 앞장서서 걸었습니다. 차량들이 으르렁거리는 눈부신 도시의 거리, 인도가 너무 좁아 우리는 한 줄로 걸어야 했습니다. 발을 잘못 디뎌 차도로 나가면 쇳덩어리와 고무와 매연이 몰려들어 목숨을 잃을 터였습니다. 우리는 어떤 유적지와 유명한 교회, 꽤 유명한 어떤 공공 건물, 또는 적극 추천되는—그렇든 아니든— 박물관 등을 찾아 돌아다녔습니다.

우리는 그 차량들 때문에 서로 무슨 말을 하는지 알아들을 수 없었습니다. 햇볕은 쨍쨍 내리쬐고 포장도로에서는 지열이 올라와 눈앞이 가물거렸습니다. 직감에 의지해 길모퉁이를 몇 번 돌자 저는 길을 잃었습니다. 아내와 아이들은 제가 길을 잃은 줄 모르고 기대하며 뒤따랐습니다. 아버지는 어렴풋하게나마 우리가 어디로 가고 있는지 알리라는 그릇된 믿음을 잃지 않았죠. 자동차들은 매연을 내뿜고 지도는 걸음을 걷는 제 손에 패장의 군기처럼 느슨하게 들려 달랑거렸습니다. 오랜 세월 저는 권위적 태도와 과오가 없는 아버지라는 평판을 희생시키지 않고 원정대를 이끌 수 있었습니다. 그런데 지금은 달랐습니다. 지난해 대학교들을 방문했던 경험을 통해서, 그리고 최근의 여행을 통해서, 성숙해지는 아이들의 마음속에 의심이 생기기 시작했던 것입니다. '아버지는 아는 체하는 거야. 지금 어디로 가는지 몰라.'

"이쪽이야."

저는 자신 있게 방향을 가리키며 말했습니다.

"확실해요?"

이제는 딸아이마저 그렇게 말했습니다. 차들이 으르렁댔습니다. 2년 전만 해도 묻지 않았을 질문이었습니다. 아들이 말했습니다.

"저기 아까 지나왔어요. 처음에 그 길로 여기에 왔다고요."

"이 길 맞아."

제가 반복했습니다. 짜증난 듯 머리를 홱 젖혀 방향을 가리켰습니다. 햇볕이 쨍쨍 내리쬤습니다. 식은땀 한 줄기가 등줄기를 타고 흘렀습니다.

"확실해요, 아빠?"

딸아이가 말했습니다. 믿고 싶어 하는 눈치였습니다.

"우리는 빙빙 돌고 있어요."

아들이 말했습니다. 처음으로 폭동의 속삭임이 전면적인 반란으로 부풀었습니다. 그리고 그것은 곧 흔한 일이 되었죠. 아내마저도 야당이 되었습니다. 저는 제 권위에 연연해하지 않고, 패배를 인정했으며, 지도를 양도해주고는 그늘진 곳을 찾아 쉬었습니다. 그리고 결국은 택시를 불렀습니다.

아들은 저보다 방향 감각이 더 정확했습니다. 지도를 저보다 더 수월하게 읽을 수 있었습니다. 다른 문제뿐 아니라 이 문제에서도 저는 지각 변동이 일어나는 것을 느꼈습니다. 지구의 중심에서 신음 소리가 났습니다. 제 권위가 쇠하며 아들의 권위가 승하고 있었습니다. 간혹 아들과 저는 우리끼리 다른 데로 갔습니다. 그럴 때는 아들이 몇 발자국 뒤에서 걸었습니다.

그러지 마, 하고 제가 말했습니다.

저는 양치기 개예요. 아버지를 잃지 않으려 그러는 거예요.

전입일에는 비가 왔습니다. 문 옆에 이삿짐 박스가 쌓여 있었습니다. 거실에는 백팩, 더플백, 플라스틱 선반, 쿠키 봉투, 옷가방, 토스터 등이 징검다리처럼 여기저기 널려 있었습니다. 한 박스에는 학용품이 들어 있었고요. 아내가 할인점에서 그것들을 훑어오느라 바빴습니다. 마닐라지 폴더, 펀처, 스테이플, 복사지, 자동 연필깎이, 24개들이 볼펜, 클립보드 등 모든 셋이 그의 세대라기보다는 우리 세대에 속하는 시대착오적인 문화 유물처럼 보였습니다. 요즘도 펀처를 사용하는 사람이 있나요? 어떤 박스에는 미식축구공과 농구공이 들어 있었습니다. 아들이 고등학교에 들어갔을 때 우리가 사준 것들로, 아직도 현역이어서 진흙이 묻어 말라 있었습니다. 야구 글러브에 껴 있는 야구공 2개와 타자용 장갑, 돌돌 말린 비치 타월, 우리가 렌트해서 방에 넣어준 소형 냉장고를 채울 게토레이 한 박스. 개가 냄새를 맡고, 핥고, 다시 냄새를 맡았습니다. 배신당했음을 직감하고 무슨 일인가 해서 그러는 듯했습니다.

학교로 가는 동안 모두 잠자코 있었습니다. 우리는 아들의 기숙사를 찾아 또 이중 주차를 하고, 비를 맞으며 짐을 부렸습니다. 일이 거의 다 끝났을 때 아들이 자기가 원했던 과목을 신청하는 데 문제가 있었다는 이야기를 다시 했습니다.

"학교가 크잖니. 바로 네가 원했던 거잖아. 유명한 스포츠 팀이 있는 학교. 그래서 네가 응원할 때 가슴에 페인트칠을 했으면 했잖아. 강의 정원 수가 금방 찰 거야."

제가 말했습니다. 단 하나의 신입생 필수과목으로 아들이 제1순위로 선택한 작문 과목도 이미 수강 신청 마감이 된 상태였고, 제2, 제3순위 도 마찬가지였습니다.

"마감되지 않은 작문 강좌가 아직 셋 있어요. 그중에 하나를 선택해 야 해요. 하나는 '1960년대'라는 건데, 일종의 역사 강좌예요. 또 'AMC 의「매드맨」과 미국 생활'이라는 게 있는데, TV 쇼에 관한 거예요. 나머 지 하나는 '동성애론 개론'이고요."

저는 무언가 말할 뻔했지만, 속에서 올라오는 것을 분출할 뻔했지 만, 그 순간이 무사히 지나갔습니다.

"네가 알아서 잘 하리라 믿는다."

아들은 우리가 떠날 때 그 모든 빈 박스들을 어떻게 해야 하나 하고 당황스러워하는 것 같았습니다. 우리는 길을 떠나기 전에 차에 연료를 채워야 했습니다. 기숙사에서 얼마 떨어지지 않은 곳에서 주유소를 발 견했습니다. 캠퍼스의 언저리였습니다. 저는 말을 하지 않으려고 했습 니다. 아내가 옆눈으로 저를 바라보는 것 같았습니다. 주유소 펌프 옆 에 차를 대고, 신용카드를 긁고, 패밀리 밴의 연료 탱크에 노즐을 꽂았습니다. 이곳의 노즐은 달랐습니다. 대도시의 환경 규정과는 거리가 멀었습니다. 어쨌든 여기서 이것 하나만은 제대로 하고 있었습니다. 노즐을 깨끗하게 깊이 집어넣을 수 있었습니다. 거추장스러운 고무 보호관이 달린 노즐을 흔들며 넣지 않아도 되고 노즐이 빠져나올까 봐 걱정하지 않아도 됐습니다.

제 슬픔은 비탄에 가까웠는데, 확 불타오르면서 어리석게도 사람이 통제할 수 없는 모든 것들에 대한 분노로 번졌습니다. 저는 지붕에서 떨어지는 빗물 아래 열려 있는 밴의 문 앞에 섰습니다. 그리고 왜 그랬는지 모르겠는데, 오래전에 아들이 유치원에 들어가던 첫날에 관한 일화가 기억나서 그것을 말하기 시작했습니다. 뒤에 앉아 있던 딸아이가 눈을 위로 돌렸습니다.

"그만. 나는 엉엉 울지 않겠다고 속으로 다짐했어요. 하지만 당신이 계속 그러면 그럴 거예요."

아내가 제게 말했습니다.

"알았소. 나는 그냥 이게 무언가의 끝이라는 것을 받아들이려 노력하고 있을 뿐이오. 우리 인생의 한 중요한 부분이 방금 끝나서."

"그건 무언가의 끝이지만 또한 다른 무언가, 멋진 다른 무언가의 시작이기도 해요."

'끝을 맺는 것은 시작하는 것이다.' T. S. 엘리엇이 한 말입니다. 대학에서 배웠습니다. 당시에도 그걸 믿지 않았었습니다.

"아뇨. 지금 이 순간은 우리가 자랑스러워해야 할 때예요. 우리는 해냈어요. 해냈다고요. 우리는 우리 아들을 강하고, 친절하고, 행복하고, 자신감 있는 젊은이로 키워냈어요. 우리는 성공했어요. 그게 우리가 할 일이었어요. 우리가 우리 할 일을 했다고 해서, 그 일을 잘 해냈다고 해서 부루퉁해하는 것이라면, 얼마든지 해요. 하지만 나는 그러기를 거부해요. 그리고 그러려면 내가 없는 곳에서 해요."

아내가 말했습니다. 그녀가 옳았습니다. 저도 그것을 알고 있었습니다. 아니, 알고 있다고 생각했습니다. 시간이 되면 저도 그것을 믿게 될 수도 있겠다고 생각했습니다. 그러나 지금으로서는 부루퉁해할 수밖에 없었습니다. 저는 차에 올라 문을 쾅 닫았습니다. 자동차 키를 돌려 시동이 걸리자 가스 페달을 푹 밟았습니다. 그러자 무언가 잡아당기는 소름 끼치는 느낌이 들었습니다. 그리고 금속 박판이 용접된 볼트에서 떨어져나가는 소리가 들렸습니다. 제가 주유 노즐을 연료 탱크에서 빼지 않았던 겁니다.

11장 아이가 떠난 후

　머칠이 지나서야 아들에게서 연락이 왔습니다. 제가 의무적인 오타가 있는 아주 간단한 문자 2개를 보낸 뒤였습니다. 이 문자들은 그 녀석이 아직 살아 있다는 유일한 증거였습니다. 그러다가 마침내 연락이 온 것인데, 그것은 어느 일요일 오후 늦은 시간이었습니다. 아들에게서 전화가 왔을 때, 아내는 장을 보러 가서 없었고 저는 우리 지역의 야구팀이 또 필리스에게 패하는 것을 보며 소파에서 자는 둥 마는 둥 누워 있었습니다. 발신자 표시에 아들의 이름이 떴습니다. 대학에 간 뒤로 처음 온 전화였습니다! 짧게 인사한 다음 걱정스럽게 엄마를 찾더군요. 엄마는 집에 없으니 내게 말하면 도와줄 수 있을 거라고 대답했습니다. 아들에게 어디서 전화하는 거냐고 묻자 기숙사의 세탁실이라고 했습니다.

　"뜨거운 물로 세탁하는 게 색이 있는 옷이에요, 아니면 흰색 계통이에요? 엄마가 말해줬는데 기억이 안 나요."

　저는 아무 말도 하지 않았습니다.

　"여기도 그걸 아는 애들이 없는 것 같아요."

저는 여전히 아무 말도 하지 않았습니다.

"아니면 그냥 몽땅 한꺼번에 해도 될까요? 왜 전부 한꺼번에 세탁하면 안 되는지 이해가 안 돼요. 웃긴다고 생각하시니 기뻐요. 근데 저는 하나도 안 웃겨요. 지금 그걸 알아야 하거든요."

지금까지는 그게 유일한 위기 상황이었습니다. 아들은 '매드맨'과 '동성애론'은 피하고 '1960년대'를 듣는다고 했습니다. 그 강의에서 그는 포트 휴런 성명을 읽고 애비 포트먼의 용기에 대해 배웠다고 했습니다. 그 강사의 열의는 자신이 그 모든 사건을 목격하지 않아서 크게 증대되었다는 것이었습니다. 저는 '매드맨'을 택하는 게 좀 더 좋지 않았을까 하는 생각이 들었지만 아무 말도 하지 않았습니다.

아들은 추수감사절과 크리스마스 때 집에 왔습니다. 과거의 일상과 패턴이 쉽게 다시 나타났습니다. 물론 완전하지는 않았습니다. 나이 많은 제 친구가 음식점에서 해준 말은 그 점에서 옳았습니다. 아이들의 어떤 부분은 영원히 돌아오지 않습니다. 집에서 떠나 우리가 보지 못하는 곳을 향했으며, 그곳은 부모가 갈 수 없고, 또 가서도 안 되는 곳입니다.

T. S. 엘리엇의 도움을 받아 아내가 주장했듯이, 끝과 더불어 여러 가지 시작도 있었습니다. 우리 아들의 인생은 새로운 국면에 들었으며, 절반이 빈 둥지를 돌보며 앉아 있는 새들이 된 우리의 인생도 새로운 국면에 접어든 것입니다. 그리고 우리 딸아이도 안전한 범위 내에서 최대한 아버지의 도움을 받아 대학을 찾기 시작했습니다. 그 사이에 대입 지원 절차에 몇 가지 변화가 있었습니다. 〈US 뉴스 앤 월드 리포트〉는 종이 신문으로서 마침내 폐간되었습니다. 봅 모스와 대학 순위는 돈을

벌고 교육계를 괴롭히며 계속 행군하고 있습니다. FAFSA는 오바마 행정부 덕분에 조금 덜 헷갈리게 된 듯합니다. 그 외에는 모든 순서가 똑같을뿐더러, 제가 캣 코헨을 처음 만난 그날 밤에 느꼈던 것처럼 여전히 쉽지 않습니다. PSAT, 시험 준비, SAT, 내입 안내서, 학교 둘러보기, 그다음에는 해군의 봉쇄처럼 시야에 펼쳐져 전도에 어렴풋이 드러나기 시작하는 지원서와 에세이, 그리고 결과 기다리기. 그래도 기다리는 시간은 좀 더 평온하지요, 훨씬 더 평온합니다. 우리가 아들과 전화 통화를 하거나 학교에 가서 만나거나, 딸아이나 아내나 저나 그 녀석이 행복하고 즐거워하는 것을 볼 때마다, 우리 모두는 그 수고와 걱정은 우리가 치러야 할 작은 대가(하지만 등록금은 또 다른 이야기죠)였음을 상기하게 됩니다. 어쨌든 이번에는 그 과정이 더 수월할 겁니다. 그것이 어떻게 끝날지 알기 때문이죠. 그리고 그것은 그게 결코 끝이 아니라는 저의 (늦은!) 깨달음에 의해 더욱 행복해진 끝입니다.

아버지, 아들 그리고 대학의 삼중주

흔히 시작이라 불리는 것은 끝이며

끝맺는 것은 시작하는 것

끝은 시작하는 곳

(……)

보라 그들이 떠나가니 우리도 함께 가노라

— T. S. 엘리엇의 「리틀 기딩Little Gidding」 중에서

이 책에 대한 번역 의뢰를 받고 처음에는 거절했습니다. 시간이 별로 없다는 핑계를 댔지만, 미국에서 학교를 다닌 탓도 있었고, 또 인생의 절반을 그곳에서 살아오면서 언론이나 주변 사람들로부터 보고 들은 게 하도 많아서, 그 빤하고 골치 아픈 이야기에 많은 시간을 들여 번역까지 해야 하나, 하는 생각도 컸습니다. 그러나 결국은 의뢰를 수락하고 번역에 돌입해서는 예상과 달리 빤하거나 지루하지 않은 이야기임

을 알고 크게 안도했습니다.

이 책은 내용이 빤하거나 지루하기는커녕 끝이 어떻게 될지 궁금하게 만드는 책입니다. 제가 알고 있던 것을 확인한 부분도 있었지만, 대입과 관련해서 제가 보아온 것들은 대부분 피상적인 것임을 알게 되었습니다. 이 책은 미국 교포는 물론이고, 대입을 앞에 둔 자녀를 두고 있는 한국의 학부모에게, 특히 조기 유학을 생각하고 있거나 현재 유학 중인 자녀를 둔 학부모에게 매우 유익한 정보를 제공해줄 것이라고 확신합니다.

이 책은 특별합니다. 다른 데서 얻기 힘든 정보를 담고 있어서 특별하기도 하지만, 무엇보다도 미국의 한 중산층 가정이 '치르는' 대입 지원과 준비, 입학 등 일련의 과정을 탐문을 걸친 날카로운 관찰력으로 상세하고 정확하게—다행히 저자가 저널리스트라서— 기록하고 있을 뿐더러 왠지 희망과 용기를 주기도 하는 한 편의 훈훈한 드라마외도 같아서 더욱 특별합니다.

한국은 미국과 딜리 내학 진학과 집을 떠나는 독립을 동일하게 생각하지 않지요. 그러나 미국의 부모는 자녀가 고등학교를 졸업하는 순간 자연스럽게 '빈 둥지'를 생각하게 됩니다. 그렇게 일단 떠나면 다시는 돌아오는 일은 없다는, 몸을 간혹 돌아올지 몰라도, 무언가 본질적인 것은 이미 떠나 돌아오지 않는다는, 그런 말이 이 책에 나옵니다. 이 책은 대입에 관한 귀중한 정보를 알려주기도 하지만 부모와 자식 간의 정과 사랑, 기쁨과 슬픔을 잘 그려내고 있습니다. 그것은 미국 가정에만 국한되지 않는 보편적인 것, 대학 진학을 앞에 둔 자녀와 부모 간의 갈등도 섬세히 묘사되어 있어 배울 점이 많은 책입니다. 실용서는 거들떠

보지도 않는 저로서는 뜻밖의 발견입니다.

이 책에서 저자가 인용하는 T. S. 엘리엇의 시 한 구절이 있습니다. 『4개의 사중주Four Quartets』라는 장시 중 「리틀 기딩Little Gidding」에 나오는 구절인데, 느껴지는 바가 있어 이 글의 앞부분에 조금 더 옮겨보았습니다. 그리고 이 책 클라이맥스 부분을 번역하며 계속 제 마음을 떠나지 않았던 워즈워드의 시를 번역 소개하는 것으로 끝맺을까 합니다.

별이 빛나는 밤

호수는 곱고 아름다우며

햇빛은 찬란하게 탄생하지만

어디를 가든 이 땅에서

찬란함이 사라졌음을

나는 안다

(……)

한때 그리 빛나던 광휘를

이제는 다시 볼 수 없다 하여도,

그 무엇으로도

푸른 초원의 찬란함과 꽃의 화려함을

돌려놓을 수 없다 하여도,

우리는 슬퍼하지 않고, 오히려

남아 있는 것에서 힘을 얻으리.

이제껏 있어 왔고 앞으로도 있을

원초적인 연민에서,

인간에게 있기 마련인 고통 중에도
불현듯 솟아나 위안을 주는 생각에서,
죽음 너머를 보는 믿음에서, 그리고
달관한 마음을 기져디주는 세월에서,
우리는 힘을 얻으리.
– 윌리엄 워즈워드의 「송시」 중에서

공진호

옮긴이 **공진호**

뉴욕시립대학에서 영문학과 창작을 공부했다. 현재 뉴욕과 서울에서 거주한다.
옮긴 책으로『드니로의 게임』『교수들』『돈을 다시 생각한다』『필경사 바틀비』
등이 있다.

나쁜 대학 : 우리 아들 대학 보내기 사생결단 프로젝트

펴낸날 ㅣ 초판 1쇄 2012년 11월 30일

지은이 ㅣ 앤드루 퍼거슨

옮긴이 ㅣ 공진호

펴낸이 ㅣ 이주애, 홍영완

펴낸곳 ㅣ 윌북

편집 ㅣ 장정민, 주진형, 전수영

디자인 ㅣ 이석운, 김성인

마케팅 ㅣ 김나영

출판등록 ㅣ 제406-17호

주소 ㅣ 413-756 경기도 파주시 교하읍 문발리 파주출판도시 518-2

전자우편 ㅣ willbook@naver.com

전화 ㅣ 031-955-3777

팩스 ㅣ 031-955-3778

ISBN 978-89-91141-82-7 03370

책값은 뒤표지에 있습니다. 잘못 만들어진 책은 구입하신 서점에서 바꿔드립니다.